中学地理教科书研究丛书　丛书主编/王民

中学地理教师教学用书研究

Research on Teaching Books of Geography Teachers for Secondary Schools

◎ 王民　马巍　朱小丽　周代许 / 著

中国地图出版社
·北京·

图书在版编目（CIP）数据

中学地理教师教学用书研究 = Research on Teaching Books of Geography Teachers for Secondary Schools / 王民主编. -- 北京 ：中国地图出版社，2022.5
（中学地理教科书研究丛书）
ISBN 978-7-5204-2903-0

Ⅰ. ①中… Ⅱ. ①王… Ⅲ. ①中学地理课－教学研究 Ⅳ. ①G633.552

中国版本图书馆CIP数据核字(2022)第077868号

中学地理教科书研究丛书
中学地理教师教学用书研究
Research on Teaching Books of Geography Teachers for Secondary Schools

出版发行	中国地图出版社
社　　址	北京市白纸坊西街3号
邮政编码	100054
电　　话	010-83543863
地图教学网	www.ditu.cn
电子邮箱	sinomaps@yeah.net
印　　刷	三河市博文印刷有限公司
经　　销	新华书店
成品规格	184mm×260mm
印　　张	15
版　　次	2022年5月第1版
印　　次	2022年5月河北第1次印刷

书　　号	978-7-5204-2903-0
定　　价	36.00元

中学地理教科书研究丛书
编写委员会

目 录

◎ 第一章　绪论 /1

◎ 第二章　中学地理教师教学用书使用现状调查研究 /11

第一节　初中地理教师教学用书使用现状调查研究 /12

第二节　高中地理教师教学用书使用现状调查研究 /21

◎ 第三章　中学地理教师教学用书架构研究 /43

第一节　编写形式与编写结构 /45

第二节　编写内容分析 /59

第三节　架构特征 /82

◎ 第四章　中学地理教师教学用书文本研究 /85

第一节　教学资料文本分析 /86

第二节　配套光盘分析 /91

◎ 第五章　国外中学地理教师教学用书案例研究 /95

第一节　英国《地理教师手册》/96

第二节　德国中学地理教师教学用书 /127

◎ 第六章　中学地理课程资源的建设研究 /131

第一节　校内地理教学的环境条件建设 /132

第二节　地理实践活动设计 /141

第三节　数字化课程资源的开发 /154

第四节　地理实践基地的建设 /156

◎ 第七章 中学地理教研组管理 /173

第一节 教师教研团队建设——以名师团队为例 /174

第二节 地理学科团队的管理 /176

第三节 地理学科团队的评估与发展 /180

第四节 针对我国地理教研组建设与管理的建议 /186

◎ 第八章 中学地理教学改进研究 /187

第一节 教学改进过程与评价模式 /188

第二节 山东省昌乐一中翻转课堂教学改进 /192

第三节 山东省青岛三十九中项目式教学改进 /198

第四节 北京市未来教育高精尖项目——通州区和房山区教学改进 /203

第五节 北京市大兴区和昌平区教学改进 /205

◎ 第九章 从地理教研论文看地理研究与写作 /215

第一节 2013—2018 年全国优秀地理教研论文评选活动的获奖情况 /216

第二节 2013—2018 年参评的地理教研论文中存在的问题 /217

第三节 提高地理教研论文质量的对策 /218

◎ 附录 /220

附录 1 初中地理教科书配套教师教学用书使用情况调查 /220

附录 2 高中地理教科书配套教师教学用书使用情况调查 /224

◎ 后记 /229

GEOGRAPHY

第一章

绪论

我国学者自20世纪初开始编写应用于新式学校的中学地理教科书，随后为教师编写教学用书也逐渐提上日程。从教材发展的历史来看，教师教学用书（也称“教学参考书”）在教材的编写历史中一直都占有一席之地。教师教学用书是教材系列中专门为教师编写的书籍。顾明远先生认为，编写教师教学用书是为了“帮助教师掌握教科书、选择教法、查阅有关参考资料”①。2004年，教育部教材选用与课程资源开发研究课题组在对中小学教材、教辅的研究过程中，发现教师教学用书在教师的教学过程中发挥着重要作用②。

自2001年教育部颁发《基础教育课程改革纲要（试行）》（下文简称《纲要》）以来，我国开始了新一轮的课程改革。《纲要》中提出：“实行国家基本要求指导下的教材多样化政策，鼓励有关机构、出版部门等依据国家课程标准组织编写中小学教材。”③目前，我国各地区正在使用的初中地理教材有八个版本（人教版、中图版和湘教版等），高中地理教材有五个版本（人教版、中图版、湘教版、鲁教版和中图中华地图版）。课程改革后的新教材给教师带来了巨大的挑战④，课程改革能否成功又与教师的教学实践密切相关⑤。中学地理教师教学用书作为一座联结新教材与地理教学实践的桥梁，对于落实课程理念、推进课程改革有着重要的作用。

纵观目前学者们对中学地理新教材的研究，不难发现关于教科书的研究占了绝大多数，关于教师教学用书等的研究则很少。对我国中学地理教师教学用书的编写水平和使用现状了解得不清楚，将直接导致中学地理教师教学用书的编写、修订缺乏指向性，进而直接影响到教师教学用书本应发挥的功能。

本研究的目的是通过对我国中学地理教师教学用书的使用现状和编写情况进行调查研究，了解我国中学地理教师教学用书的基本现状，弥补目前中学地理教材研究中对中学地理教师教学用书研究的不足。同时，本研究还注重分析国外中学地理教师教学用书的编写特色，为新一轮课程改革下我国中学地理教师教学用书的编写和修订提供参考依据。

一、概念界定

在国家图书馆和北京师范大学图书馆两个网站上以“教师教学用书”为书名检索词得出的检索结果可以发现：（1）“教师教学用书”作为书名最早出现在1989年；（2）“教师教学用书”都是与一本特定的教科书对应的，往往以“学科”+“册名”+“教师教学用书”为其命名方式。目前，“教师教学用书”一词在《教育大辞典》和《实用教育大辞典》中还没有对应的解释，而且在不少研究中，研究者往往用“教学参考书”一词替代“教师教学用书”。关于教师教学用书的定义，不同的学者有不同的看法。因此，本研究有必要对“教师教学用书”这个概念进行界定。

① 顾明远．教育大辞典[M]．上海：上海教育出版社，1998：712．
② 臧爱珍．中小学教学参考书调查问卷分析[M]．北京：人民教育出版社，2006：1–38．
③ 教育部．基础教育课程改革纲要（试行）[Z]．教基[2001]17号．2001．
④ 李水平，田娟．浅议新课程标准实验教材教师用书编写的变化[J]．教材建设，2004，(5)：21–22．
⑤ 任长松．课程的反思与重建：我们需要什么样的课程观[M]．北京：北京大学出版社，2002：7．

1. 国内学者对教师教学用书的相关定义

顾明远在其编写的《教育大辞典》中对“教学参考书”一词的定义包括两个方面。(1) 泛指教师在教学中参考的书籍：包括知识、习题、复习、指导学生课外活动、教学理论和教学方法以及各自然学科实验实习等方面。(2) 按照各学科课本分册编写的辅导教师教学用书，供教师掌握教材、选择教法、查阅有关参考资料用。中国最早的这类书称“教授书”，后因“教授”改成“教学”，“教授书”便改称“教学指导书”，为了鼓励教师发挥教学的主动性、创造性，不受教学指导书的约束，又改称“教学参考书”，内容一般包括：①全册课本总的目的要求和说明；②分篇（章或单元）的目的要求、教材分析、课时分配、教学建议、实验指导（理科）、习题解答、参考资料、附录、参考书目等[①]。

王海松提出：教师用书指的是专为教师出版的，主要探讨教育教学问题，直接用于提高教育教学质量的图书。这里的“教师”是广义的，泛指广大教育工作者，如各级各类学校教师、教育行政干部、教育科研人员等，还包括未来的教育工作者，如师范类学生、大学教育系本专科学生、研究生等[②]。

在《中外中小学教学参考书比较研究》中的相关定义为：教师参考书，又称教师教学用书（简称“教参”）专指那些与教科书配套的，给教师上课提供的参考书，书中包括的内容（例如，背景数据，相关的词汇；采用的教学方法及其目的、类型和模型；问题的答案，额外的练习，课堂活动以及其他“特征”，包括家庭作业、补充和扩展的内容、前后对照的内容等等）都是教师在上课时可能需要的信息，它们能够帮助教师准确有效地向学生传达教科书的内容，给教师提供一些比较先进的教学方法和教学建议[③]。

2. 国外学者对教师教学用书的相关定义

在国外，教师教学用书通常被称为教师指南（*Teachers' Guides* 或 *Teaching Guides*）。在《简明国际教育百科全书》中，美国课程理论专家麦克尼尔·丁（*McNeil J*）对教师指南的定义为：教师指南是帮助教师教授课程的工具。一般来说，教师指南是为配套使用专门的教科书而设计的。然而，教师指南有时与教科书无关，它们包含大量的所授待定内容（如足球、海洋意识、绘画或牙科保健）的背景知识、活动、问题和教学计划。教师指南不是供学生使用的教科书。它的同义词还有教师便览、教师指导书以及教师专集[④]。

综合以上国内外学者对教师教学用书的定义可以发现：王海松的定义涉及范围最广；《教育大辞典》中 (1) 的范围次之；《简明国际教育百科全书》、《教育大辞典》中 (2) 以及《中外中小学教学参考书比较研究》的定义基本一致，其涉及范围最小，并且最符合目前以“教师教

① 顾明远. 教育大辞典 [M]. 上海：上海教育出版社，1998：712.

② 王海松. 关于教师用书出版发行的若干问题 [C]. 全国教师用书发行协作会成立大会暨首届全国教师用书出版发行论坛. 上海：上海国际教育会议中心. 2003.

③ 臧爱珍. 中外中小学教学参考书比较研究 [M]. 北京：人民教育出版社，2006.

④ 江山野. 简明国际教育百科全书——课程 [M]. 北京：教育科学出版社，1991.

学用书”为书名的书籍的情况。因此，本研究采用《中外中小学教学参考书比较研究》中的定义。

二、国内外研究现状分析

相对于教科书较完善的研究，国内外对教师教学用书的研究均处在比较初步的阶段。国内目前的研究主要集中在教师教学用书功能探讨、教师教学用书内容研究、教师教学用书使用现状研究三方面。

1．教师教学用书功能探讨

关于教师教学用书的功能，国内外不少学者都提出了自己的见解。顾明远在《教育大辞典》中关于教学参考书的定义为：“供教师掌握教材、选择教法、查阅有关参考资料用”[①]，从中可以看出，教师教学用书应该具有的功能为帮助教师掌握教科书、选择教法、查阅有关参考资料。坎宁斯沃思·A（*Cunningsworth A*）在《如何选择教材》一书中指出教师教学用书应该具有九个功能：（1）说明教材的指导原则；（2）陈述教材的目的和目标；（3）描述教材语言内容选择和分级的基础；（4）解释所采用的教学方法的理论基础；（5）给出教材结构的概要，阐述材料的不同部分是如何相互联系的；（6）提供如何使用教材的实际指导；（7）给出课堂上有效使用教材的必要的语言学信息；（8）提供文化背景方面的知识，以便于理解课文的情境；（9）促进教师总体上更好地理解语言教学的原则和实践，帮助教师培养教学技能[②]。

比较以上两种观点可以发现：坎宁斯沃思·A 所提出的（1）（2）（3）（5）是对帮助教师掌握教材方面的扩展，（4）（6）（7）是对帮助教师选择教法的扩展，（8）是对教师查阅有关参考资料的一个说明（该观点主要是针对语言类学科提出），而（9）则说明教师教学用书对教师本身专业素质的提高是有一定帮助作用的。坎宁斯沃思·A 认为：教师教学用书的作用远非为有经验、受过培训的本国教师所备，而是要为那些自身英语知识薄弱且知识体系不完整的教师提供必要的支持，因为这些教师对语言教学的理解还处于初级阶段，急需树立自信[②]。

尽管有学者认为教师教学用书对帮助教师进行教学、提高教师本身素质、促进该学科发展有一定作用，但是也有一部分学者对教师教学用书的功能提出了不同的看法。

叶圣陶先生反对编写教师教学用书。叶老曾明确表示“这个教参是个鸦片烟”。他认为“老师开头可能会觉得好，慢慢就会产生依赖心理，自己不愿意钻研教材了”[③]。目前，有些一线教师提出要“废除教师教学用书”的原因是叶老的预言在不少中小学教师身上应验了。“教参‘造就’了相当一批水平低下的教书匠，只会人云亦云，唯教参是从，既无批判精神，更无创新精神”[④]。持这种观点的人忽略了教师教学用书的长处，想法有些极端。也有一线教师提出“教师教学用书在帮助教师进行教学、提高教师本身素质上存在着一些问题：对于教师了解的内容，

① 顾明远．教育大辞典[M]．上海：上海教育出版社，1998：712．
② Cunningsworth A．如何选择教材[Z]．上海：上海外语教育出版社，2006．
③ 臧爱珍．中外中小学教学参考书比较研究[M]．北京：人民教育出版社，2006．
④ 黄新宇．废除教参[J]．江西教育科研．2000，（7）：47．

教学参考书论述的比较详细；对于教师不清楚的问题，教学参考书也一带而过。”[①] 目前已有研究显示教师教学用书发挥的作用与教师专业发展水平有一定的关系。“语文教师的教龄越短、专业水平越低，语文教参对其教学所发挥的作用就越大；反之，随着语文教师个人专业能力的提升，语文教参所能发挥的作用在递减，作用程度呈现出由强转弱的曲线变化。”[②]

对教师教学用书的使用，麦克尼尔认为：尽管每个教师使用教师指南的情况差异很大，但是有证据表明，教师指南中的教学措施对教师的课堂行为具有重要的影响。许多教师依赖于教师指南中论述的教学内容讲授程序和教学措施。而且，还有些证据表明，当建议教师培养学生某种特殊技能时，学生会在此方面取得更大的成绩。教师们往往遵循教师指南进行教学，原因在于这是一条捷径。例如，小学教师遇到了一些复杂的决策问题后，会忽视研究的实用性，为了解答这些问题，便把注意力转向了教师指南。大多数教师发现，教师指南对他们的教学计划有些帮助，但有关个别化教学的建议过于空洞，而且他们都不怎么阅读教师指南的引言及概要。人们发现，那些要求教师指南与教育电视节目相互配套的教师，能够充分地利用这些节目[③]。

对教学参考书的功能、特点以及地位等，研究者们也进行了不断探讨。陆平发现现行的语文教学参考书在帮助解决“教什么”“怎样教”等问题上发挥的作用较小[④]。林巧宁总结出“继承发展、推陈出新”作为教师教学用书发展的主要特点[⑤]。滕腾在研究中发现，虽然历史教学参考书对教师的职业发展有一定的作用，但是和一线教师的期待还是存在着落差[⑥]。

20 世纪 90 年代，孟繁兵对语文教学参考书提出了质疑，认为其弊大于利[⑦]；夏慧贤和陆平则在 2012 年则对“这个教参是个鸦片烟”的观点进行辨正，认为要慎重地编写教学参考书，为课程改革和建设发挥重要作用[⑧]。

通过以上对教师教学用书功能的探讨，可以看出教师教学用书应然功能与实然功能之间有着很大的差距。

2. 教师教学用书的内容研究

余利君对新课改前后的高中物理教师教学用书（人教版 1986、1990 和 2003 年三版）进行了纵向比较，对新课改后的高中物理教师教学用书（人教版、司南版、上科教版、粤教版）进行了横向比较。比较维度是书的编写结构和各个主要栏目（教学要求、教材分析、教学建议、参考资料、教学评价、学习指导）的内容[⑨]。许宁对中英两国语文教师教学用书的体例进行了

① 《基础教育教材建设丛书》编委会．中小学教学参考书调查问卷分析 [M]．北京：人民教育出版社，2006．

② 陆平．语文教学参考书功能之考察 [D]．上海：上海师范大学，2010．

③ 江山野．简明国际教育百科全书——课程 [M]．北京：教育科学出版社，1991．

④ 陆平．语文教学参考书功能之考察 [D]．上海：上海师范大学，2009．

⑤ 林巧宁．新课标高中语文教师教学用书的特点、问题及编写建议 [D]．桂林：广西师范大学，2016．

⑥ 滕腾．历史教参的教师专业知识发展功能研究 [D]．上海：华中师范大学，2017．

⑦ 孟繁兵．“这个教参是个鸦片烟”——关于中学语文教学参考书的新思考 [J]．山东教育科研，1999，（12）：46–47．

⑧ 夏惠贤，陆平．“这个教参是个鸦片烟”辨正 [J]．现代基础教育研究，2012，5（1）：77–81．

⑨ 余利君．我国高中物理教师用书的现状调查与文本研究 [D]．重庆：西南大学，2007．

内容比较，比较的维度如表 1–1 所示。其中，各个二级维度的比较所采取的模式都是先分析中英两国各自教师教学用书的特点，然后再对两者进行比较[①]。

表 1–1　中英两国语文教师教学用书比较的维度

一级维度	二级维度
体例设置	总体体例设置
	单元体例设置
呈现方式	课程标准呈现方式
	教学设计呈现方式
	探究活动栏目的呈现方式

此外，由教育部组建的“教材选用与课程资源开发研究”课题组对国内外中小学教师教学用书的内容进行了比较研究[②]。该课题组对小学的数学、语文、科学、体育和中学的物理、化学、历史、地理以及经济学的国内外教师教学用书进行了比较研究，涉及的国家包括美国、英国、加拿大和俄罗斯等。各个学科教师教学用书的研究模式大致为：选择具有代表性的国内外教师教学用书进行介绍，然后对这些教师教学用书加以对比，为我国的相关学科教师教学用书的发展指出方向。包括地理学科在内的大部分学科的研究者选择先对教师教学用书的编写结构进行说明，再对结构中的各个子模块进行使用说明，甚至还有一定的举例说明。化学学科除了在编写结构上进行说明外，还对内容的呈现方式进行了对比。

在对地理学科教师教学用书的比较研究中，研究者选择的国内教师教学用书的版本为人教版。通过与国外地理教师教学用书的对比研究发现：在学科知识方面，国内教师教学用书保持了系统性、联系性和逻辑性强的优势。国内教师教学用书更加重视知识、技能与能力的落实；在学科能力和学习方法上，国内教师教学用书突出体现了地理学科的特色——引导学生充分利用地图进行观察、辨识，培养学生的空间能力，进一步推进对比、分析、推理、判断和应用等学习方法和思维方式的培养与训练，是应该继续坚持的目标。国内外教师教学用书对情感态度价值观的教育，均能比较自然地融入学习活动中，使学生能够正确认识人类活动与地理环境之间的关系。但在内容设计的深入、具体以及贴近生活方面，我们还应借鉴国外教师教学用书。国外教师教学用书注重引导学生“做中学”，体现了过程性和实用性，而不是死记硬背的应试性，这是非常值得我们借鉴的。国外教师教学用书引导师生学习活动的可操作性、综合性、开放性、体验性和差异性等方面，也是国内教师教学用书应该努力的方向。

对于教师教学用书的比较研究集中在国内外的对比，以及我国海峡两岸暨香港的比较，旨在为我国教师教学用书的编写提供借鉴。

① 许宁．中英两国语文教参的比较 [D]．上海：华东师范大学，2010．

② 臧爱珍．中外中小学教学参考书比较研究 [M]．北京：人民教育出版社，2006．

陈洁对江苏教育出版社出版的小学科学教学参考书和美国哈顿·米夫林版小学科学教师用书进行了指导思想、框架结构、主要内容和特点等方面的比较分析①。

许宁对我国《义务教育课程标准语文实验教科书》七、八年级的配套教学参考书和英国剑桥课程的指定用书*Quest Teacher's Resource Kit 4*和*Checkpoint English Book 3*，进行了比较分析，试图探索中国语文教学参考书的发展途径②。

赵怡姗以我国人教版高中生物学教师用书和美国麦格劳版高中生物学教师用书为研究对象，用文本分析和数据分析的方法比较分析了两者的区别，最后根据评价指标体系评价了两套丛书，为中国教学参考书的编写提出了建议③。

金敏通过文献资料法、比较法和访谈法等方法比较了我国内地与香港的中学体育教师用书，从两书的指导思想和编写依据等方面进行了分析，挖掘出了我国内地和香港中学体育教师用书各自的特色④。

黄观益对大陆人教版语文教学参考书和台湾翰林版语文教学参考书进行了比较，探讨了两者在语文教育理念和教学方式上的异同⑤。

在地理学科方面，鞠婷从表现形式、分析功能和指导功能等方面对沪教版和鲁教版的地理教师教学用书进行了归类比较，并且在文本研究之后对教师教学用书的编写提出了建议⑥。

综上可知，国内研究者对教师教学用书进行了较为充分的内容比较研究，但涉及学科多为语文、生物等，专门针对地理学科的研究很少。

3. 教师教学用书使用现状研究

（1）国内教师教学用书使用现状研究

丁博敏对北京市西城区中学地理教师进行了地理教师教学用书使用现状问卷调查。调查研究发现：所有教师都使用了教师教学用书；刚入职的教师和普通校的地理教师经常使用；有经验的教师认为教师教学用书参考资料少、更新慢，导致其缺乏指导性，实用性不大。教师们最希望增加的内容是学生活动设计、学生实践活动建议、突破重点和难点的教学过程设计、典型教学案例、生活中的教学案例、教学案例点评等。

教育部“教材选用与课程资源开发研究”课题组在2004年开展的对中小学教材教辅的研究过程中发现，教师教学用书在教师的教学过程中发挥着重要作用。为了加强对中小学教师教学用书编写的研究，该课题组有关人员围绕现行中小学教师教学用书的基本状况开展了全面的调查，深入了解了教师教学用书在指导教师教学方面所存在的具体问题。该调查所使用

① 陈洁．中美小学科学教学参考书的比较研究[D]．上海：上海师范大学，2015．

② 许宁．中英两国语文教参的比较[D]．上海：华东师范大学，2010．

③ 赵怡姗．中美高中生物学教师用书的比较研究[D]．上海：华东师范大学，2018．

④ 金敏．内地与香港中学体育教材之教师用书的比较研究[D]．南京：南京师范大学，2015．

⑤ 黄观益．大陆与台湾高中语文教学参考书比较研究[D]．桂林：广西师范大学，2018．

⑥ 鞠婷．沪教版与鲁教版高中地理教师教学用书比较研究[D]．上海：上海师范大学，2014．

的教师问卷主要从总体印象、目标编写、教学内容分析、教学实施建议、学生学习指导、教学评价和课程资源等七个方面对现行中小学教师教学用书展开了全面的质量评定，并选取全国范围内的中小学教师作为调查对象。调查报告结果显示，现行的教师教学用书有值得提倡和发扬的地方；但总体来说，大多数教师对现行教师教学用书不满意，认为现行教师教学用书不能满足教学的实际需要。此次调查研究范围广、规模大，但该调查是针对所有学科的教师教学用书的一个概况，报告分析中也没有单独地分学科来进行分析。此外，这项调查还指出：2003 年秋，全国起始年级使用新课程的学生将达到同年级学生的 35% 左右，到 2005 年秋，中小学阶段各起始年级的学生原则上都将进入新课程。而此次调查是在 2006 年前完成的，被调查教师中难免存在对新课程改革下的教师教学用书还不太熟悉的情况[①]。

另外，还有一些研究者对某个学科的教师教学用书情况进行了调查研究。他们对教师进行问卷调查时发放的问卷都是基于“教材选用与课程资源开发研究”课题组开发的问卷修改的。研究结果表明该学科的教师教学用书令教师不太满意。余利君通过变量分析得得出结论：参与新课程的教师对教师教学用书的总体满意情况要好于未参与课改的教师[②]。

部分研究者对教师教学用书的使用现状进行了调查分析。徐莹在《被动的权威：初中历史教师教学用书使用研究》一文中探讨了人教版历史教学教师用书的使用现状，总结出历史教师教学用书在实际教学运行中处于一种被动的权威，即食之味淡，弃之可惜的尴尬地位[③]。

周代许和王民在《初中地理教师教学用书使用现状调查分析》一文中以北京市初中地理教师及其所使用的教师教学用书为研究对象，通过调查分析，建议地理教师教学用书的编写要转变视角、增加学生活动指导、充实备课资料和建设网络数据库等[④]。

许爽调查了人教版高中化学教师教学用书的使用现状，以哈尔滨多所高中的一线教师为研究对象，采取了问卷调查和深度访谈的方法，通过调查分析，对化学教师教学用书的编写提出了相关建议[⑤]。李倩倩在《苏教版高中数学教学参考书的使用情况调查研究》一文中，以江苏省数学教师为研究对象，用定性和定量的分析方法调查了数学教学参考书的使用情况[⑥]。余利君对我国高中物理教师教学用书的现状进行了调查，通过网络、书店等渠道，获得了教师教学用书的一些基本情况，并发放了问卷，调查了高中物理教师教学用书的使用情况[②]。

马丽娅和王民以中图版高中地理教学参考书为研究对象，通过问卷调查和深度访谈，发现了现行中图版高中地理教学参考书在使用和编写方面存在的问题，同时也了解了教师的需求；在此基础上将中图版高中地理教学参考书的框架结构与国外教学参考书进行了比较研究，总结出了国外教学参考书的优点；最后依据《普通高中地理课程标准（2017 年版）》要求，

① 臧爱珍．中外中小学教学参考书比较研究 [M]．北京：人民教育出版社，2006．

② 余利君．我国高中物理教师用书的现状调查与文本研究 [D]．重庆：西南大学，2007．

③ 徐莹．被动的权威：初中历史教师教学用书使用研究 [D]．黄石：湖北师范大学，2016．

④ 周代许，王民．初中地理教师教学用书使用现状调查分析 [J]．地理教育，2013，(09)：52–53．

⑤ 许爽．人教版高中化学教学参考书使用现状的调查与分析 [D]．哈尔滨：哈尔滨师范大学，2018．

⑥ 李倩倩．苏教版高中数学教学参考书的使用情况调查研究 [D]．苏州：苏州大学，2018．

为教学参考书框架结构的编写提出了建议[①]。

为了使教学参考书的使用更加有效，不同研究者提出了自己的看法。章学军、吴善元认为，教学参考书有一定的负面效应，教师在使用过程中需要突破原有的模式，尝试创新[②]。孟醒对语文教学参考书的使用和更新问题展开了论述，从年轻教师和老教师两个角度来谈论对教学参考书不能过度依赖，也不能过度轻视[③]。陈用敏在《打开教参的最佳方式》一文中，通过列举身边的小事来描述使用教参的三个层次，提倡循序渐进地使用教参[④]。徐斐结合对上海一线教师的调查反馈，总结出要以学生为本，从贴近学生的四个角度使用教参[⑤]。

黄京钗则指出了使用教学参考书时的一些误区[⑥]。项秀平认为教学参考书的使用要“参之有效，直击目标；参之有度，避免盲目；参之有本，适度拓展”[⑦]。朱彤通过课堂案例讲述了使用教学参考书的“四个学会”[⑧]；周如俊提出了使用教学参考书要学会“扬弃”[⑨]。

除了常用的问卷调查研究外，陆平为了调查语文教师教学用书的使用情况进行了课例考察并对相关教师进行了深度访谈。在进行课例考察时，陆平将“教科书”“教参”“课堂实录”三种文本进行比较，发现三种教学文本之间有关联，但不尽匹配；教师对教参内容进行了取舍，部分内容对教学影响很大；教参没有清晰地提示课程知识；各部分内容间的内在一致性有待增强；文本解读型语文教参为教师解读课文提供了帮助，但对实施教学的支持不够[⑩]。

（2）国外教师教学用书使用现状研究

为了解七年级数学教师用书与课程原理和方法的匹配程度，埃斯马 · 伊尔迪里姆（Esma Yildirim）在土耳其不同城市随机挑选了 10 位二级数学教师进行访谈。结果表明：10 位教师都积极赞同使用教师教学用书，但他们也认为教师教学用书的内容需要改进[⑪]。居文（Güven）对 107 位教师就生命科学教师教学用书进行了问卷调查，并以此为依据对该书进行了评价，目的是为教师教学用书编写工作提供指导，进而提高生命科学教师教学用书的质量。调查发现：生命科学教师教学用书在提供真实生活活动、吸引学生的案例等方面还存在不足[⑫]。

---

① 马丽娅，王民．基于 2017 版课标的高中地理教学参考书框架结构研究——以中国版为例 [J]．中学地理教学参考，2019，(19)：21-25.

② 章学军，吴善元．正确地认识和使用“教参”[J]．中国职业技术教育，1998，(12)：39-40.

③ 孟醒．语文教参使用与更新问题浅析 [J]．亚太教育，2015(7)：38-37.

④ 陈用敏．打开教参的最佳方式 [N]．中国教育报，2018-07-04(11).

⑤ 徐斐．高中思想政治课教学参考书的使用研究 [D]．上海：上海师范大学，2013.

⑥ 黄京钗．教参使用的误区及其规避 [J]．教育评论，2001，(3)：1.

⑦ 项秀平．浅谈对“教师教学用书”的认识及利用——以历史与社会学科为例 [J]．基础教育课程，2018(12)：60-63.

⑧ 朱彤．使用教参的“四个学会”[J]．江苏教育，2007，(Z2)：96-97.

⑨ 周如俊．使用教参要学会“扬弃”[J]．中小学管理，2005，(05)：59.

⑩ 陆平．语文教学参考书功能之考察 [D]．上海：上海师范大学，2010.

⑪ Esma Yildirim. Evaluation of 7th grade mathematics teachers' guide book along with the teacher opinions[J]. Procedia-Social and Behavioral Sciences 2, 2010：5177-5182.

⑫ Semra Güven. Evaluation of life sciences teachers' books according to teachers' opinions[J]. Procedia-Social and Behavioral Sciences 2, 2010：1914-1918.

国外的教学参考书通常被称为教师指南，由美国专家麦克尼尔在20世纪40年代首次提出。他认为教师指南可以有效改进教师的课堂教学①。

在美国电气和电子工程师协会(IEEE)会议论文中，检索到马里兰大学的朱莉娅·罗斯(Julia Ross)和塔林·贝勒斯（Taryn Bayles）所著的论文。该论文对9～12年级的技术教育教师开展试点项目，为每位教师重新制定课程，通过三周的实验观察，总结出如何为一个额外的课程模块开发教师指南。作者认为，如果教师理解了内容材料，就能有效地将这一知识转移到学生身上②。新课程模块的教师指南虽然篇幅有限，但活动、内容、设计过程之间有明确的联系，并为每个活动和概念提出具体的时间限制。

王民、何亚琼通过研究英国《地理教师手册》，为中国地理教师教学用书提供参考和借鉴。该研究详细介绍了英国《地理教师手册》的框架结构和主要特色，并认为该书涉及内容广泛，是一本地理教育的百科式工具书③。

（3）总结

通过以上对教师教学用书相关的国内外研究现状的分析，得出以下基本认识：虽然在实际应用中，教师教学用书的实然功能和应然功能之间仍然存在一定的差距，但教师教学用书依然是教材不可或缺的重要组成部分，它能为那些缺乏教学经验的教师提供有益的教学参考，进而有效提高教学质量；对于教师教学用书内容的研究主要通过编写结构和各栏目内容对比的方法来进行，这样的比较既有纵向的比较，又有横向的比较（国内各版本的比较和与国外版本的比较）；对于教师教学用书使用现状的研究，多采用对一线教师的问卷调查、课例考察以及访谈的方式进行。国内外对教师教学用书的研究涉及的学科多为语文、外语等，目前尚缺少专门针对地理学科的教师教学用书的研究，而且开展的研究还没有充分考虑到新课改背景下地理教师教学用书的使用情况。

因此，有必要对新课改背景下地理教师教学用书的编写情况和使用现状进行研究，从而弥补目前地理教材研究中对地理教师教学用书研究的不足，为新课改背景下我国地理教师教学用书的编写和修订提供参考。

---

① 江山野．简明国际教育百科全书——课程[M]．北京：教育科学出版社，1991.

② Ross J, Bayles T. Work in progress — Lessons learned during teacher professional development pilot program — Impact on curriculum teacher's guide development & future professional development institute [C] // Frontiers in Education Conference. IEEE, 2010.

③ 王民，何亚琼．英国《地理教师手册》介绍及简评[J]. 地理教育，2010，(3)：54-55.

第二章

中学地理教师教学用书使用现状调查研究

第一节　初中地理教师教学用书使用现状调查研究

本研究主要对北京市海淀区和东城区初中地理教师及其所使用的教师教学用书进行调查研究。通过相关资料研究及对一线初中地理教师实施问卷调查，了解初中地理教师教学用书的使用情况及教师们对教师教学用书的态度及需求情况。

北京市海淀区主要使用的是人教版初中地理教师教学用书，东城区使用的是北京版初中地理教师教学用书。为了解一线初中地理教师对教师教学用书的使用情况，研究者编制了初中地理教师对配套教师教学用书使用情况的调查问卷，并利用教师研修活动，对教师进行问卷调查。

一、教师使用情况调查

1. 问卷编制

整个问卷的设计主要借鉴了 2004 年全国《中小学教学参考书调查问卷》的设计思想，结合研究对象及具体情况进行一定的补充与修改。问卷对教师个人基本信息、教材使用版本，以及对教师教学用书的总体印象、使用情况、满意度、需求与期望等方面进行了问题设置。整个问卷由单选题、多选题及简单开放题等组成（详见附录 1）。

2. 调查实施

本次调查以北京市海淀区和东城区在职初中地理教师及部分完成教育实习的地理师范生作为调查对象。从教师性别来看，参与调查的男教师共 15 人，占总人数的 17.24%；女教师共 72 人，占总人数的 82.76%。从教师教龄来看，本次调查的对象包括 8 位完成教育实习的地理师范生，19 位五年以内教龄的教师，21 位五到十年教龄的教师，39 位十年以上教龄教师，所占比重分别为 9.20%、21.84%、24.13%、44.83%。教师所在学校都已实施新课程改革，所使用的教科书及配套教师教学用书版本主要为人民教育出版社出版的人教版及中国地图出版社出版的北京版。调查者利用教师研修活动，对教师进行问卷调查。问卷调查于 2011 年 3 月 10 日开始实施至 2011 年 3 月 31 日结束，分三次完成了问卷调查回收工作。此次调查共发放 100 份问卷，收回 92 份，其中有效问卷为 87 份，有效率为 94.57%。参考《中小学教学参考书调查问卷分析》①，问卷经过整理后录入计算机，进行数据处理与分析。

3. 分析方法与成果呈现

数据处理方式主要包括比重计算及相关性研究。数据呈现方式包括统计图表、文字阐述等。

① 臧爱珍. 中小学教学参考书调查问卷分析 [M]. 北京：人民教育出版社，2006：1–38.

二、调查结果与数据分析

数据分析依据问卷结构分成四部分，包括使用情况、整体满意度、作用认可程度和需求与期望，主要分析其数据比重及相关性。

1. 使用情况调查数据分析

（1）使用情况整体调查及相关性研究

通过问卷调查，得出教师在平时备课过程中对教师教学用书的使用情况，如图 2–1 所示。

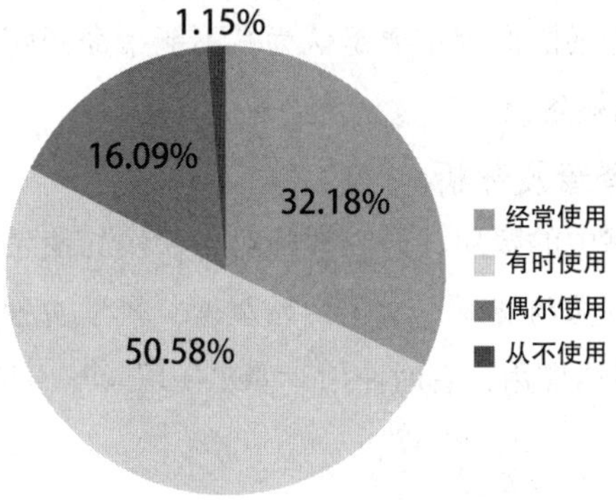

图 2–1　教师对教师教学用书的使用情况

从图 2–1 可以看出，教师对教师教学用书的使用比重较高，近 1/3 的教师表示经常使用，而一半的教师表示有时使用，两者加起来所占比重较高。仅有很少量的教师偶尔使用或从不使用教师教学用书。

运用统计软件对教师教学用书的使用情况与教师性别、教龄进行相关性分析，两者相关系数均低于 0.05，可以看出教师教学用书的使用情况与教师性别、教龄情况相关性不大，不构成显著相关关系。

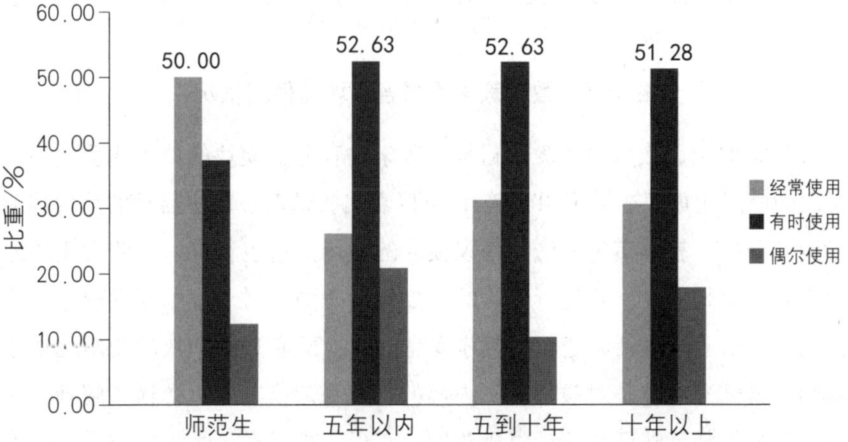

图 2–2　各教龄段教师对教师教学用书的使用情况

从图 2−2 可以看出，师范生在教育实习中对教师教学用书使用的频率比较高，半数以上保持经常使用的状态，这与他们对初中地理教材与教学较为陌生、需要了解的内容比较多等因素有关。而教龄五年以内、五到十年、十年以上这三种类型的教师，对教师教学用书的使用频率差异较小，半数以上属于有时使用的状态。这些教师都具有一定的教学经验，对教学内容与要求较为了解，对教师教学用书的使用具有一定针对性。

通过对教师使用教师教学用书的原因进行分析可知，多数教师认为明确教学目标、帮助理解教科书的体系结构、开阔教学设计思路、解决知识上的疑难点是他们使用教师教学用书的目的。不使用教师教学用书的原因主要是认为其不能帮助开阔教学设计思路，不能帮助提高教学效果及解决知识上的疑难点。

（2）使用情况具体调查及分析

针对现有教师教学用书中的模块，研究教师对各模块的使用情况。内容分为教学目标、教学内容分析、教学实施方法与建议、学生活动建议、教学参考资料和配套光盘六部分，使用情况分为每次都使用、经常使用、有时使用、偶尔使用及从不使用五类。

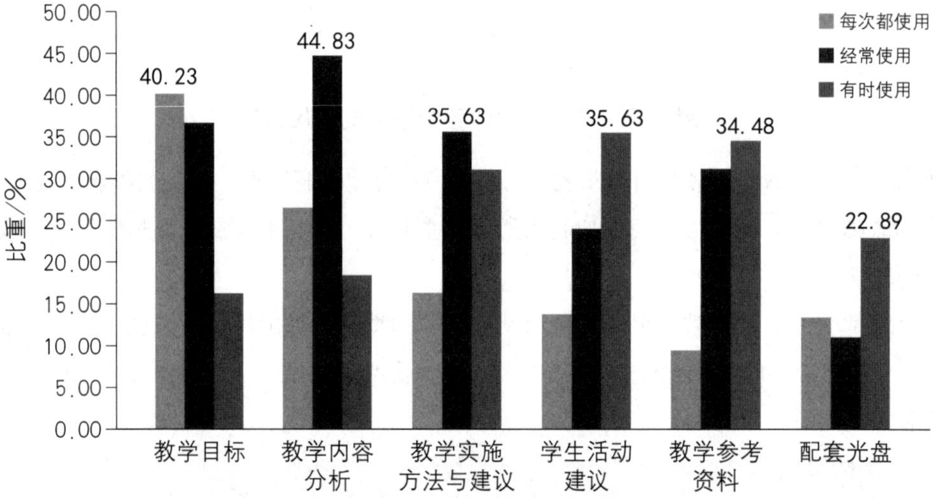

图 2−3　教师教学用书各模块的使用情况

从图 2−3 可以看出，教师对于教学目标、教学内容分析模块的使用比重较高，特别是教学目标，每次的使用比重都达到了 40.23%，可以看出教师对于教学目标的重视程度比较高。教师对教学内容分析、教学实施方法与建议模块的使用比重也很高，这两大模块是教师教学用书的重要内容，也是指导教师进行教学的重要资料来源，对于教师课堂教学的设计与实施影响较大。而教师对于学生活动建议、教学参考资料、配套光盘模块的使用比重相对较低，多为有时使用，这部分内容是对教师教学内容的补充与建议。通过访谈了解到，对于学生活动建议模块，部分教师反映活动设计过于陈旧、落后，难以满足学生的需求，所以使用比重较低。对于教学参考资料模块，这部分内容大多数教师可以通过互联网获取，所以使用比重也不是太高。对地理教师教学用书配套光盘的调查研究主要是针对海淀区使用人教版教师教学用书的初中地理教师。在配套光盘的使用方面，教学图片使用比重较高，其次是教学幻灯片，这部分内容可以用于教学设计及实施的过程中，对教师教学的辅助性作用较为直接。教科书上的图片难以编辑利用，而光盘内提供的图片库恰好为教师提供了可以直接编辑加工的图片，有利于教学设计的实现与展开。而课堂片段实录部分使用比重较低，仅有少数教师观看使用过，相关统计结果见图 2–4。

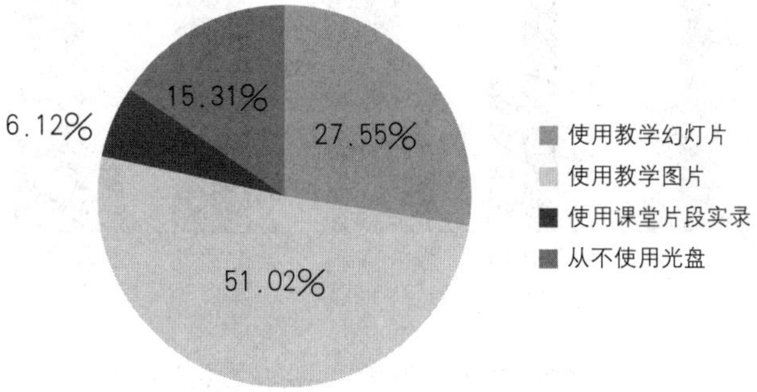

图 2–4　教师教学用书配套光盘各部分内容的使用情况

2. 整体满意度调查及相关性研究

（1）整体满意度调查及相关性研究

从整体情况上看，教师对教师教学用书的满意度较高，大部分教师表示满意。近半数教师认为教师教学用书内容能满足教师的大部分需求，但认为教师教学用书仅能满足少部分需求的教师所占比重也较高，存在较显著的差异。相关统计结果如图 2–5 和图 2–6 所示。

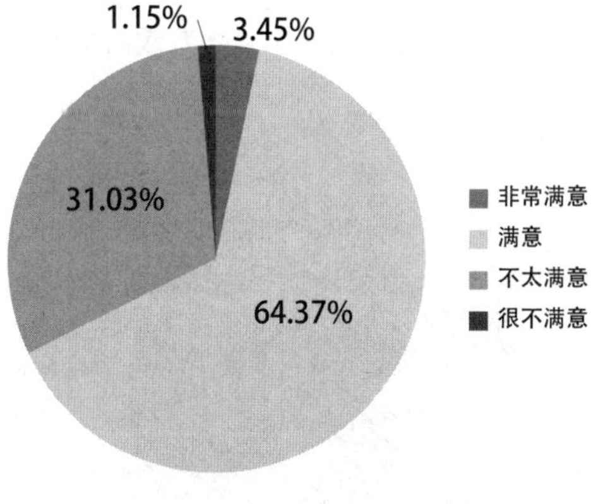

图 2–5　教师对教师教学用书的满意情况

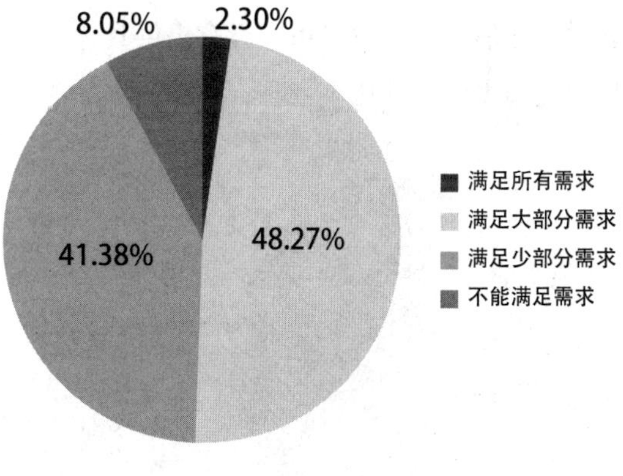

图 2–6　教师教学用书满足教师的需求情况

（2）满意度具体调查及分析

从图 2–7 可以看出，教师对教学目标、教学内容分析、教学实施方法与建议三个模块的满意度均较高，超过半数的教师整体上对三个模块均比较满意。教师对学生活动建议、教学参考资料、配套光盘的满意度不高，可以看出这三个模块的编制还存在一定的问题，需进一步改进。

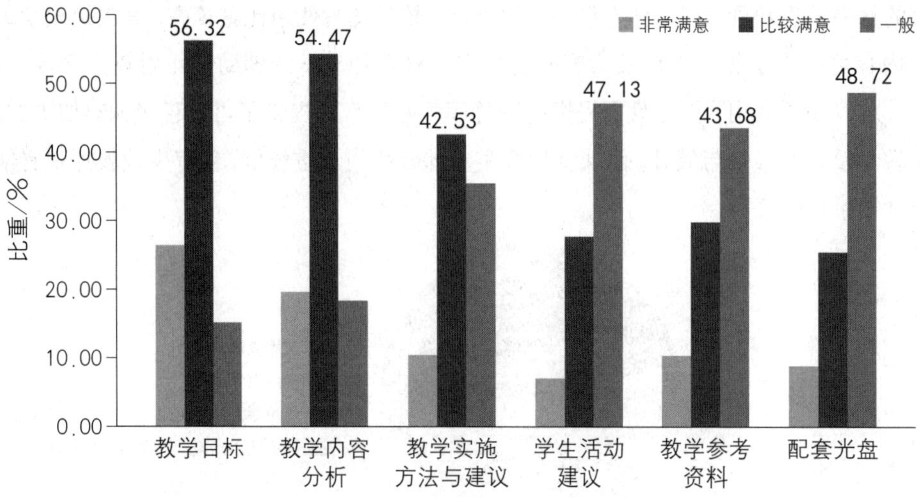

图 2-7　教师对教师教学用书各模块的满意情况

3. 教师教学用书作用认可度调查

（1）教师教学用书总体作用认可度调查

从图 2-8 可以看出，整体上来看，教师对教师教学用书作用的认可度不高，半数以上教师认为教师教学用书对教学有一点帮助，但帮助不是太大。对于现行教师教学用书能否促进教学方式的改变问题上，过半数教师持否定意见，如图 2-9 所示。其原因按受访教师反馈意见排序（由多到少）为：教师教学用书没有将理念和案例结合在一起讲，难以理解；没有具体说明新的教学方式适用于什么样的教学内容；没有考虑实施的可行性；没有具体说明新的教学方式应在什么时候用；没有提供具体的案例。结合教师教龄因素考虑，随着教龄的增长，持否定态度的教师比重上升。

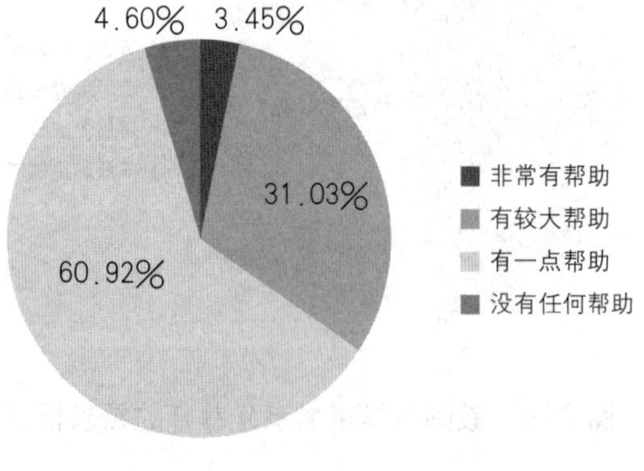

图 2-8　教师对教师教学用书作用的认可情况

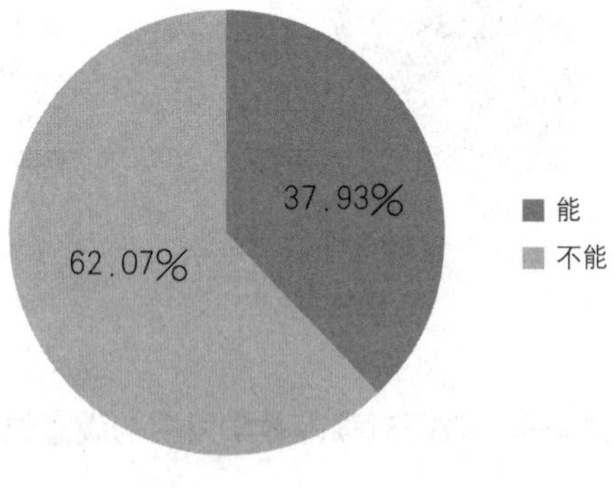

图 2-9　教师对教师教学用书改变教学方式的态度

从表 2-1 可以看出，教师对教师教学用书实际作用的看法存在一定的差异性。其中，过半数教师认为教师教学用书在以下方面作用较大：指导教学实践、理解教科书、解读课程标准和素质教育。而多数老师认为教师教学用书在以下方面作用不大：引导学生进行研究、探究及合作学习；改变教学方法和模式。

表 2–1　教师对教师教学用书作用的认可情况

内容	不同认可情况下的教师所占比重 /%			
	非常有作用	有较大作用	有一点作用	没有任何作用
对教学实践有指导作用	3.45	52.87	42.53	1.15
对帮助教师理解教科书，解读课程标准，不偏离素质教育的方向等方面有作用	13.79	57.47	28.74	0
对指导一线教师学会在实际教学中如何引导学生进行研究、探究以及合作学习等学习方式有作用	10.34	35.63	49.43	4.60
对促进一线教师教学方法和教学模式方面的改进有作用	3.45	40.23	51.72	4.60

从表 2–2 可以看出，教师教学用书中提供的案例、教学参考资料及评价方法较符合教师的需求，教师认可度较高。

表 2–2　教师对教师教学用书提供内容的认可情况

内容	不同认可情况下的教师所占比重 /%			
	非常符合	比较符合	不太符合	根本不符合
提供的案例符合一线教师需要的程度	5.95	73.81	19.05	1.19
提供的教学参考资料和信息符合教学实际需要的程度	10.71	61.90	26.19	1.20
提供的各种评价方法在教学实践中的适合程度	8.33	58.33	30.95	2.39

（2）教师教学用书部分模块作用认可度调查与分析

从图 2–10 可以看出，过半数教师认为教师教学用书中对于教学目标的描述虽然明确但是不够具体。据部分教师反映，一般教师教学用书都会指出重点难点，但是却没有对如何确定重点、难点及其原因进行说明，教师在理解上存在一定的困难，希望教师教学用书中能解释说明重点、难点的确定与选择。

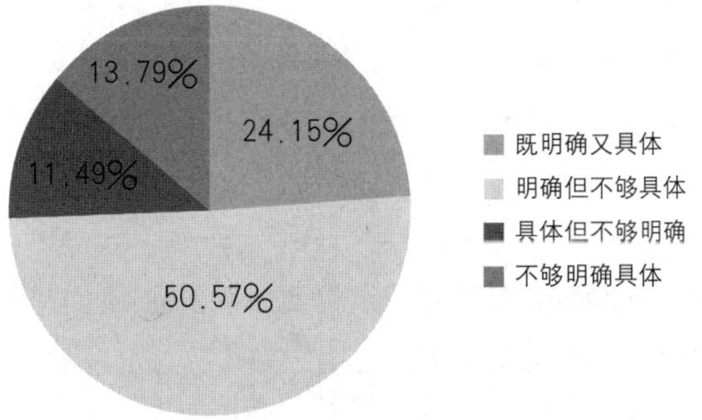

图 2–10　教师对教学目标的认可情况

从图 2–11 可以看出，在教学参考资料的作用方面，教师对教师教学用书在教科书二次开发、解决知识疑点、如何利用资源三方面的作用认可度相当。

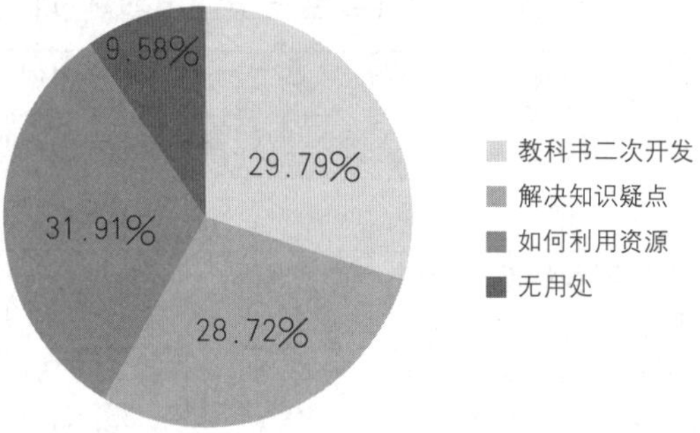

图 2–11　教师对教学参考资料作用的认可情况

4. 需求与期望研究

（1）教学案例需求

从图 2–12 和图 2–13 可以看出，在教学案例的需求方面，课堂教学设计的“思路”案例、教学重点或难点的片段案例、课堂教学设计的“教案”案例更符合教师的需求。在教学案例的组织方面，教师对流程式和讲稿式的教学案例形式认可度较高，认为其更能满足教师的需求。

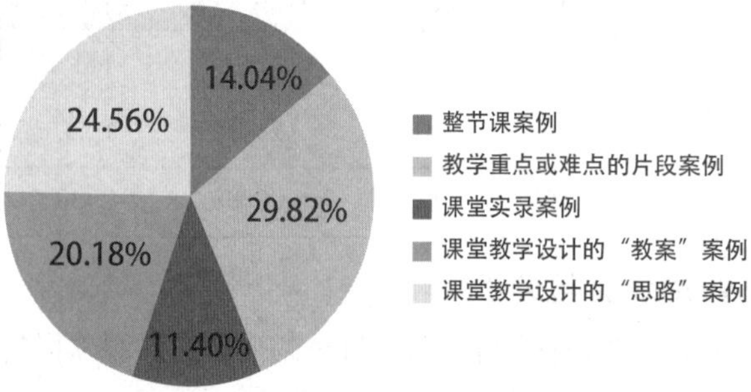

图 2–12　教师对教学案例的需求情况

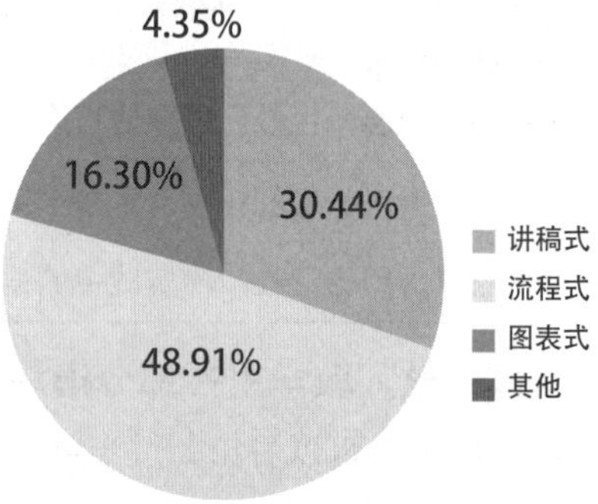

图 2–13　教师对教学案例形式的需求情况

（2）教学目标与知识结构分析需求

从图 2–14 可以看出，教学目标方面，教师对课时目标和活动目标的需求较高，然后是每节目标。总体来看，教师对详细目标的需求较大，而对大范围的教学目标（如单元目标、每册书目标等）的需求较小。这主要是因为详细的教学目标有利于教师开展课堂教学和安排进度，并确定重点和难点。

知识结构分析方面，教师对各目标知识结构及关系分析、各节知识结构及关系分析的需求较大，而对大范围的知识结构与关系分析的需求较小。这部分的数据结果与教学目标的需求情况相似。

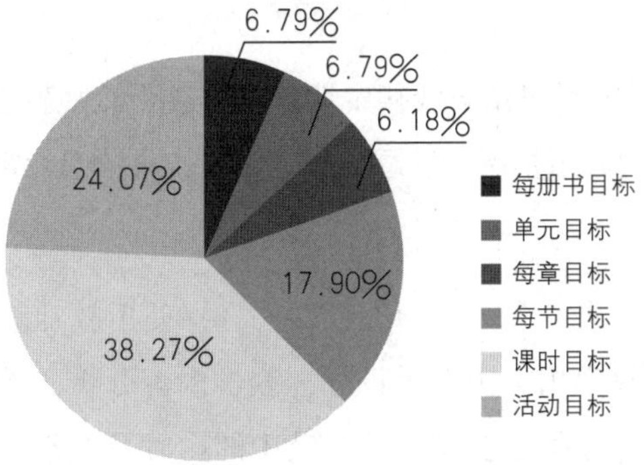

图 2–14　教师对教学目标的需求情况

（3）教师教学用书内容需求、教学辅助资料及其呈现方式需求

在内容需求方面，研究者主要从教师教学用书上的内容、光盘上的内容及各资源的组织方式上进行探讨，相关统计结果见图 2–15。从教学教师用书的内容需求上来看，教师对完备的多媒体素材库需求比重最大，其次是“教案”案例。多数教师对各种资源组合而成的多媒体素材库需求较大，其次是教学幻灯片及各种形式资源的组合，他们对课堂实录片段的需求较小。从教师教学用书的组织形式上看，以教科书为中心的组织方式最受欢迎，其次是资料包式的组织方式。

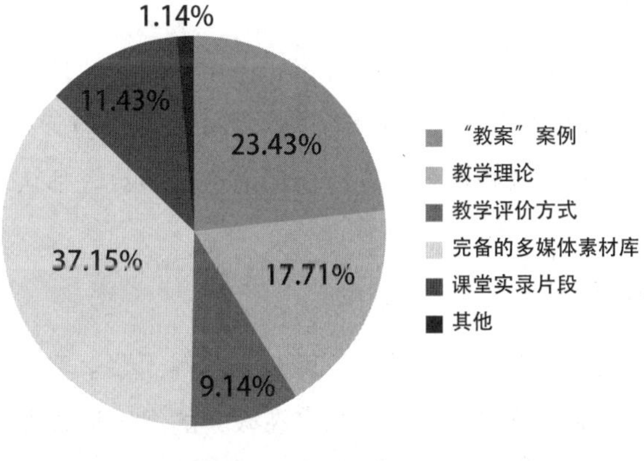

图 2–15　教师对教师教学用书的内容需求情况

教师最希望获得的教学辅助资料及其呈现方式主要有以下几类：①素材库、资料库，最好是网络平台形式，既可以提供交流与共享的平台，也可以下载与编辑相关资料，包括图片库、试题库等；②多媒体资料，特别是视频、幻灯片和图片等资源，教师希望教师教学用书能提供最新的与教学相关的视频、图片及其他资料，且配套光盘中最好包括各种类型的资料，以教科书为中心，构建成资料包的形式；③侧重对教学重点、难点的文字阐述，教学案例与方法指导，具体教案的分析、具体的教学设计比较；④强调信息的更新与现势性，关注时事，提供多种形式帮助教师成长，可组织教师集体听课，组建课后共同体、进行开放式研讨等的活动，为教师提供交流学习的平台。

三、调查结论

通过以上调查分析，研究者得出一线初中地理教师对于教师教学用书的使用情况及意见，下面主要从教师教学用书的使用情况、满意情况、作用认可情况及需求与期望情况进行总结。

1. 使用情况

从数据分析结果可以看出，多数教师在备课时选择使用教师教学用书，近 1/3 的教师处于经常使用的状态。教师教学用书中教学目标、教学内容分析、教学方法与建议等模块使用比重较高。对于配套光盘，教师主要使用的是其中的图片及教学多媒体课件，对教学视频等资源使用比重较低。在相关影响因子分析方面，教师性别、教龄与教师教学用书使用情况之间并不存在显著的相关关系，但是从总体趋势上来看，师范生对教师教学用书的使用比重最高，一线教师的教龄与教师教学用书的使用比重之间并不存在显著相关关系。教师使用教师教学用书的原因主要是为了明确教学目标、了解教科书体系结构、开拓教学设计思路。

2. 满意程度

从数据分析结果来看，半数以上教师对现行教师教学用书持满意态度。他们对教学目标、教学内容分析、教学方法与建议模块的满意度较高，对学生活动建议、教学参考资料、配套光盘资料模块的满意度一般。

3. 作用认可情况

多数教师认为教师教学用书对教学实践有指导作用，能帮助教师理解教科书、解读课程标准，使教学不偏离素质教育的方向。对于教师教学用书在指导教师如何引导学生进行研究、探究及合作学习，促进教学方法和模式改变的作用而言，多数教师认为其作用不大，承认其有一点作用。

4. 需求及期望情况

在教案内容需求方面，课堂教学设计的“思路”案例、教学重点或难点的片段案例、课堂教学设计的“教案”案例更符合教师的需求。在教案的组织形式方面，流程式和讲稿式的支持率较高，更满足教师的需求。在教学目标方面，教师的课时目标和活动目标的需求较高，然后是每节目标。总体来看，教师们普遍需要详细的目标——各目标知识结构及关系分析、各节知识结构及关系分析等内容。在教师最希望获得的教学辅助资料及其呈现方式方面，多数教师希望能有完备的素材库，他们对图片、多媒体课件、视频等的需求较大。

第二节　高中地理教师教学用书使用现状调查研究

一、调查问卷设计

根据相关的理论，结合实际教学经验，可将教师教学用书的功能归纳为以下五方面：（1）陈述教科书的目标；（2）给出教科书的结构概要；（3）提供教学建议；（4）补充教学资源的不足；（5）促进教师发展。每一项功能又可以根据实际情况分解为若干子功能。例如，可以将陈述教科书的目标分解为以下五点：给出课程标准、解读课标、教学目标、确定重点和难点、重点和难点的确定依据。一本好的教师教学用书应该能够实现上述五方面的功能，为教师开展教学活动、提高专业能力提供有力的支持。

根据以上五方面的功能，可以建立教师教学用书评价指标体系。该评价指标体系共有五个一级指标，它们分别是总体评价、目标编写、教科书与知识结构、教学建议、补充教学资源，详见表2–3。

表 2–3　教师教学用书评价指标体系

一级指标	二级指标	三级指标	四级指标
总体评价	对现行教师教学用书的满意度	整体情况	您对现在使用的教师教学用书满意度如何？ A．非常满意　B．满意　C．不太满意　D．很不满意
			您更喜欢哪一种组织方式的教师教学用书？ A．系统的组织方式（如中图版） B．以教科书为中心的组织方式（如人教版） C．资料包式 D．很少使用过其他版本的教师教学用书，无法比较
		具体情况	您对现行教师教学用书中各部分的满意度？（请按照五分制进行打分，其中：1分代表非常不满意；2分代表不太满意；3分代表一般；4分代表比较满意；5分代表非常满意） 教学目标：1分　2分　3分　4分　5分 教学内容的分析：1分　2分　3分　4分　5分 教学实施方法与建议：1分　2分　3分　4分　5分 教学参考料：1分　2分　3分　4分　5分 复习题参考答案：1分　2分　3分　4分　5分 探究活动设计：1分　2分　3分　4分　5分 章节内容体系与结构分析：1分　2分　3分　4分　5分 配套光盘：1分　2分　3分　4分　5分 您认为教师教学用书中还需要哪些内容？ A．优秀教学设计示例　B．解释所采用的教学方法的理论基础 C．教学评价方式　D．完备的多媒体素材库 E．课堂实录片段　F．__________

表 2–3（续）

一级指标	二级指标	三级指标	四级指标
总体评价	使用情况	整体情况	您在平时备课过程中使用教师教学用书吗？ A．每次都使用　B．经常使用　C．有时使用 D．偶尔使用　E．从不使用 如果选择 A、B 或 C，请回答 1–1 题；如果选择 C 或 D，请回答 1–2 题。 1–1．您使用教师教学用书的原因是什么？（可多选） A．有助于转变教学观念 B．有助于明确教学的目标 C．有助于理解教科书的体系结构 D．有助于开拓教学设计思路 E．有助于理解知识上的疑难点 F．有助于改善教学效果 1–2．您不使用教师教学用书的原因是什么？（可多选） A．对转变教学观念无帮助 B．对明确教学的目标无帮助 C．对理解教科书的体系结构无帮助 D．对开拓教学设计思路无帮助 E．对解决知识上的疑难点无帮助 F．对改善教学效果无帮助
	使用情况	具体情况	您对现行教师教学用书中各部分的使用频繁程度如何？（请按照 5 分制进行打分，其中：1 分代表从不使用；2 分代表偶尔使用；3 分代表有时使用；4 分代表经常使用；5 分代表每次都使用） 教学目标：　1 分　2 分　3 分　4 分　5 分 教学内容的分析：　1 分　2 分　3 分　4 分　5 分 教学实施方法与建议：　1 分　2 分　3 分　4 分　5 分 教学参考资料：　1 分　2 分　3 分　4 分　5 分 复习题参考答案：1 分　2 分　3 分　4 分　5 分 探究活动设计：1 分　2 分　3 分　4 分　5 分 章节内容体系与结构分析：　1 分　2 分　3 分　4 分　5 分 配套光盘资料：　1 分　2 分　3 分　4 分　5 分
	作用情况	整体情况	您认为现行教师教学用书对以下各方面的教学活动发挥作用的程度如何？（请按照 5 分制进行打分，其中：1 分代表没有任何作用；2 分代表有一点作用；3 分代表比较有作用；4 分代表有较大作用；5 分代表非常有作用） 对教学实践的指导：　1 分　2 分　3 分　4 分　5 分 促进教学改革：　1 分　2 分　3 分　4 分　5 分 在实际教学中贯彻新的教学理念：　1 分　2 分　3 分　4 分　5 分 开拓教师的视野，把握地理教育的发展趋势：　1 分　2 分　3 分　4 分　5 分 提供发挥自己聪明才智以及深入探讨问题的空间：　1 分　2 分　3 分　4 分　5 分 补充和更新地理专业知识：　1 分　2 分　3 分　4 分　5 分 促进教学方式的转变：　1 分　2 分　3 分　4 分　5 分

表 2–3（续）

一级指标	二级指标	三级指标	四级指标
总体评价	作用情况	具体情况	若“促进教学方式的转变”一题得分小于 3 分，请回答 1–1 题；若大于或等于 3 分，请回答 1–2 题。 1–1．您认为现行教师教学用书能促进教学方式改变的主要原因是什么？（可多选） A．提供了改变教学方式具体的案例 B．具体说明了新的教学方式在什么时候应用 C．具体说明了新的教学方式适用于什么样的教学内容 D．能结合案例具体说明新理念在教学中如何实施 E．考虑了实施的可行性 F．其他 1–2．您认为现行教师教学用书不能促进教学方式改变的主要原因是什么？（可多选） A．没有提供具体的案例 B．没有具体说明新的教学方式在什么时候应用 C．没有具体说明新的教学方式适用于什么样的教学内容 D．没有理念和案例结合在一起讲，所以难以理解 E．没有考虑实施的可行性 F．其他
目标编写	完整性		从您的教学实际需要看，现行教师教学用书中还缺乏哪个层次的目标？ A．每册书目标　B．单元目标　C．每章目标 D．每节目标　E．课时目标　F．活动目标
	准确性		您认为现行教师教学用书中描述各类目标的动词明确具体吗？ 知识方面的目标（　） 能力目标（　） 情感、态度和价值观方面的目标（　） A．既明确，又具体　B．虽然明确，但不具体 C．虽然具体，但不明确　D．既不明确，又不具体
	重点、难点		您认为是否需要指出教学重点、难点？ A．非常需要　B．需要　C．无所谓　D．不需要 您认为是否需要对确定重点、难点的依据进行说明？ A．非常需要　B．需要　C．无所谓　D．不需要 您认为是否需要给出解决难点的建议？ A．非常需要　B．需要　C．无所谓　D．不需要 您对现行教学参考书难点解决建议的满意度如何？ A．非常满意　B．比较满意　C．一般　D．比较不满意 E．很不满意　F．我使用的教师教学用书没有相关内容

表 2–3（续）

一级指标	二级指标	三级指标	四级指标
教科书与知识结构	教科书结构		您认为是否需要分析教科书结构，指出每一节在教科书中的地位？ A．非常需要　B．需要　C．无所谓　D．不需要
	知识结构		您认为现行教师教学用书中哪个层次的知识结构分析还不能满足您的教学需要？ A．各册书的知识结构及关系分析 B．各单元的知识结构及关系分析 C．各章的知识结构及关系分析　D．各节的知识结构及关系分析 E．各目标知识结构及关系分析
	教学点的说明		您需要在教师教学用书中具体对哪些教学内容进行具体说明？ A．知识教学点　B．能力教学点 C．情感教学点 D．三方面都需要 您所使用的教师教学用书中对每一节的知识教学点、能力教学点和情感教学点进行了具体说明吗？ A．全都进行了说明　B．大部分进行了说明 C．少部分进行了说明　D．一点都没说明
教学建议	教学设计建议		您认为在教学参考书中有必要提供教学设计的建议吗？ A．非常需要　B．需要　C．无所谓　D．不需要 您认为教学设计的建议对一线教师的教学实践有什么作用？（可多选） A．会限制教师的思路　B．会阻碍教师的发挥和创新 C．帮助教师把握课程标准的要求　D．帮助教师开阔思路
	教学活动		您认为在教师教学用书中有必要提供学生活动建议吗？ A．非常需要　B．需要　C．无所谓　D．不需要 您认为学生活动设计的建议对一线教师的教学实践有什么作用？ A．会限制教师的思路　B．会阻碍教师的发挥和创新 C．帮助教师把握课程标准的要求　D．帮助教师开阔思路
	教学活动		您对现行教师教学用书中的学生活动建议的满意度如何？ A．非常满意　B．比较满意　C．一般 D．比较不满意 E．很不满意
	教学过程的案例		您认为在教师教学用书中有必要提供教学设计的案例吗？ A．非常需要　B．需要　C．无所谓　D．不需要 您认为教学设计的案例对一线教师的教学实践有什么作用？ A．会限制教师的思路　B．会阻碍教师的发挥和创新 C．帮助教师把握课程标准的要求　D．帮助教师开阔思路 您认为一线教师最需要哪种类型的案例？ A．整节课案例 B．教学重点或难点的片段案例 C．课堂实录案例 D．课堂教学设计的“教案”案例 E．课堂教学设计的“思路”案例 您认为下列哪种形式的案例最有利于帮助您理解案例设计者的本意？ A．讲稿式　B．流程式　C．图表式　D．其他
	教学方法		您认为有必要解释教学方法的理论基础吗？ A．非常需要　B．需要　C．无所谓　D．不需要

表 2–3（续）

一级指标	二级指标	三级指标	四级指标
教学建议	教学方法		您认为教师教学用书中有必要针对学生学习方法提供建议吗？ A．非常需要　B．需要　C．无所谓　D．不需要 您认为现行教师教学用书中，关于学生学习方法的训练策略指导方面内容的现状如何？ A．有，并且有很大的实际指导作用 B．有，但实际指导作用很小 C．有，但无实际指导作用 D．一点没有
补充教学资源	教学参考资料		您认为现行教师教学用书中所提供的教学参考资料和各种信息有什么作用？ A．有利于促进一线教师对教科书进行二次开发 B．有利于解决知识上的疑点 C．有利于帮助教师弄清如何利用现有的教学资源 D．________________ E．没有任何用处 您认为现行教师教学用书中所提供的教学参考资料和信息符合实际需要吗？ A．非常符合　B．比较符合　C．不太符合　D．根本不符合
	配套光盘		您经常使用教师教学用书的配套光盘的哪些内容？ A．教学幻灯片　B．教学图片　C．短片 D．Flash 动画　E．从不使用 您还希望配套光盘中包含哪些资料？ ________________ 您希望配套光盘资料为哪种类型？ A．幻灯片　B．教学实录　C．素材库（图片、动画、短片和教学片段等）D．其他______　E．以上几种的组合______

通过对每一个一级指标进行细化，并借鉴 2004 年的全国《中小学教学参考书调查问卷分析》的设计思想①，我们设计了调查问卷（附录 2）。

二、调查实施

此次调查以北京市东城区、石景山区高中地理教师和已参加教育实习的北京师范大学地理学科专业师范生为调查对象，发放问卷 50 份，收回有效问卷 50 份，回收率 100%。其中，涉及人教版高中地理教师教学用书的问卷 31 份，涉及中图版高中地理教师教学用书的问卷 19 份。研究人员将回收的问卷整理后录入计算机进行数据处理与分析，并得出调查结果。

三、调查结果

1．整体满意度

从总体来看，本次调查中大多数教师对现行人教版和中图版的教师教学用书的整体满意度为一般，其比重分别为 58% 和 63%，详见表 2–4。

① 臧爱珍．中小学教学参考书调查问卷分析 [M]．北京：人民教育出版社，2006：1–38．

表 2–4　对现行教师教学用书的整体满意度

类别	人教版		中图版	
	人数／人	比重／%	人数／人	比重／%
非常满意	0	0	0	0
满意	11	36	3	16
一般	18	58	12	63
不太满意	1	3	4	21
很不满意	1	3	0	0

从教师教学用书各部分的编写水平来看，大多数教师认为人教版教师教学用书令人满意的部分是教学目标、教学内容的分析和教学实施方法与建议；许多使用人教版教师教学用书的教师对配套光盘资料和教学参考资料不满意（表 2–5）。除与人教版一致的三部分，中图版教师教学用书受好评较高的部分还有学生活动建议和教学参考资料；然而配套光盘和复习题参考答案两部分满意度较低（表 2–6）。

表 2–5　对人教版教师教学用书各部分的满意度

类别	非常满意		比较满意		一般		不太满意		非常不满意	
	人数／人	比重／%	人数／人	比重／%	人数／人	比重／%	人数／人	比重／%	人数／人	比重／%
教学目标	4	13	21	68	5	16	0	0	1	3
教学内容的分析	5	16	17	55	8	26	0	0	1	3
教学实施方法与建议	2	6	17	55	11	36	0	0	1	3
学生活动建议	2	6	9	30	17	55	2	6	1	3
教学参考资料	1	3	7	23	18	58	4	13	1	3
配套光盘	1	3	6	19	16	52	5	16	3	10
复习题参考答案	3	10	10	32	14	45	3	10	1	3

表 2–6　对中图版教师教学用书各部分的满意度

类别	非常满意		比较满意		一般		不太满意		非常不满意	
	人数／人	比重／%	人数／人	比重／%	人数／人	比重／%	人数／人	比重／%	人数／人	比重／%
教学目标	4	21	8	42	5	26	2	11	0	0
教学内容的分析	6	31	8	42	3	16	2	11	0	0
教学实施方法与建议	3	16	8	42	6	31	2	11	0	0

表 2–6（续）

类别	非常满意		比较满意		一般		不太满意		非常不满意	
	人数/人	比重/%	人数/人	比重/%	人数/人	比重/%	人数/人	比重/%	人数/人	比重/%
学生活动建议	4	21	8	42	6	31	1	6	0	0
教学参考资料	4	21	11	58	0	0	4	21	0	0
配套光盘	0	0	9	47	8	42	2	11	0	0
复习题参考答案	0	0	5	26	11	58	3	16	0	0

对平时备课过程中教师教学用书使用情况（如表 2–7 所示）的调查结果表明，两个版本教师教学用书的使用频繁程度接近。约 1/3 的教师经常使用教师教学用书，近一半的教师有时使用教师教学用书；其余的教师在备课过程中很少或者从不使用教师教学用书。

表 2–7　平时备课过程中教师教学用书的使用情况

类别	人教版		中图版	
	人数/人	比重/%	人数/人	比重/%
每次都使用	5	16	2	11
经常使用	8	26	5	26
有时使用	14	45	9	47
偶尔使用	4	13	2	11
从不使用	0	0	1	5
总数	31	100	19	100

此外，多数使用人教版和中图版教师教学用书的教师一致认为，教师教学用书可以帮助教师明确教学目标、理解教科书的体系结构，这是他们使用教师教学用书的主要原因；还有部分教师认为教师教学用书可以帮助他们转变教学观念。

对平时备课过程中教师教学用书各部分的使用频繁程度（如表 2–8 所示）的调查结果表明，教师会有选择的使用教师教学用书的内容。大多数使用人教版教师教学用书的教师在平时备课过程中使用较多的部分为教学目标、教学内容的分析、教学实施方法与建议和教学参考资料，使用最少的内容是配套光盘和复习题参考答案（如表 2–9 所示）。使用中图版教师教学用书的教师在平时备课过程中使用最多的部分为教学目标，经常使用者达到 74%；教学内容的分析、配套光盘的使用比重也较高；使用较少的部分为教学参考资料。

表 2–8　平时备课过程中对人教版教师教学用书各部分的使用频繁程度

类别	每次都使用		经常使用		有时使用		偶尔使用		从不使用	
	人数/人	比重/%	人数/人	比重/%	人数/人	比重/%	人数/人	比重/%	人数/人	比重/%
教学目标	11	35	10	32	6	19	2	7	2	7
教学内容的分析	5	16	15	48	8	26	2	7	1	3
教学实施方法与建议	6	19	7	23	14	45	3	10	1	3
学生活动建议	4	13	5	16	15	48	7	23	0	0
教学参考资料	4	13	9	30	11	37	6	20	0	0
配套光盘	4	13	8	26	8	26	8	26	3	9
复习题参考答案	3	10	9	29	6	19	8	26	5	16

表 2–9　平时备课过程中对中图版教师教学用书各部分的使用频繁程度

类别	每次都使用		经常使用		有时使用		偶尔使用		从不使用	
	人数/人	比重/%	人数/人	比重/%	人数/人	比重/%	人数/人	比重/%	人数/人	比重/%
教学目标	4	21	10	53	1	5	4	21	0	0
教学内容的分析	4	21	6	32	6	32	3	15	0	0
教学实施方法与建议	2	11	4	21	9	47	4	21	0	0
学生活动建议	3	16	3	16	8	42	5	26	0	0
教学参考资料	2	11	3	16	4	21	9	47	1	5
配套光盘	4	21	6	32	6	32	3	17	0	0
复习题参考答案	4	21	5	26	7	37	3	16	0	0

从教师教学用书在各方面发挥的作用（如表 2–10、表 2–11 所示）来看，大多数教师认为人教版和中图版教师教学用书在指导教学实践方面效果显著。对于教师教学用书促进教学改革这一点，中图版教师教学用书获得的认可度比人教版高。在其他方面，大多数老师认为教师教学用书还是有一定作用，但作用不是很大。

表 2–10　人教版教师教学用书在各方面发挥的作用

类别	极有作用		作用较大		较有作用		一点作用		没有作用	
	人数/人	比重/%	人数/人	比重/%	人数/人	比重/%	人数/人	比重/%	人数/人	比重/%
指导教学实践	4	13	8	26	10	32	7	23	2	6
促进教学改革	1	3	4	13	12	39	11	35	3	10
在实际教学中贯彻新的教学理念	1	3	7	23	10	32	10	32	3	10

表 2–10（续）

类别	极有作用		作用较大		较有作用		一点作用		没有作用	
	人数/人	比重/%	人数/人	比重/%	人数/人	比重/%	人数/人	比重/%	人数/人	比重/%
开拓教师的视野，把握地理教育的发展趋势	2	6	7	23	10	32	9	29	3	10
提供发挥自己聪明才智及深入探讨问题的空间	2	6	9	29	5	16	9	29	6	20
补充和更新地理专业知识	1	3	9	29	9	29	9	29	3	10
促进教学方式的转变	1	3	9	29	5	16	12	39	4	13

表 2–11　中图版教师教学用书在各方面发挥的作用

类别	极有作用		作用较大		较有作用		一点作用		没有作用	
	人数/人	比重/%	人数/人	比重/%	人数/人	比重/%	人数/人	比重/%	人数/人	比重/%
指导教学实践	3	16	4	21	8	42	4	21	0	0
促进教学改革	1	5	6	32	8	42	4	21	0	0
在实际教学中贯彻新的教学理念	0	0	4	21	6	32	9	47	0	0
开拓教师的视野，把握地理教育的发展趋势	0	0	4	21	6	32	9	47	0	0
提供发挥自己聪明才智及深入探讨问题的空间	0	0	3	16	7	37	9	47	0	0
补充和更新地理专业知识	1	5	4	21	8	42	6	32	0	0
促进教学方式的转变	0	0	1	5	10	53	8	42	0	0

对教师教学用书组织方式（如表 2–12 所示）的调查结果表明，总体来说，以教科书为中心的组织方式（如人教版）和资料包式是最受欢迎的两种教师教学用书组织方式。

表 2–12　人教版、中图版教师教学用书组织方式的比较

类别	人教版		中图版	
	人数/人	比重/%	人数/人	比重/%
系统的组织方式（如中图版）	4	13	2	11
以教科书为中心的组织方式（如人教版）	10	32	8	44
资料包式	13	42	7	39

表 2–12（续）

类别	人教版		中图版	
	人数／人	比重／%	人数／人	比重／%
其他	0	0	0	0
未曾用其他版本教师教学用书，无从比较	4	13	1	6

2. 教学目标

对各层次教学目标不完整性情况（表 2–13）的调查结果表明，使用人教版教师教学用书的教师中，大多数教师认为每册书的目标、单元目标和每章目标比较完整，有超过 30% 的教师认为书中缺少课时目标和活动目标。使用中图版教师教学用书的教师中，大多数教师认为每册书目标、每章目标比较完整；超过 40% 的教师认为书中缺少活动目标。

表 2–13　人教版、中图版教师教学用书各层次教学目标不完整性情况

类别	人教版		中图版	
	人数／人	比重／%	人数／人	比重／%
每册书目标	1	3	0	0
单元目标	1	3	5	24
每章目标	2	5	1	5
每节目标	8	20	4	19
课时目标	15	38	2	10
活动目标	13	33	9	43

此外，研究人员还关注了描述各教学目标的动词是否明确、具体。调查结果（表 2–14）表明，使用人教版教师教学用书的教师中，80% 的教师认为知识方面的目标描述得很明确，52% 的教师认为描述得不够具体；71% 的教师认为能力方面的目标描述得很明确，71% 的教师认为其描述得不够具体；大多数教师认为在情感、态度和价值观方面的目标描述得既不明确，又不具体。中图版教师教学用书的使用者对书中描述教学目标的动词的评价与人教版相近（表 2–15）。

表 2–14　人教版教师教学用书对各教学目标的动词描述情况

类别	明确、具体		明确、不具体		不明确、具体		不明确、不具体	
	人数／人	比重／%	人数／人	比重／%	人数／人	比重／%	人数／人	比重／%
知识方面的目标	12	38	13	42	3	10	3	10
能力方面的目标	5	16	17	55	4	13	5	16
情感、态度和价值观方面的目标	3	10	9	29	5	16	14	45

表 2–15　中图版教师教学用书对各教学目标的动词描述情况

类别	明确、具体		明确、不具体		不明确、具体		不明确、不具体	
	人数／人	比重／%	人数／人	比重／%	人数／人	比重／%	人数／人	比重／%
知识方面的目标	8	42	9	47	2	11	0	0
能力方面的目标	1	5	14	73	2	11	2	11
情感、态度和价值观方面的目标	1	5	10	53	5	26	3	16

此外，绝大多数教师认为，需要或者非常需要教师教学用书指出教学重点、难点，说明确定重点、难点的依据，并给出解决重点、难点的建议。然而，大多数使用人教版教师教学用书的教师对教师教学用书给出的难点解决建议的满意度仅为一般；使用中图版教师教学用书的教师中，对该问题比较满意和一般满意的人都接近半数。

3. 知识结构

对知识结构的教学需求不满意度的调查（表 2–16）结果表明，人教版和中图版教师教学用书中有关教科书各目标知识结构的内容不能有效地满足教师需求。

表 2–16　人教版、中图版知识结构的教学需求不满意度的调查

类别	人教版		中图版	
	人数／人	比重／%	人数／人	比重／%
各册书知识结构分析	3	10	4	23
各单元知识结构分析	5	17	3	15
各章知识结构分析	5	15	4	19
各节知识结构分析	5	17	2	12
各目标知识结构分析	13	41	6	31

理解每一节在教科书中的地位有助于从整体上把握教学，大多数教师表示需要教师教学用书明确每一节在教科书中的地位（表 2–17）。

表 2–17　人教版、中图版每一节在教科书中的地位明确性需求的调查

类别	人教版		中图版	
	人数／人	比重／%	人数／人	比重／%
非常需要	11	35	6	32

表 2–17（续）

类别	人教版		中图版	
	人数／人	比重／%	人数／人	比重／%
需要	18	58	13	68
无所谓	2	7	0	0
不需要	0	0	0	0

此外，74% 的人教版教师教学用书使用者和 50% 的中图版教师教学用书使用者表示，教师教学用书需要对知识教学点、能力教学点和情感教学点加以具体说明。

4. 教学实践

关于教学设计建议的调查（表 2–18）中，超过 89% 的人教版教师教学用书使用者认为教学设计建议可以帮助他们备课，因为这些建议可以帮助他们把握课程标准，开拓思路。同时，绝大多数教师认为他们需要教师教学用书提供教学设计的建议。

表 2–18　人教版、中图版教学设计建议的调查

类别	人教版		中图版	
	人数／人	比重／%	人数／人	比重／%
限制思路	3	9	0	0
限制教师的发挥、创新	1	4	1	5
帮助把握课标要求	14	45	4	21
开拓思路	13	42	14	74

此外，超过 50% 的教师希望教师教学用书提供整节课案例和课堂教学设计“思路”案例；62% 的人教版教师教学用书使用者和 68% 的中图版教师教学用书使用者认为流程式的案例最有利于体现案例设计者的本意。

关于教学方法的调查中，有 94% 的人教版教师教学用书使用者认为需要或者非常需要在书中对教学方法的理论基础进行解释，有 95% 的中图版教师教学用书使用者也表示出同样的需求。绝大多数教师认为教师教学用书有必要针对学生学习方法给出建议。然而，教师教学用书在学生学习方法指导方面却做得不够，大多数教师认为其实际指导作用很小，甚至没有作用（表 2–19）。

表 2-19　人教版、中图版学生学习方法指导作用的调查

类别	人教版		中图版	
	人数／人	比重／%	人数／人	比重／%
有，并且有很大的实际指导作用	3	10	1	5
有，但实际指导作用很小	19	61	13	69
有，但无实际指导作用	7	23	4	21
一点没有	2	6	1	5

5. 参考资料

参考资料大致可以分为两类：一类是教师教学用书的教学参考资料，另一类是配套光盘。

关于教学参考资料作用的调查结果显示，教师对教师教学用书中教学参考资料的作用是予以肯定的。人教版教师教学用书使用者中认为教学参考资料没有任何用处的为 13%；中图版教师教学用书使用者中持相同意见者更少，仅为 11%（表 2-20）。然而，现行教师教学用书中的教学参考资料与教师的实际需求符合程度不高，分别有 48% 的人教版教师教学用书使用者和 42% 的中图版教师教学用书使用者认为其不符合需要（表 2-21）。

表 2-20　人教版、中图版教学参考资料作用的调查

类别	人教版		中图版	
	人数／人	比重／%	人数／人	比重／%
有利于促进一线教师对教科书进行二次开发	10	32	5	26
有利于解决知识上的疑点	10	32	4	21
有利于帮助教师弄清如何利用现有的教学资源	6	20	8	42
没有任何作用	4	13	2	11
其他	1	3	0	0

表 2-21　人教版、中图版教学参考资料与教师的实际需求符合程度的调查

类别	人教版		中图版	
	人数／人	比重／%	人数／人	比重／%
非常符合	1	3	0	0
比较符合	15	49	11	58
不太符合	14	45	8	42
根本不符合	1	3	0	0

关于配套光盘的调查结果显示，使用人教版教师教学用书的教师和使用中图版教师教学用书的教师对配套光盘中各类型资料的使用情况很不一样。使用人教版教师教学用书的教师主要利用配套光盘中的图片；使用中图版教师教学用书的教师经常用到配套光盘中图片外，还有教学幻灯片和 Flash 动画（表 2–22）。同时，超过 60% 的教师认为理想的配套光盘中各类型资料应该是一个素材库（表 2–23）。

表 2–22　人教版、中图版配套光盘中各类型资料使用情况的调查

类别	人教版		中图版	
	人数／人	比重／%	人数／人	比重／%
教学幻灯片	5	16	5	26
教学图片	23	74	5	26
短片	0	0	1	6
Flash 动画	0	0	5	26
从不使用配套光盘	3	10	3	16

表 2–23　理想配套光盘中各类型资料的调查

类别	人教版		中图版	
	人数／人	比重／%	人数／人	比重／%
幻灯片	9	29	6	32
教学实录	8	26	6	32
素材库（图片、动画、短片和教学片段等）	19	61	12	63
其他	0	0	1	5
以上几种组合	7	23	2	11

四、调查结论

1. 使用情况

通过以上调查，我们可以得出结论：教师教学用书中有值得提倡和发扬的一面，同时还存在许多不足和有待改进的地方。

通过对比分析人教版和中图版地理教师教学用书的内容与结构，可以发现两者的结构设计存在显著差异。然而，在很多指标上，人教版和中图版教师教学用书同时得到了好评。总体来说，现行教师教学用书的教学目标、教学内容的分析、教学实施方法与建议等内容可以满足一线教师的需求。大多数一线教师在备课过程中经常使用教学目标和教学内容的分析两部分内容。

从教师教学用书的具体作用来看，大部分教师认为现行教师教学用书在指导教学实践方面效果显著：较完整地描述了每册书目标、单元目标、每章目标和每节目标，在知识方面和能力方面的目标描述很明确；针对教科书各单元知识结构和各节知识结构的分析能满足大多数教师的需求；提供了一些关于教学设计的建议，这些建议能够帮助教师把握课程标准的要求，开拓思路。绝大多数老师对教师教学用书的教学参考资料予以肯定，认为其可以帮助教师解决知识上的疑点，促进一线教师对教科书进行二次开发。大多数教师在备课过程中经常使用配套光盘，认为理想配套光盘中的资料应该是一个素材库，包括图片、动画、教学幻灯片和教学实录等资料。

2. 满意度

对比两个版本的调查结论，可以发现人教版和中图版教师教学用书值得提倡和发扬的一面中，不仅有一些相同点，还有一些不同点。

人教版教师教学用书以教科书为中心的组织方式更能满足一线教师的需要。人教版教师教学用书使用者经常使用教学参考资料这一部分。人教版教师教学用书对单元目标的解析比较清楚。人教版教师教学用书提供给了教师教学设计的建议，能帮助他们更好地把握课程标准。

中图版教师教学用书中的学生活动建议和教学参考资料比较令人满意。中图版教师教学用书使用者经常使用教师教学用书配套光盘的资料，认为其能促进教学改革。中图版教师教学用书中提供的教学参考资料，有利于帮助教师弄清如何利用现有的教学资源。此外，大多数中图版教师教学用书使用者认为其配套光盘中的教学幻灯片和 Flash 动画符合一线教师的需要。

3. 作用认可情况

调查结果表明，大多数教师对现行教师教学用书的评价一般，认为现行教师教学用书不能满足一线教师的实际需要，主要体现在以下几方面。

（1）两个版本教师教学用书的配套光盘、复习题参考答案不能令人满意。

（2）教师教学用书在促进教学方式的转变、开拓教师视野、帮助教师把握地理教育发展趋势、给教师提供发挥自己聪明才智以及深入探讨问题的空间等方面作用不够突出。

（3）教师教学用书目标编写不完整，缺少活动目标；描写知识方面的目标、能力方面的目标所使用的动词不够具体；描写情感、态度、价值观方面的目标既不具体，又不明确。

（4）教师教学用书应该指出重点和难点，说明确定重点和难点的依据，给出突破难点的建议。然而，现行教师教学用书给出的难点突破建议不太令人满意。

（5）教师教学用书各目标知识结构及关系分析不能有效满足一线教师的备课需要。

（6）74% 的人教版教师教学用书使用者和 50% 的中图版教师教学用书使用者认为应该对知识教学点、能力教学点和情感教学点都加以具体说明。

（7）超过 50% 的教师希望教师教学用书提供整节课案例或课堂教学设计“思路”案例。此外，62% 的人教版教师教学用书使用者和 68% 的中图版教师教学用书使用者认为流程式的案例最有利于体现案例设计者的本意。

（8）约 90% 的教师认为需要或者非常需要教师教学用书解释教学方法建议的理论基础，并针对学生学习方法提供建议。

（9）教师教学用书提供了学生学习方法的训练策略，但实际指导作用很小。

（10）大多数教师希望配套光盘中包含图片、动画、短片、教学幻灯片和课堂实录等资料，然而现行教师教学用书的资料不够丰富。

4. 需求与期望情况

总体来说，现行教师教学用书并非完美之作。根据现行教师教学用书中存在的问题，研究者提出以下几点修改建议。

（1）中图版教师教学用书的结构设计有待进一步优化，以教科书为中心的组织方式（如人教版）和资料包式的教师教学用书组织方式比较受一线教师欢迎。

（2）教师教学用书描述三维目标时，应该使用更加具体的行为动词，增强教学目标的可操作性；还应该对知识教学点、能力教学点和情感教学点加以具体说明。此外，教师教学用书应该给出活动目标。

（3）教师教学用书应该指出重点和难点，说明确定重点和难点的依据，并给出突破难点的建议。

（4）教师教学用书应提高各目标知识结构及关系分析的水平。

（5）教师教学用书应该提供整节课案例或课堂教学设计“思路”案例，案例最好设计为流程式。

（6）教师教学用书应该解释教学方法建议的理论基础，并提供学生学习方法的建议。

（7）教师教学用书应该提供丰富的教学参考资料。

（8）最好将配套光盘设计为一个素材库，给教师提供图片、动画、短片、教学片段、教学幻灯片和课堂实录等资料。

在本次研究中，由于时间、地域等因素的限制，研究人员仅仅获得 50 份调查问卷，数据不够充分。此外，调查问卷的设计不够理想，问题的覆盖面不够全，部分题目不够明确、具体，有待改进。

五、问卷调查和深度访谈分析

2018 年底，研究人员又对使用中图版地理教师教学用书的教师进行了问卷调查和深度访谈，从使用频率、框架体系、对地理教师教学用书的期望等方面去了解他们的使用体会。

1. 问卷调查

（1）调查对象

本次问卷的调查对象是使用中图版地理教师教学用书的高中教师和已经完成教育实习的师范生群体，具有一定的代表性和全面性。本次问卷发放 17 份，收回有效问卷 17 份，有效率达 100%。调查对象基本情况如下。

表 2–24　高中地理教师样本基本情况

项目	类别	人数 / 人	比重 /%
性别	男	6	35.29
	女	11	64.71
年龄	18 ~ 25 岁	10	58.81
	25 ~ 30 岁	2	11.77
	30 ~ 40 岁	2	11.77
	40 ~ 50 岁	1	5.88
	50 ~ 60 岁	2	11.77
教龄	师范生	9	52.94
	1 ~ 6 年	3	17.65
	6 ~ 12 年	1	5.88
	12 ~ 17 年	1	5.88
	17 年以上	3	17.65
学段	高一	4	23.53
	高二	2	11.77
	高三	2	11.77
职称	二级教师	3	17.65
	一级教师	2	11.77
	高级教师	2	11.77
	正高级教师	1	5.88

注：学段和职称的统计中仅限正式教师，不包括师范生。

根据表 2–24 可知，从教师的性别来看，参与本次调查的男教师共 6 人，占总人数的 35.29%，女教师 11 人，占总人数的 64.71%；从教师的教龄来看，本次调查的对象包括师范生 9 位，教龄 1 ~ 6 年的教师 3 位，教龄 6 ~ 12 年的教师 1 位，教龄 12 ~ 17 年的教师 1 位，教龄 17 年以上的教师 3 位；从教师的职称来看，本次调查对象的职称包括二级教师、一级教师、高级教师和正高级教师。

（2）问卷调查结果统计分析

问卷的主要内容分为教师使用情况、框架体系调查、教师需求与期望三个维度。

①使用情况调查及分析

通过对高中地理教师在日常备课过程中使用教师教学用书的频率进行调查，得到以下结果：有 4 人在备课过程中经常使用教师教学用书，占样本的 23.53%；有 7 人有时使用教师教学用书，占样本的 41.18%；有 5 人偶尔使用教师教学用书，占样本的 29.41%；有 1 人从不使用教师教学用书，占样本的5.88%。

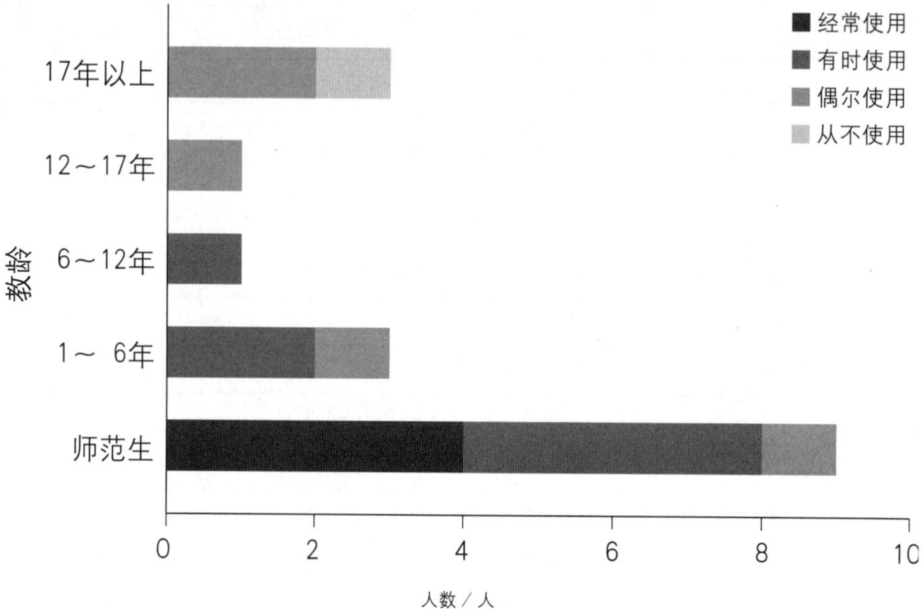

图 2–16　教师教学用书使用频率的调查

从图2–16中可以看出，师范生在备课过程中教师教学用书的使用频率较高，近一半人经常使用，这可能与师范生对教科书熟悉度不高有关；教龄1～6年、6～12年和12～17年的教师对教师教学用书的使用频率相当，为有时使用和偶尔使用；而17年教龄以上的教师使用教师教学用书的频率明显下降，为偶尔使用和从不使用。可见，教师教龄越长，对教师教学用书的使用频率越低。

关于使用教师教学用书的原因，大部分教师（64.71%）认为使用教师教学用书能够帮助其理解教科书的体系结构和开拓教学设计的思路；9位教师（52.94%）认为使用教师教学用书可以明确教学的目标；5位教师（29.41%）认为其能够解决知识上的疑惑；4位教师（23.53%）认为其能够提高教学效果；还有1位教师（5.88%）认为其能够帮助转换教学观念。

②框架体系调查及分析

教师教学用书的框架结构是整本书的骨架，一个清晰、有逻辑的框架能够使教师更好地理解教师教学用书的内容。关于框架体系的调查结果如下：超过半数的教师（58.83%）认为教师教学用书的框架结构有一定的顺序，7位教师（41.17%）认为教师教学用书的框架结构很有内在逻辑顺序。从调查结果可以看出，现行的中图版教师教学用书框架结构较有逻辑顺序，并且能够被教师认可。

关于教师教学用书的框架结构中栏目设置的调查结果如下：大部分教师表示教学内容分析（64.71%）和探究活动设计（52.94%）是符合实际需要的；部分教师认为教学目标（41.17%）、教学建议（35.29%）、教学资源（29.41%）是符合实际需要的；但还有1位教师认为都不符合需要（5.88%）。

关于教师教学用书中需要改进的栏目调查结果如下：大部分教师认为探究活动设计（64.71%）和教学资源（52.94%）是最需要改进的栏目；4 位教师（23.53%）认为教学建议需要改进；2 位教师（11.76%）认为教学目标需要改进；1 位教师（5.88%）认为教学内容分析需要改进。所以，“探究活动设计”栏目是教师认为非常需要改进的栏目。

③需求与期望调查与分析

现行的教师教学用书是否真正能够满足教师的实际需求呢？

从图 2–17 中可以看出，现行的教师教学用书对师范生来说可以满足大部分需求，但是对大多数教龄长的教师来说，教师教学用书只能满足少部分需求（60%）。可见，教师需求的内容要多于目前教师教学用书所给予的。

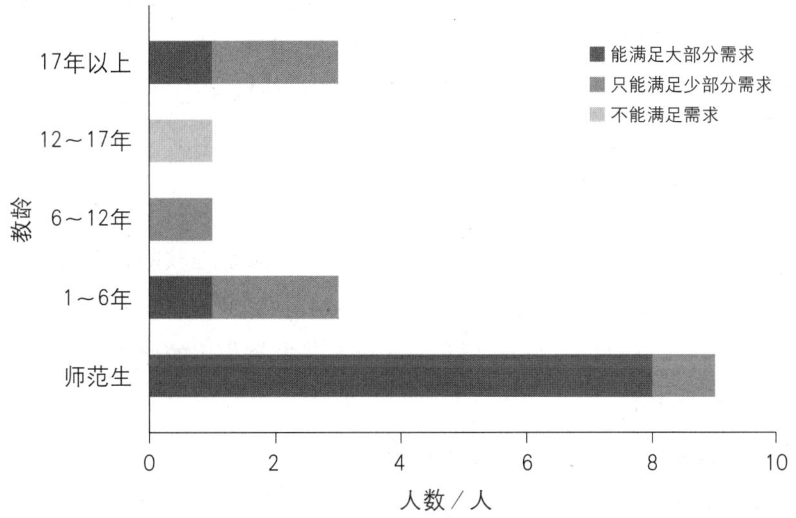

图 2–17　教师教学用书满足高中地理教师的实际需求情况

在新课标背景下，高中地理教师理想的教师教学用书是怎样的呢？教师对教师教学用书的期望是什么呢？问卷调查对此设置了开放题，此处选取了部分有代表性的回答，见表 2–25。

表 2–25　新课标背景下高中地理教师对教师教学用书的期望

序号	期望
1	有关教学知识的讲解更透彻深入一些
2	希望教师教学用书可以更生动，有更多的案例
3	教学资源多一点，电子化、数据化并及时更新
4	知识网络清晰，案例典型，能够紧密联系高考

表 2-25（续）

序号	期望
5	贴近生活，多一些学生探究活动
6	对涉及的专业知识能有比较深入的解读，希望能列举出相关专业知识的参考书籍或提供电子版供学习参考
7	能有落实地理学科核心素养的具体案例
8	增加提升学生地理实践力的教学案例
9	能够与乡土地理结合

通过对上述统计结果进行整理分析，研究人员总结出高中地理教师对新课标背景下教师教学用书的期望：（1）希望教师教学用书能有更丰富的案例，并且落实核心素养，提高学生的地理实践力；（2）教师期望教师教学用书能够提供更多的专业知识解读，教学资源多样化、电子化；（3）希望探究活动和案例能够与乡土地理结合，更加生动，贴近学生生活。

2. 深度访谈调查

前期的问卷调查可以在一定程度上了解教师使用中图版地理教师教学用书的基本现状，但是针对问卷中一些问题背后的原因，仍需要进一步探究。研究人员选取了具有代表性的 4 位教师进行深度访谈，分析目前教师教学用书未能充分发挥作用的原因，以及在新课标背景下应如何改善教师教学用书。

（1）探究活动应更加具体，实用性更强

在中图版地理教师教学用书的栏目中，“探究活动设计”这一栏目是一大亮点。在访谈过程中，教师们表示此栏目对教学的帮助较其他栏目更大。但同时，教师们也认为探究活动的设计实用性不够，对教师来说较为笼统，不能直接使用。以下为访谈材料。

访谈者：“教师教学用书设置了几个栏目，您觉得哪个栏目的帮助最大？”

教师 1：“我主要还是看课外实践活动这一部分，因为我对教科书内容是比较熟悉的。如果真的是对教师有用的话，还应该是课外活动。”

访谈者：“课外活动是指探究活动设计吗？”

教师 1：“对，探究活动的一些设计，探究活动的一些建议。这方面用处可能更大。

访谈者：“那在这方面需要改进吗？”

教师 1：“希望加入一个完整的教案。新教师拿来之后，看到一个标准的案例，对于怎么讲会有很清晰的认识。可以找一些优秀的教师做一些优秀的教案放在里面。因为教师教学用书最重要的作用就是教学参考，要让它有更好的实用性。”

访谈者：“教师教学用书怎样改进会对教师的帮助更大一点？”

教师 2：“对教师来讲的话，就是教学设计。比如同样的课，教师教学用书可以给教

师提供几套方案，不要局限于分析教科书，这不是教师最大的难点。所以我觉得可以给教师提供一些课程的设计和案例来参考。”

综上可以看出，教师认为教师教学用书不能局限于教科书的解读，教学活动的设计应该更加具体，操作性更强，甚至可以提供优秀教案给教师参考，让新教师成长更快，这对实际教学的作用也会更大。

（2）增加落实核心素养的案例，注重情境化

新课标中进一步明确了普通高中课程的定位，强调了学科核心素养的重要性。地理学科方面整合了过去的三维目标，提炼出四个学科核心素养目标——人地协调观、综合思维、区域认知和地理实践力。而核心素养是依靠运用情境来体现的，在深度访谈过程中，教师们明确表示，面对新的课程标准改革，希望教师教学用书能够与课标紧密联系，指导教师在教学中落实核心素养目标，增加真实的情境化案例。以下为访谈材料。

访谈者：“面对新的课程改革，您认为理想的地理教师教学用书是怎样的？”

教师3：“我觉得需要灵活性更强，就是教师可选择的东西更应该再多一些；新课标对于学生的地理实践力的要求还是挺高的，但是旧版的教科书和配套的教师教学用书在这方面的表现并不突出。我觉得核心素养对于学生未来的发展还是有一定的作用的。”

教师4：“可以提供一些课堂小实验的案例来培养学生的实践力。”

访谈者：“也就是在地理实践力方面可以注重一点？”

教师4：“对，是的，因为是新的核心素养的要求。”

可见，教师们对新课标中的地理学科核心素养目标较为重视，尤其是培养学生的地理实践力方面。所以，教师教学用书可以给予教师这方面的指导，并提供相关案例，使教师能够更加快速和准确地理解新课标，也能更好地进行教学工作。

（3）及时更新学术动态，避免内容滞后

学术界关于地理的研究在不断更新，时常有新的成果出现。作为中学地理教师应该关注地理学术界动态，及时地向学生传播最新的学术研究成果。但是，一线教师的教学任务繁重，很难抽出时间去阅读大量文献资料。因此，教师教学用书中的“参考资料”应该及时更新与教学内容相关的地理学术动态，以便于教师教学。以下为访谈材料。

访谈者：“在您日常的教学中，教师教学用书的使用频率是怎样的？”

教师2：“很低。”

访谈者：“为什么使用频率低呢？”

教师2：“因为它的更新速度比较慢，地理教学是追热点的，教师教学用书的案例和资料更新慢的话，其实已经跟不上地理学科所需要的发展。我们讲的内容是要用案例来支撑的，所以我在备课过程中的大多数时间就是找更符合当下习惯、更前沿的地理学科的案例去作为上课的素材。”

访谈者：“教师教学用书有哪些方面需要改进的呢？”

教师1："我认为是教师教学用书的电子化，方便教师把相关素材存放在电子设备上，需要的时候可以做成多媒体形式。出版社可以提供更多的资源，可以把链接放进去，包括教学资源、案例等。现在是网络时代了，教师可以上网查询。"

所以，教师教学用书应该紧追时事热点，及时更新学术信息。纸质版的教师教学用书可能更新难度较大，但可以提供相关资源，如互联网链接等。出版社也可以将学术动态部分放在电子教师教学用书中，并及时更新，避免教师教学用书的内容过时。

GEOGRAPHY

第三章

中学地理教师教学用书架构研究

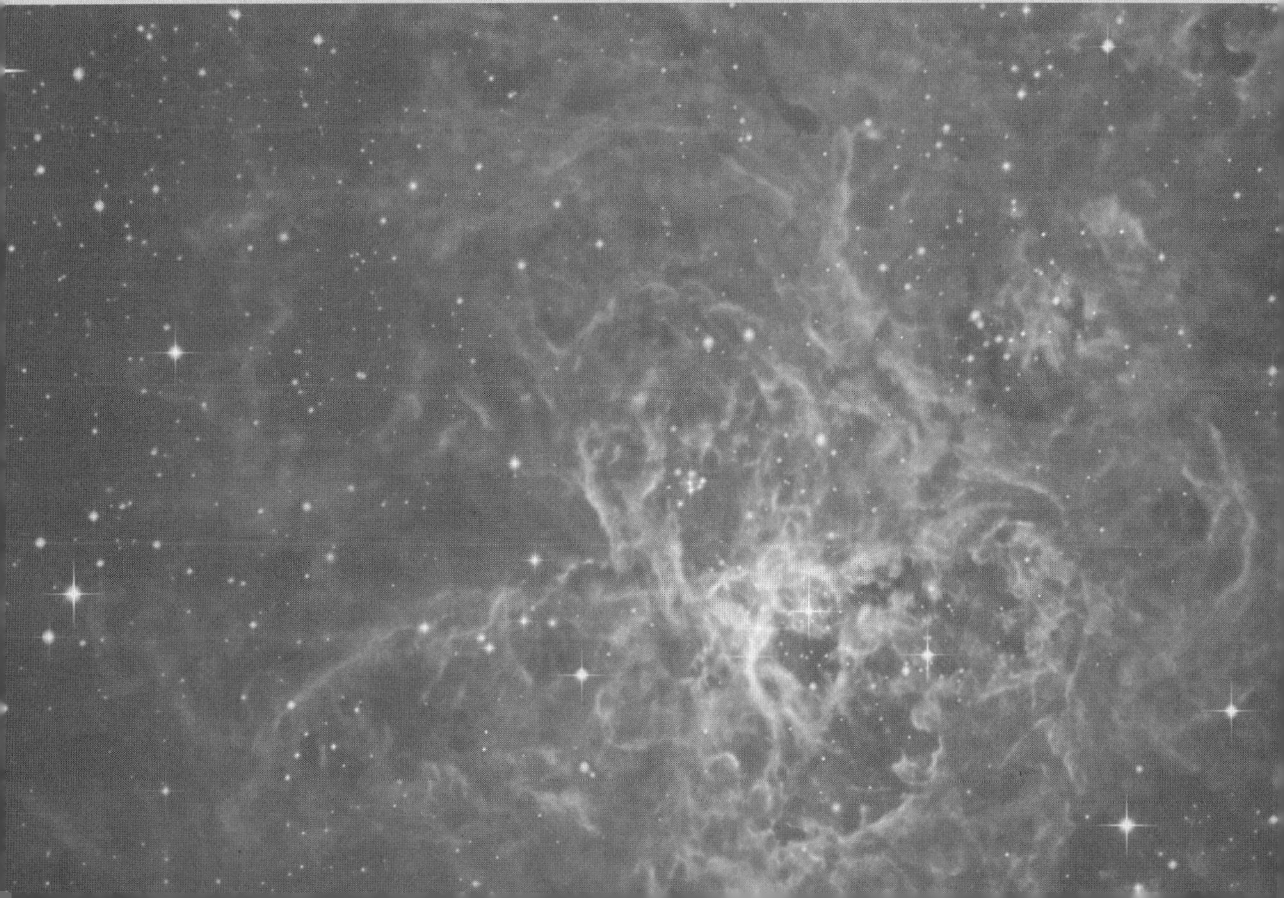

为了全面地研究教师教学用书，研究者选取了人民教育出版社出版的初中《地理教师教学用书》（2003 年版）（下文统称为人教版地理教师教学用书），中国地图出版社出版的初中《地理教师教学用书》(2003 年版)（下文统称为中图版地理教师教学用书）及高中《地理·选修 7 地理信息技术应用教师教学用书》，澳大利亚的皮尔逊教育版《地理焦点教师指南》系列和哈科特教育版《海纳曼地理学教师用书》，美国的《利用 GIS 绘制世界地图》(2008 年版)、英国的《地理教师手册》（1997 年版）、霍德教育版《这是地理教师用书》、爱德思版《地理 A 地理基础教师指南》和《地理学新论教师指南》十套地理教师教学用书进行对比分析。

选择人教版和中图版地理教师教学用书的原因有以下两点。（1）从相关调查中可以发现人教版和中图版地理教师教学用书的使用广泛，选择这两套书能较好地代表目前教师正在使用的教师教学用书。（2）人民教育出版社编写初中地理教师教学用书历史久，保留了我国初中地理教师教学用书的编写精髓。中图版初中地理教师教学用书是在新课改“一标多本”背景下出现的新版本之一，新版本往往不受固有模式束缚。将这两个版本进行比较分析能够体现我国初中地理教师教学用书的编写精髓以及相关编者在新课改中进行的新尝试。

澳大利亚的《地理焦点教师指南》系列是为澳大利亚地理阶段 4 和阶段 5 的教学编写的，共两册。其中《地理焦点 1 教师指南》共 15 章，内容分为四大部分：观察这个世界，全球环境，全球变化，全球问题和公民作用；《地理焦点 2 教师指南》共 15 章，内容分为三大部分：调查澳大利亚的自然地理环境，澳大利亚的环境问题，区域和全球背景中的澳大利亚。

选择澳大利亚的《地理焦点教师指南》系列作为研究对象的原因有以下两点。（1）这套教师教学用书与美国等其他发达国家的教师教学用书的编写方式大致相同，能够作为国外地理教师教学用书的代表。（2）通过查阅澳大利亚的课程标准，发现其阶段 4 和阶段 5 与我国的初中阶段大致相当。另外，澳大利亚在阶段 4 之前是不开设地理课程的，这与我国地理课程的开设情况基本一致。所以，《地理焦点教师指南》系列与我国初中地理教师教学用书是具有一定可比性的。

《利用 GIS 绘制世界地图》是《世界地理信息系统教育》丛书中的一本。《世界地理信息系统教育》是美国于 2008 年出版的针对各个年龄段的学生进行地理信息系统教育的一套丛书。该丛书共包含四册：《利用 GIS 培养空间思维》《利用 GIS 绘制世界地图》《利用 GIS 分析认识世界》和《利用 GIS 进行空间决策》。本研究选取的《利用 GIS 绘制世界地图》可作为初中和高中教师教学用书，教育对象可以没有任何 GIS 操作经验与技能。同时研究者选取中国地图出版社出版的《地理 · 选修 7 地理信息技术应用教师教学用书》作为集中讲授 GIS 知识的高中教师教学用书，用于与前者进行比较分析。

英国是重视公民地理素养培养的教育大国，其在地理教师培养和专业发展方面已经有了比较完善的体系和实践经验，很多研究成果值得我们学习和借鉴。《地理教师手册》由帕特里克 · 贝列（Patrick Bailey）和彼得 · 福克斯（Peter Fox）撰写，于 1997 年出版。虽然该手册的首次出版时间距今已经有 20 多年的时间，但并没有影响读者对这本书的好评，可以说这是一本比较经典的地理教师手册。此外，英国的《这是地理教师用书》《地理学新论教师指南》，以及《地理 A 地理基础教师指南》都是十分有典型性的教师教学用书。本次研究希望通过对其内容体系、编写特色和框架结构的比较分析，能对我国未来地理教师手册编写乃至地理教师培养提供启示和建议。

第一节　编写形式与编写结构

一、编写形式

目前教师教学用书的编写形式可以分为三种：合体式、分体式和结合式。

1. 合体式，即教师教学用书与教科书合成一体编写，国外的教师教学用书一般都采用该编写形式。

2. 分体式，即教师教学用书与教科书完全分开编写。人教版地理教师教学用书采用了该编写形式。

3. 两种形式的结合式，即该书部分栏目采用合体式的编写形式，部分栏目采用分体式的编写形式。中图版地理教师教学用书采用了该种编写形式。

《地理焦点教师指南》系列、《利用 GIS 绘制世界地图》《地理教师手册》均采用的是在国外教师教学用书中常见的合体式编写形式。下文以《地理焦点 2 教师指南》中“澳大利亚的大小和形状”一节为例进行讨论。

澳大利亚《地理焦点 2 教师指南》中的“澳大利亚的大小和形状”的案例

焦点1.2

澳大利亚因为它的面积、特点和疆域形状，在世界上有一定辨识度。这一节学生将着眼于澳大利亚的边界，并且比较澳大利亚和其他国家在面积和轮廓上的区别。学生还将学习有关澳大利亚的一些不为人熟知的知识，其中包括最小的领土是印度洋上的阿什莫尔和卡捷岛，其面积只有两平方千米；澳大利亚控制的海洋面积比陆地面积还要大。

词汇预览

海岸线
规模
专属经济区（EEZ）
为陆地所包围的
海里
人口密度
洲
领土

1.2 澳大利亚的大小和形状

澳洲是很特别的，它是最小的，相对最孤立的有人居住的大陆。它曾经被认为是一个“海岛大陆”，但实际上，它是由超过 5 000 个岛屿组成的，包括塔斯马尼亚岛。

该大陆的陆地面积为 760 万平方千米，并且被 1 610 万平方千米的海域包围着。

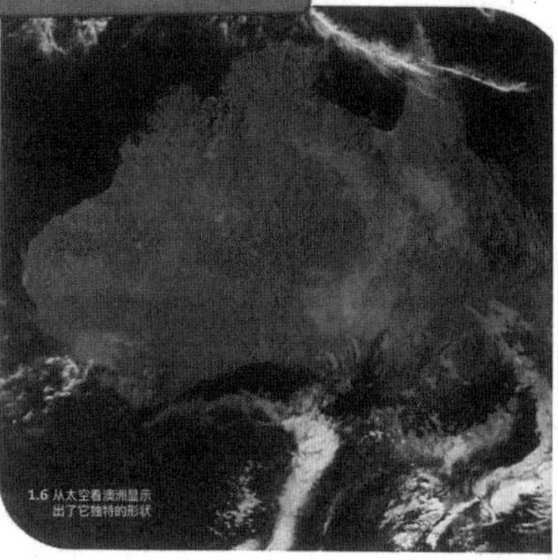

1.6 从太空看澳洲显示出了它独特的形状

比较大小

澳大利亚是世界上陆地面积较大的国家，全球只有 5 个国家的陆地面积比澳大利亚大（见表 1.7）。澳大利亚比美国面积小，和巴西面积相当，大概比日本面积大 20 倍，超过 25 个新西兰面积加起来才有澳大利亚那么大。

1.7 世界上陆地面积居前六位的国家

排序	国家	陆地面积 /10^4 km^2
1	俄罗斯	1 708
2	加拿大	998
3	中国	960
4	美国	937
5	巴西	851
6	澳大利亚	769

海岸线

澳大利亚拥有世界上绵长的海岸线，接近 36 000 千米（把所有岛屿包含在内时长达 50 000 千米），但是并不是最长的。最长海岸线的保持者是加拿大，拥有 240 000 千米的海岸线，其中包括 52 455 个岛屿。与此对比的是，世界上有 40 多个内陆国家没有海岸线。

8 地理焦点2

ICT

步骤 1
打开 Excel，然后输入数据。

步骤 2
按下鼠标左键，将你所需要的信息拖入图表中。

步骤 3
单击菜单栏里的图表向导。

步骤 4
在图表向导对话框中单击自定义类型，单击柱形工具，单击下一步，继续单击下一步。

步骤 5
出现了图表选项对话框。这需要图表中的一些信息。
图表题目——面积前 10 的国家
分类（x）坐标——国家名
值（y）坐标——面积（百万平方千米）
第二个分类坐标（x）——空白

步骤 6
图表将会在 Excel 工作表中带着数据出现，单击图表，然后使用在图表角落出现的黑色手柄来拖动图表使这些国家逐步看上去适合。拖动黑色手柄直至图表看上去合适。

8 地理焦点2 教师指南

最大延伸距离

澳大利亚南北延伸接近3700千米，从最北端昆士兰州的约克角（10°41'S 142°31'E）到最南端塔斯马尼亚岛的东南角（43°38'S 146°49'E）。

澳大利亚东西绵延超过4000千米，从最西边的陡峭点（26°09'S 113°09'E）到最东边的拜伦角（28°38'S 153°38'E）。

除了6个州和两个主要的地区在澳大利亚境内，另外还有7个外部地区（见图1.12）。

专属经济区（EEZ）

澳大利亚拥有世界上第三大的专属经济区，仅次于美国和法国。澳大利亚的专属经济区是距离澳大利亚海岸线和外部地区200海里（370千米）以内的海洋区域。它比澳大利亚的陆地面积还大，在专属经济区内，澳大利亚拥有对海洋资源的开发权。

技能培养

绘制澳大利亚地图

在图1.6的卫星影像上可以看到澳大利亚的形状。这是非常容易识别的，且和世界上的任何其他国家都不一样。用10根线条外加一个三角形即可轻松绘制出澳大利亚的轮廓图。

- 画网格线
- 准确地画出地图所示的每个点
- 把点连接起来
- 用三角形表示塔斯马尼亚州

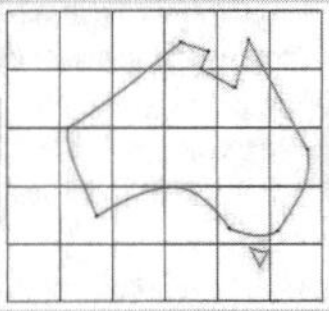

画出基本形状后，可以在上面添加其他细节。

1.9 澳大利亚绵长壮阔的海岸线

澳大利亚———块独特的大陆 9

家庭作业

让学生通过图书馆、网络或者参考书等多种渠道来找出海里这个单位适用于哪些地方。问学生这个词组的含义并且它与千米相比有什么不同。

学生也可以使用字典来了解什么是内陆国家。并让学生使用地图集来找出五个内陆国家。

注意：Mac用户需要将其从线性图改为柱状图。按住Ctrl键，点击要改变的轴。在图表选项中单击柱状图，这样将会形成一个柱状图。

步骤7

最后需要清理一下图表的外形。通过双击图表的各个组成部分，然后通过设置来使得图表看起来合适。通过少量练习，学生就会很快掌握如何呈现各种样式的图表。下面列出了详细的可以点击的地方。

在坐标轴上双击。出现一个叫作“格式化坐标轴”的对话框。在这个对话框中可以做很多修改。

单击刻度来设置坐标轴上显示的间隔大小。

单击字体来设置坐标轴标签的大小以便使得它看起来更清楚。

单击模式可将坐标轴刻度调整在坐标轴内侧。

双击图表的任何组成部分，例如柱状或图例或者标题，可以改变外形设置。

提示：对于很多图表，图例可以删掉，双击柱状图然后单击选项将间隔宽度改到50。这样可以将柱状图刻度和它们之间的间隔缩小。

步骤8

通过改变设置使得图表看起来合适后，在包含图表的框内右击鼠标，单击复制。这样就可以将该图表放到Word或者Powerpoint文件中进行展示。

活动答案

知识

1. 澳大利亚的陆地面积是 760 万平方千米。

2. 澳大利亚的海洋领土面积是 1 610 万平方千米。

3. 比澳大利亚陆地面积大的 5 个国家是俄罗斯、加拿大、中国、美国和巴西。

4. 可以填入 25 个新西兰到澳大利亚中。

5. 澳大利亚的海岸线长 36 000 千米，如果包含所有岛屿海岸线则长达 60 000 千米。

6. 澳大利亚经常被称为空大陆。因为尽管它面积很大，但是居住的人口却很少。

内陆区域划分

澳大利亚分为多个州和一系列的大大小小的地区。最大的州是西澳大利亚州，最小的地区是杰维斯湾地区。它是澳大利亚首都地区的一个港口。此外，还有需要其他值得注重的特征：

· 澳大利亚首都地区没有海岸

· 塔斯马尼亚州是唯一的岛屿州

· 南澳大利亚州和除了塔斯马尼亚州之外的所有州共享边界线

· 新南威尔士州和维多利亚州之间的边界线是唯一一条沿着墨累河形成的自然陆地边界。

1.10 澳大利亚各个州和地区的比较

州／地区	土地面积比重／%	面积／km^2		
		大陆	岛屿	合计
西澳大利亚州	33.0	2 526 786	3 089	2 529 875
昆士兰州	22.5	1 723 936	6 712	1 730 648
北领地州	17.5	1 335 742	13 387	1 349 129
南澳大利亚州	12.7	978 810	4 672	983 482
新南威尔士州	10.4	800 628	14	800 642
维多利亚州	3.0	227 010	406	227 416
塔斯马尼亚州	0.9	64 519	3 882	68 401
澳大利亚首都地区	＜0.1	2 358		2 358
杰维斯湾地区	忽略不计	72	1	73
澳大利亚		7 659 861	32 163	7 692 024

杰维斯湾地区

澳大利亚首都地区是被陆地包围的，这意味着它没有海岸线。澳大利亚的首都也没有通向海洋的通道。

1915 年，联邦政府决定通过向新南威尔士购买距离悉尼 200 千米的杰维斯湾来解决这个问题。它在 1989 年成为一个单独的地区。

在这个地区有 4 个独特的居住区：

· 澳大利亚皇家奎斯威尔海军学院有 331 名居民（最高峰时拥有 1 000 名）

· 杰维斯湾村有 82 位居民

· 苏塞克斯湾小镇有 18 位居民

· 沉船湾土著社区有 180 位居民

沉船湾土著居民社区占了该地区百分之九十的面积。

空旷的大陆

澳大利亚面积很大，但是人口却很少。

澳大利亚的 2 100 万人口占全球近 70 亿总人口的千分之三。

世界上只有少数国家的人口密度较低。它们包括纳米比亚和蒙古。澳大利亚的平均人口密度仅为每平方千米 2.5 人，而英国是每平方千米 246 人。澳大利亚大部分内陆地区的人口密度每平方千米不到 1 人。

1.11 澳大利亚内陆人烟稀少

10 地理焦点2

应用

7. 加拿大和澳大利亚一样都是被海洋多面包围的大国。加拿大也有锯齿状的海岸线，有数千个岛屿沿着海岸线分布。世界上许多国家和他们的邻国共享边界线。尽管有的国家陆地面积很大，但是它们的海岸线长度却很短。

8. 学生可以考虑一下在海岸线上发生的活动，如渔业和交通运输条件，包括港口和通往海外市场的途径；也可以讨论一下国家之间的冲突的显著性。尽管在边界以及国家之间人员流通造成的直接冲突较少，但在专属经济区的划分上往往会引起分歧。例如，东帝汶和澳大利亚之间在油田拥有权上的分歧。

10 地理焦点2 教师指南

活动

知识

1. 澳大利亚的陆地面积是多少?
2. 澳大利亚的海域面积是多少?
3. 列出陆地面积比澳大利亚大的5个国家。
4. 把新西兰填进澳大利亚多少次才能填满?
5. 澳大利亚的海岸线有多长?
6. 哪个国家的海岸线最长? 有多长?
7. 澳大利亚有多少个外部地区?
8. 哪个外部地区离澳大利亚本土最远?
9. 为什么把澳大利亚称为“空旷的大陆”?
10. 杰维斯湾在哪里? 那里有多少人居住?

应用

11. 解释为什么加拿大和澳大利亚比很多国家拥有更长的海岸线?

12. 主持一个课堂讨论。关于拥有长海岸线和大面积专属经济区的优势和劣势。

技能

13. 创建一个饼状图来表达1.10的前两列中的信息。

14. 参考1.12，然后复制并完成下面的表格。

外部地区的名称	面积/km^2	距离澳大利亚海岸最近点的距离/km

冲浪

澳大利亚——一块独特的大陆 11

冲浪活动

要求学生使用软件程序，例如Appleworks Drawing或者Microsoft Word，去创建一个两页的文档，比较澳大利亚和他们选择的其他国家的大小和形状。它们必须包括以下内容:

· 统计数据
· 地图
· 插图
· 参考资料列表

技能

要求学生在这些活动中使用多种地理工具和能力。制作图表时，学生们可以利用软件制图，例如Microsoft的Excel软件（见本教师指南的第8页内容）。学生也可以运用第10页技能培训上绘图技巧来锻炼他们的徒手画图能力。

9. 遵从课文中文字的指导。利用网格线纸可以帮助学生绘图。

10.

外部地区的名称	面积/km^2	距离澳大利亚海岸最近点的距离/km
圣诞岛	135	2 000
科科斯（基林）群岛	14	2 400
阿什莫尔和卡地亚岛	2	1 000
珊瑚群岛地区	81	100～1 000
诺福克岛	35	1 800
赫德岛和麦克唐纳群岛	370	4 700

第1章　澳大利亚——一块独特的大陆 11

二、编写结构

人教版地理教师教学用书的编写结构如图3-1所示。

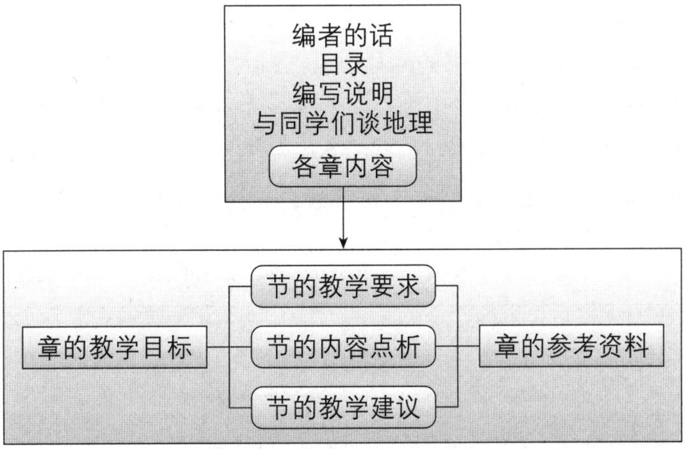

图3-1　人教版地理教师教学用书的编写结构

中图版地理教师教学用书的编写结构如图 3–2 所示，中图版地理教师教学用书的特色栏目“地理探究活动设计”的编写结构如图 3–3 所示。

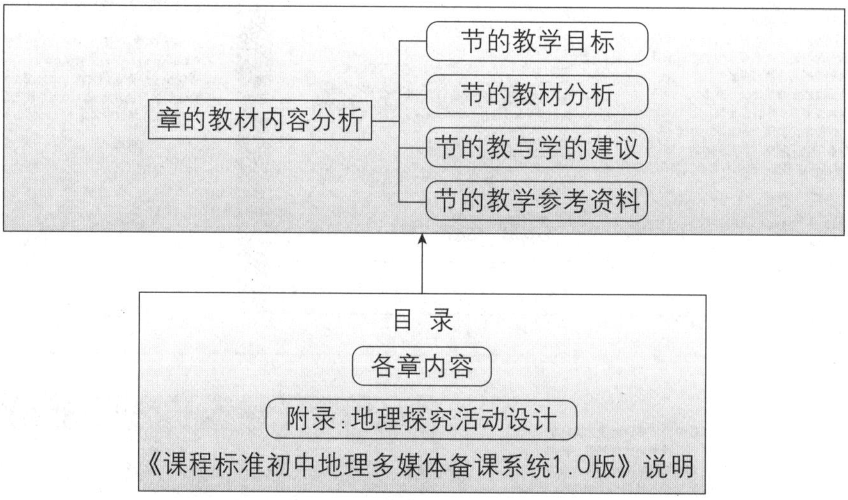

图 3–2　中图版地理教师教学用书的编写结构

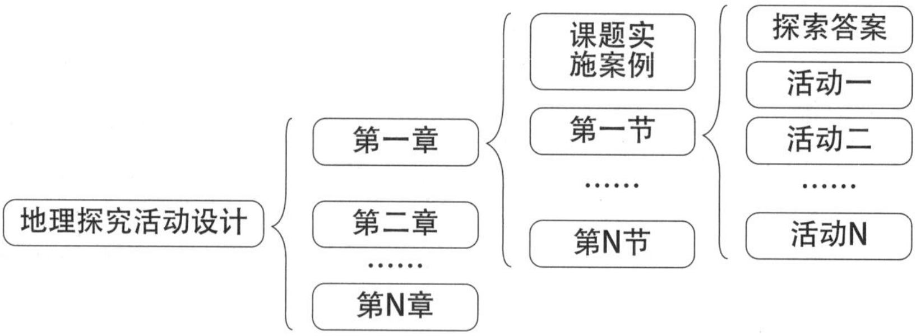

图 3–3　中图版地理教师教学用书的地理探究活动设计编写结构

从以上两个版本的编写结构中可以得出以下两个结论。

（1）中图版地理教师教学用书重视探究活动，将其设为单独的一部分。

（2）两个版本地理教师教学用书的编写都包含四大部分：教材系列说明、教学目标、教材内容分析与教学建议和参考资料。由于这四大部分在过去的初中地理教师教学用书也同样存在，因此本书作者将其称为传统栏目。尽管两个版本都包含了所有的传统栏目，但是通过编写结构可以看出两个版本在编写内容的尺度上有所差别，见表 3–1。

表 3–1　传统栏目在人教版、中图版地理教师用书中的栏目呈现

传统栏目	栏目呈现	
	人教版	中图版
教材系列说明	（书）编者的话 （书）编写说明	（书）后记 光盘说明

表 3–1（续）

传统栏目	栏目呈现	
	人教版	中图版
教学目标	（章）教学目标 （节）教学要求	（节）教学目标
教材内容分析与教学建议	（节）内容点析 （节）教学建议	（章）教材内容分析 （节）教材分析 （节）教与学的建议
参考资料	（章）参考资料	（节）教学参考资料

《地理焦点 2 教师指南》编写结构如图 3–4 所示。

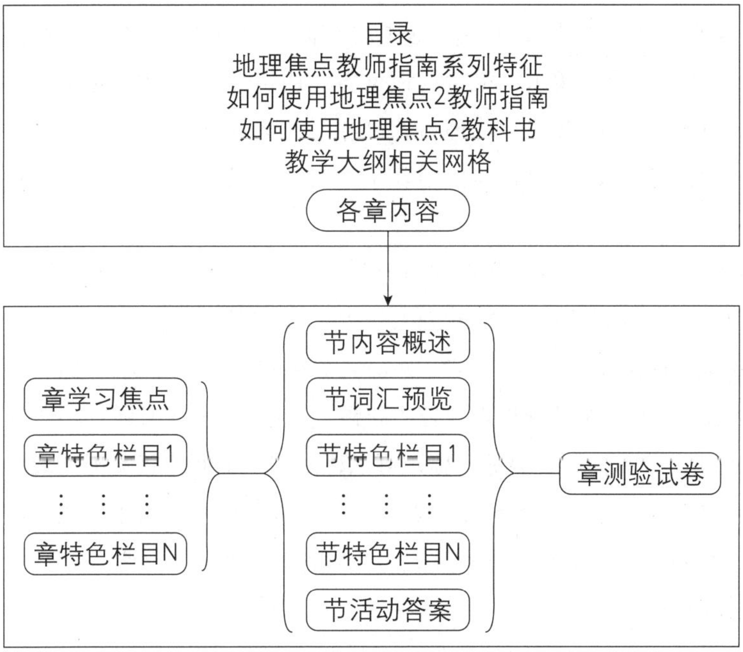

图 3–4 《地理焦点 2 教师指南》编写结构

从编写形式和编写结构上可以发现国内外地理教师教学用书的一些区别。与中图版、人教版地理教师教学用书的黑白印刷相比，《地理焦点 2 教师指南》的彩色印刷使其更能吸引人去阅读，并且其每个栏目的标题都用不同的颜色填充底纹突出显示，有助于各栏目的划分。《地理焦点 2 教师指南》在编排方式上虽然与中图版地理教师教学用书接近，但是其比后者更加对应教科书，这主要体现在以下两方面。（1）涵盖所有教科书中的内容。中图版地理教师教学用书只对每节内容采用“合体式”的编写形式，对教科书中每章课题则采用了“分体式”的编写形式。（2）教学教师用书与学生用书的页码完全对应。中图版地理教师教学用书除了“教与学的建议”栏目外，还有其他一些栏目，所以其页码与教科书的页码不对应。虽然《地理焦点2教师指南》也比其教科书多了一个章测验栏目，但其仍然保持了两者页码的完全对应，其处理方法为每个作业的页码以该章最后一页的页码加A、B、C、D……来编页码，如第一章最后一页为23，则第一章的测验页码为23A，23B……

《利用GIS绘制世界地图》采用的是模块构造，全书共七个模块。《利用GIS绘制世界地图》第一页简介里提到，在教完模块1之后，教师可以自主选择其他模块的上课顺序，即2～7六个模块是相互独立的。2～7六个模块均由两节课组成，第一节课为全球视角，第二节课为区域调查。

《地理·选修7地理信息技术应用教师教学用书》重在对GIS的介绍。在《利用GIS绘制世界地图》中并没有为介绍GIS单列一个模块，读者只能在非正文的简介里找到一小段“什么是GIS”。《利用GIS绘制世界地图》的内容侧重于GIS在地理学科的一些传统学科的应用。美国的小学教科书里对GIS的介绍也没有太多，《利用GIS培养空间思维》面向3～6年级的小学生，主要介绍了基本的空间概念和GIS软件。该书提供了一系列适合3～6年级学生水平的课题，包括认识世界、认识美国、探索世界和了解世界人口特征。学生在教师的指导下能够找到地理事物的相对位置和绝对位置，绘制地图，在地图上定位自然、人文地理景观，发现和分析地理事物的分布模式，探索一定时期内地理事物的变化。

《地理教师手册》分为“中学地理的内容”“课程与教案”“教与学”“教学评价与预测”“资源与利用”“要素管理”“16岁以后的成人教育”七大部分，共三十二章内容。编写结构包含了中学地理课程的理解、教学、评价、资源利用、管理、地理教师教育等多个方面。此外，虽然该手册重点是介绍中学地理教育的问题，但也有部分章节涉及小学教育、成人教育、教师培训以及地理学者的就业机会等内容，可以说是非常全面地将英国地理课程和地理教师的成长进行了阐述，是一本学校地理教育百科式工具书。同时，该手册还专门设立了多个章节讨论了种族、信息技术、地理教育的发展等教师比较感兴趣的话题，将其关注实用性和地理教育发展的特点展现了出来。

三、框架结构比较研究

框架结构是教师教学用书的“骨骼”，它所呈现的是编写者的编写思路，即教师教学用书的内容安排和逻辑结构。合理的框架结构能够帮助教师们更好地理解和使用教师教学用书。在前期现状调查的基础上，通过对中图版地理教师教学用书与国外地理教师教学用书进行比较分析，从而更好地为我国地理教师教学用书框架结构的优化提出建议。

1. 整体分析

研究者选取英国的《这是地理教师用书》《地理A地理基础教师指南》《地理学新论教师指南》和澳大利亚的《地理焦点教师指南》系列、《海纳曼地理学教师用书》这五套具有代表性的外国地理教师教学用书进行框架结构（如图 3–5 至图 3–9 所示）的整体分析。

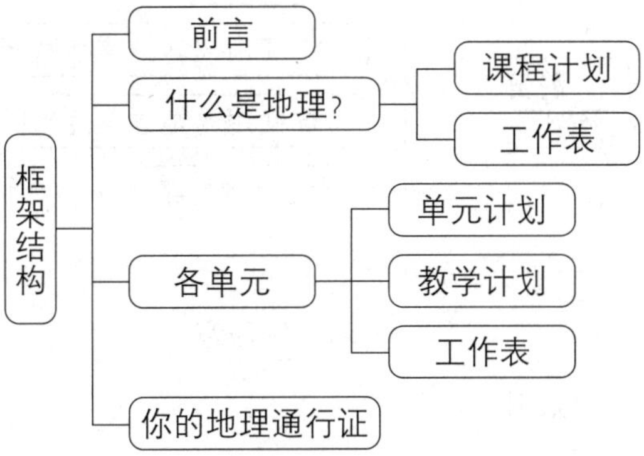

图 3–5　《这是地理教师用书》框架结构

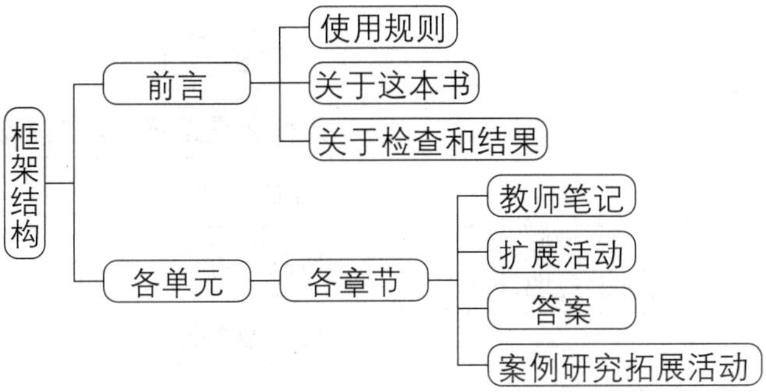

图 3–6　《地理 A 地理基础教师指南》框架结构

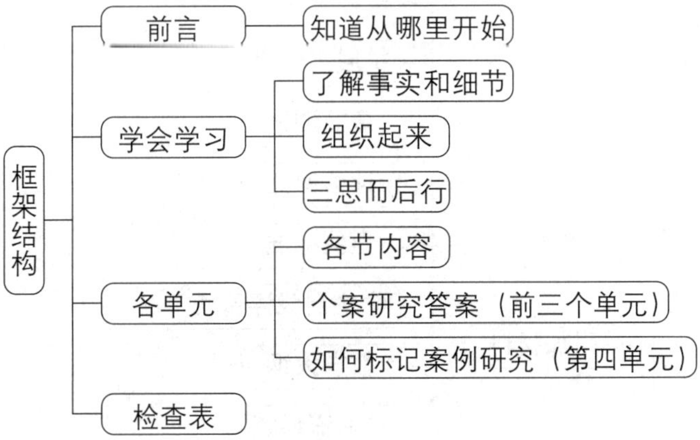

图 3–7　《地理学新论教师指南》框架结构

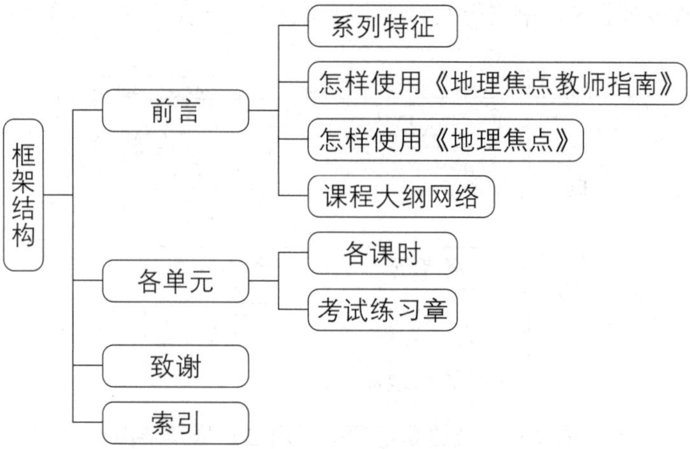

图 3–8　《地理焦点教师指南》系列框架结构

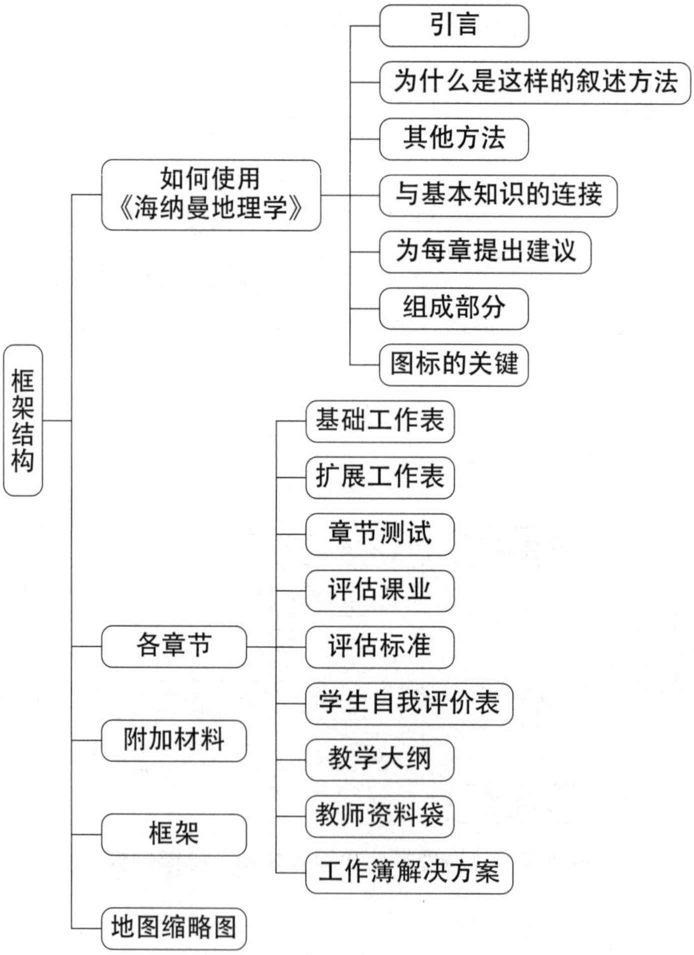

图 3–9　《海纳曼地理学教师用书》框架结构

从图 3–5 到图 3–9 可以看出，五套国外地理教师教学用书的框架结构均采取“总—分”

的结构，前言部分是五套国外地理教师教学用书所共有。《这是地理教师用书》的框架结构十分简洁明了，着重对教师教学计划进行指导；《地理 A 地理基础教师指南》注重案例与拓展活动，栏目类型较少；《地理学新论教师指南》在栏目设置方面较具体，可行性更强；《地理焦点教师指南》系列的框架结构增加了“致谢”和“索引”板块，并针对教学大纲设有专门的栏目；《海纳曼地理学教师用书》的栏目设置十分丰富，具有多样性，但过于冗杂，不便于教师翻阅。

总体来看，英国的《这是地理教师用书》（下文简称“霍德版地理教师教学用书”）的框架结构比其他版本更清晰、简洁，使读者一目了然。下面从目录结构、栏目设置两个方面，将其与中图版地理教师教学用书进行比较。

2. 目录结构比较分析

（1）中图版地理教师教学用书目录结构

中图版地理教师教学用书各册的目录结构都较为相似，从其目录结构来看，基本是按照“章—本章教材分析—各节的教学目标、教学建议及探究活动设计”的形式编排的。目录结构层层递进，有较为清晰的逻辑顺序。

（2）霍德版地理教师教学用书目录结构

霍德版地理教师教学用书目录结构十分简洁明了，按“前言—各单元—地理通行证”的顺序编排，其中“单元计划”“教学计划”和“工作表”是每个单元都有的模块，可读性较强，便于教师日常使用。

3. 栏目设置比较分析

（1）中图版地理教师教学用书栏目设置

中图版地理教师教学用书在每章开篇都安排有“本章教材内容分析”模块，并按照“本章在全书中的地位—本章内容体系和结构—课程标准解读—课题分析与评价—参考书目和网站”的栏目顺序编排。这一模块是对某章教材内容的总体分析，说明了该章内容的结构、特点，与其他章的联系以及其在本册和整个学段中的地位和作用，使教师能够从宏观层面理解该章的内容。各栏目功能详见表 3–2。

表 3–2 “本章教材内容分析”模块各栏目功能

栏目	功能
本章在全书中的地位	说明本章在本册书以及整个学段的地位和作用，阐述教材内容编排顺序和特点，分析学生在学习本章的过程中会遇到的难点，帮助教师从宏观层面把握教材内容
本章内容体系和结构	重点说明各节之间是如何联系的，并对本章的课题做出进一步解释
课程标准解读	对与本章内容相对应的课标要求进行解释，并附有活动建议
课题分析与评价	详细解释教材中的课题，包括课题目标、准备、操作和评价等，便于教师开展课题活动
参考书目和网站	提供编写中参考的书目与网站

中图版地理教师教学用书各节的内容十分详细，栏目设置多样，按照“教学目标—教材分析—教学建议—探究活动设计—复习题参考答案—本节学生容易出错的地方—教学参考资料”的栏目顺序编排。在篇幅上，“教学建议”和“探究活动设计”所占比重较大，内容也更加详细。各节所设栏目功能详见表 3–3。

表 3–3　各节所设栏目功能

栏目	功能
教学目标	进一步细化课程标准中的内容，分条呈现，是本节内容的统领
教材分析	说明本节教材内容编排的顺序及原因，便于教师更好地理解所教授的内容，并概括出本节的教学重点和难点，供教师参考
教学建议	包括课时安排和教学建议，其中教学建议部分详细说明了教材内容，并针对每部分的教学提出具体的指导性建议，便于教师开展教学
探究活动设计	根据教材内容的不同，提供给教师数量不等的探究活动，活动内容较详细，并提供相关表格作为总结。部分活动会指导教师制作教具进行演示教学
复习题参考答案	对教材中的相关习题进行解答
本节学生容易出错的地方	基于学生的认知特点和教师教学实践经验，提供学生容易出错的地方供教师参考
教学参考资料	提供与本节教学内容相关的参考资料，包括原理性知识、地理现象和时事新闻等，是教材内容的解释、引申和扩充，可丰富教师的教学

可见，中图版地理教师教学用书各节的栏目设置较为多样化，着重指导教师的实际教学，丰富课堂活动内容，还列出了学生容易出错的地方供教师参考，具有较强的实用性。

（2）霍德版地理教师教学用书栏目设置

霍德版地理教师教学用书的各单元均分为“单元计划”“教学计划”和“工作表”三个模块，每一模块中设有不同栏目。“单元计划”包括“主要问题”“关于单元”“关键环节”等九个模块；“教学计划”包括“学习目标”“先验学习”“关键词”等九个栏目；“工作表”主要是对教科书内容的摘录。栏目的呈现方式十分多样化，内容精炼，便于教师阅读。

每个单元的“单元计划”模块会展示本单元的关键问题，说明学习本单元的目的，同时展示本单元学生需要完成的主要活动，使教师能够在整体上把握单元的教学任务。通过“先验学习”“链接”和“未来学习”三个栏目的设置加强知识的系统性，便于教师深刻理解本单元的知识。“单元计划”模块各栏目功能详见表 3–4。

表 3–4　“单元计划”模块各栏目功能

栏目	功能
主要问题	单元的引入问题，也是学完本单元后需要学生掌握的问题
关于单元	本单元教学内容的梗概，说明学习本单元的目的，同时提供课时建议
关键环节	展示学生在本单元将要开展的活动，使教师提前做好准备

表 3–4（续）

栏目	功能
预期	学生能够掌握的技能和解决的问题，便于教师更好地分析学生的学习情况和完成度
先验学习	说明学生已掌握的相关技能和知识，帮助教师更全面地分析学情
学习语言	从听、说、读、写各方面要求学生学会运用地理的语言
资源	列出本单元需要用到的工具、教具和资源
链接	展示与本单元相关的其他单元、其他学科和其他技能
未来学习	说明下一单元学生需要掌握的技能，帮助教师提升教学的连贯性

“教学计划”模块将一个单元分为多个课时，每个课时均以一个问题作为标题，需要完成不同的教学任务。各课时的教学计划以表格形式呈现，栏目设置方面与单元计划相对应，着重体现课程结构，详略得当，使教师在把握教学目标的基础上能够合理地安排课堂教学。此模块设置的“支持”“扩展”等栏目具有很强的灵活性，教师可根据不同情况选择使用。“教学计划”模块各栏目功能详见表 3–5。

表 3–5 “教学计划”模块各栏目功能

栏目	功能
学习目标	列出本课时的教学目标，即学生需要掌握的技能和知识
先验学习	说明学生可能出现的认知差异，便于教师把握学情，了解教学难点
关键词	学生需要重点理解的词汇，本课时的重点
资源	本课时教学中需要用到的教具、设备、资料等
课程结构	对课堂教学进行详细指导，说明教师需要完成的教学活动和任务
支持	说明使课堂进度加快的活动方法，可操作性强，教师可根据课堂进程来安排
扩展	指导教师在完成课堂教学的基础上开展扩展活动
作业	布置给学生的作业
未来学习	阐述下一课时的教学任务，使教师在教学时可以更好地承上启下

（3）比较分析

在结构上，中图版地理教师教学用书的各栏目之间相互独立，适合陈述性知识的呈现，容易将概念表达清楚，但是不能环环相扣，缺少互相牵引的逻辑性。霍德版地理教师教学用书的栏目设置更加灵活、丰富多样，并以表格的形式呈现，使教师对教学任务和要求一目了然。

两者在章节之初都安排了关于章节的总体介绍，是地理教师教学用书的伊始，但中图版地理教师教学用书缺少前言部分，没有向教师阐述各栏目的意义和价值，也未提供相关的使用建议和要求。在栏目设置方面，中图版地理教师教学用书主要体现了对教材内容的分析和相关知识的拓展，缺少与教学目标对应的落实流程和策略；霍德版地理教师教学用书则主要体现了教师需要完成的课堂流程及其对应的要求和工具等，对知识的讲解较少，但操作性更强。

4. 结论与建议

根据以上调查和研究，并结合地理课程标准中的要求，笔者针对地理教师教学用书框架结构的编制提出以下建议。

（1）栏目形式丰富化

在前期的现状调查中，发现一线教师对地理教师教学用书中“教学内容分析”“探究活动设计”和“教学资源”等栏目的需求度较高。编者可适当扩充这些栏目的内容并不断更新，使其与课程标准紧密联系；还可增设“教学评价”栏目，促使教师在日常教学中不断反思、总结。在调查中，一线教师还提出需要更多的教学设计，为此可增加“教学设计指引”等栏目；也可增设与霍德版地理教师教学用书中“先验知识”类似的栏目，使知识更具有系统性。针对地理课程标准中“创新培育地理学科核心素养的学习方式”这一要求，可增设“地理实践活动”栏目，以培养学生的地理实践力。

总之，地理教师教学用书的编写可以跳出传统的框架结构，依据地理课程标准中的要求和教师的反馈，对实用性不强的栏目进行删减，增添真正有效和实用的栏目，使栏目形式更加丰富多样，给教师更多的选择。

（2）栏目设置个性化

地理课程标准在基本理念部分中提出：要满足不同学生自身发展的需要。不同教师面对的是具有不同特征的学生群体，不能一概而论。地理教师教学用书的栏目设置可划分为不同层次、不同版本，从而满足教师的不同需求，使其能够根据具体的学情选择适当的教学内容。

个性化的栏目设置可以帮助教师因材施教，更加注重以学生为主体的教学，真正发挥学生的主观能动性，从而满足学生的个性化发展。

（3）栏目关系网状化

地理教师教学用书的各栏目之间是互相独立的，栏目设置是纵向和并列的。新课程的内容呈现出结构化、情境化的特征，以促进学科核心素养的落实。地理教师教学用书作为与地理教科书配套的教学指导手册，需要更加立体和网状化的栏目关系，以便教师在教学中落实地理学科核心素养。

编者可以在地理教师教学用书章节中加入图表，体现各栏目之间的关联。例如，将教学目标和探究活动设计成一一对应的形式，并呈现出目标的落实流程和策略；也可以用表格呈现各个栏目的信息，使内容更加精简，栏目之间相互对应，便于阅读。

（4）栏目呈现具体化

在栏目呈现方式上，地理教师教学用书需要更加具体化。例如，对于地理课程标准内容的呈现，不能仅以引用的方式呈现，而应将课程要求进一步细化，使教师明白地理课程标准中的理念是如何体现的，以及在教学中的哪些环节得以体现，从而精准地给予一线教师明确的指导。地理课程标准指出，高中地理课程的总目标是通过地理学科核心素养的培养，从地理教育的角度落实立德树人的根本任务。这就需要教师教学用书给予教师充分的指导，将教学内容与核心素养目标一一对应。

第二节　编写内容分析

通过在前文对地理教师教学用书结构的分析可知，人教版和中图版地理教师教学用书一般都包含了传统栏目：教材系列说明、教学目标、教科书内容分析与教学建议、参考资料。中图版地理教师教学用书除传统栏目之外，还有一个特色栏目：地理探究活动设计。该栏目包含三个方面的内容：课题实施案例、探索答案和活动。

因此，研究者根据两个版本的栏目设置情况确定了两级分析维度（表 3–6）。

表 3–6　人教版、中图版地理教师教学用书编写内容的分析维度

一级维度	二级维度
传统栏目	教材系列说明
	教学目标
	教科书内容分析与教学建议
	参考资料
中图版“地理探究活动设计”	课题实施案例
	探索答案
	活动

一、传统栏目分析

1. 教材系列说明

《义务教育地理课程标准（2011 年版）》教材编写建议中明确提出：地理教材包括地理教科书、教师教学用书、地理图册等。通过查阅人民教育出版社和中国地图出版社的相关网页可以发现：人教版、中图版初中地理教材都包括地理教科书、地理图册、地理填充图册、教师教学用书等。教师教学用书“教材系列说明”栏目如表 3–7 所示。

表 3–7　人教版、中图版地理教师教学用书“教材系列说明”栏目示意

教师教学用书	栏目名称	栏目内容
人教版地理教师教学用书	编者的话	主要对地理教师教学用书中章内容结构和章内容中出现的各个栏目的作用进行说明
	编写说明	从教材编写的研究工作、教材编写的指导思想、教材的编写原则、教材的主要特点四个方面来向教师介绍了整套教科书的编写情况

表 3-7（续）

教师教学用书	栏目名称	栏目内容
中图版地理教师教学用书	后记	主要从宏观上说明了地理教师教学用书的编写特色
	配套光盘说明	对配套光盘内容进行了简单介绍

对比以上两个版本的内容可以发现：二者都对如何使用地理教师教学用书进行了指导。但是两个版本对教材系列的介绍都不尽完善：人教版只关注了教科书和地理教师教学用书（不含配套光盘），中图版只关注了地理教师教学用书（含配套光盘）。

《地理焦点教师指南》系列共包含三部分：地理教科书（含配套光盘）、地理教师指南（含光盘）、相关网站。通过对比我国的地理教师教学用书，发现其有以下几个特点。

（1）关注教材系列的整体性

人教版和中图版地理教师教学用书对教科书以及配套光盘的说明都不尽完善，而《地理焦点教师指南》设立了“系列特征”这个栏目，分别对其教材系列的各部分都进行了概述，对教材系列的介绍系统性更强。

（2）教材系列各部分紧密结合

①《地理焦点教师指南》采用了“合体式”的编写形式。

②无论是在《地理焦点教师指南》中，还是配套光盘中，读者都能看到与相关网站的链接。

③配套光盘与教材系列其他部分互相完善、互相补充。配套光盘中包含有教科书和《地理焦点教师指南》中涉及的部分活动、动画以及测验的电子版。《地理焦点教师指南》在“怎样使用《地理焦点教师指南》”中先整体介绍了配套光盘，并且在章、节中也都穿插着对配套光盘具体内容的使用说明，比如《地理焦点 1 教师指南》资源栏目中的活动建议就是与配套光盘内容相结合的。

地理焦点 1

资源

地图集技能交互式问题（Atlas skills interactive questions）

“模块 1：什么是地图”，这个内容在《地理焦点教师指南》配套光盘中的地图集技能交互课程板块中。它可以被用来复习什么是地图。

“模块 6：比例尺”，这个内容在《地理焦点教师指南》配套光盘中的地图集技能交互课程板块中。它可以被用来复习比例尺。

图 3–10　《地理焦点 1 教师指南》节选

相比之下，人教版地理教师教学用书中没有涉及配套光盘内容，而中图版地理教师教学用书也只是在书尾对配套光盘进行了简要说明。因此，我国的配套光盘与教师教学用书的联系不强，二者从内容上来说完全可以独立出版。

除此之外，与《地理焦点教师指南》系列的构成相比，我国的教材系列的开发还有待增强。比如，我国人民教育出版社的网站上有许多丰富的地理教学资源，但是却没有被纳入在教材系列中。

2. 教学目标

（1）编写形式分析

中图版、人教版地理教师教学用书中的“教学目标”都是以条目式来编写的，如图 3–11 和图 3–12 所示。

教学目标和要求

1.通过了解人类认识地球形状的大致过程，感受前人勇于探索的精神。

2.会用平均半径、赤道周长和表面积等相关数据描述地球的大小。

3.了解地球仪的主要用途；并通过制作简易地球仪，感知地球仪的基本结构。

4.运用地球仪，知道经线与纬线、经度与纬度的划分，并能够比较和归纳经线和纬线、经度和纬度的特点。

5.熟知经纬网的构成，能够在地球仪上利用经纬网确定某地的经纬度。

图 3–11　人教版地理教师教学用书中的“教学目标”

教学目标	具体要求
知识与技能	掌握地球的形状、大小。知道地球仪是地球的模型，知道地轴、两极、本初子午线和赤道。知道经线和纬线的特征及经度和纬度的分布规律，记住东西两半球和南北两半球的划分方法，并能确定任意点的位置，了解经纬网在实际生活中的运用
过程与方法	1. 用平均半径、赤道周长和表面积描述地球的大小 2. 运用经纬网，判读地球仪上任意点的经纬度 3. 理解五带对人们生产和生活的影响
情感态度与价值观	了解人类对地球形状与大小的认识过程，知道人类对客观事物的认识是无穷尽的，以及科学技术的发展对人类生产和生活的重要性，培养学生认真学习的态度和探求科学奥秘的志趣。培养学生的观察力、想象力、空间思维能力，为培养学生的辩证唯物主义观点奠定基础

图 3–12　中图版地理教师教学用书中的“教学目标”

从图 3–11 和图 3–12 可以看出，人教版地理教师教学用书的“教学目标”编写更加醒目，便于教师查找；中图版地理教师教学用书的“教学目标”则分别列出知识与技能、过程与方法、情感态度与价值观的具体要求，便于教师进行操作。

（2）教学目标的纵向分析

教学目标有不同的层次。在课程目标下，依次是学期教学目标、单元教学目标、课时教学目标。对教学目标的分层并不意味着各层是独立的，相反，分层是一种手段，目的是为了更好地实现课程目标。一方面，下一层次的教学目标要全面涵盖上一层次的教学目标；另一方面，上一层次的教学目标往往需要下一层次教学目标的分期达成才能完成整体目标。从这个角度上看，上一层次的教学目标需要下一层次的教学目标的螺旋式上升才能完成。

以“地球和地图”一章的第一节“地球和地球仪”的教学目标为例，分析人教版、中图版地理教师教学用书是如何体现教学目标的层次性的。

表 3–8 人教版、中图版地理教师教学用书教学目标编写纵向分析

<table>
<tr><td colspan="2">课程标准内容</td><td>1. 提出证据说明地球是个球体
2. 用平均半径、赤道周长和表面积描述地球的大小
3. 运用地球仪说出经线和纬线、经度和维度的划分
4. 用经纬网确定任意地点的位置</td></tr>
<tr><td rowspan="2">章教学目标</td><td>人教版</td><td>1. 了解地球和地球仪的有关基础知识
2. 了解地球仪的作用，逐步建立地理空间概念</td></tr>
<tr><td>中图版</td><td>无</td></tr>
<tr><td rowspan="2">节教学目标</td><td>人教版</td><td>1. 通过了解人类认识地球形状的大致过程，感受前人勇于探索的精神
2. 会用相关数据说明地球的大小
3. 通过制作地球仪，了解地球仪的基本构造
4. 观察地球仪，比较和归纳经线和纬线、经度和纬度的特点
5. 熟练地利用经纬网确定某一地点的位置</td></tr>
<tr><td>中图版</td><td>1. 运用实例，说明地球的形状；学会用平均半径、赤道周长和表面积描述地球的大小
2. 学会运用地球仪，找到经线与纬线，了解经线和纬线的长度、形状和分布
3. 学会运用地球仪，了解经度和纬度的分布规律，南北半球和东西半球的划分
4. 通过了解人们认识地球形状的历史过程，初步培养科学家探索的精神
5. 学会用乒乓球或其他材料制作简易的地球仪模型</td></tr>
</table>

通过对比表 3–8 的内容，可以得出以下结论。

①从栏目设置来看，人教版地理教师教学用书的教学目标比中图版的更注重层次性。

②从各级教学目标的编写内容来看，人教版地理教师教学用书各级教学目标的层次性不明显。（章）教学目标的编写比课程标准内容还要模糊、笼统。

③两个版本的节教学目标都很好地把握了课程标准的内容。

④人教版地理教师教学用书的节教学目标比章教学目标编写更清楚，更具有评价性。

章教学目标的各条编写所用的都是反映学生内部心理活动变化的动词：“了解”“认识”“掌握”“养成”“建立”，而节教学目标的各条编写则相对具体一些，其采用的动词开始具有可测量性、可评价性，并且也对行为条件进行了说明，为教学目标的评价提供了参考依据。

《地理焦点教师指南》系列在其教科书中每章首页有“教学大纲结果”和“地理工具”两个栏目，因此在章内各节则没有明确地设立教学目标栏目。但是在每章正文开始前专门设立了“教学大纲相关说明”栏目，对每章的强制性目标进行了解读，对每节在使用地理工具方面的目标进行了说明。

《地理焦点教师指南》系列中的内容和活动都被设计用来帮助学生达到新南苏威尔 7 ~ 10

年级的地理大纲要求。表3–9和表3–10是阶段4的教学目标和阶段4对地理工具的应用要求。

表3–9 《地理焦点教师指南》中与阶段4教学目标相联系的内容

目标	阶段4关注领域（章）			
	1–2章	2–3章	8–9章	10–15章
4.1 识别和收集地理信息	*	*	*	
4.2 组织和阐释地理信息	*	*	*	*
4.3 使用一系列文字、语言形式来交流地理信息	*	*	*	*
4.4 使用一系列的地理工具	*	*	*	*
4.5 展示一个对于全球环境的地域感	*		*	
4.6 描述形成和转移的地理过程	*	*		
4.7 用一系列观点来识别和讨论地理问题			*	*
4.8 描述人和环境之间的相互关系		*		*
4.9 描述全球的生活机会差异			*	*
4.10 解释地理知识、理解和技能是如何与公民学的知识结合来帮助了解公民身份	*	*	*	*

注：*表明该章节中有相应的教学目标。

地理工具

技能掌握融入章节内容中，成为地理教学的一部分。它们被设计来帮助学生发展与阶段4相关的知识和对部分地理工具的理解。使用地理工具的能力在学生完成活动过程中得到发展。

表3–10 地理工具在阶段4的应用要求

地理工具	学习目标	单元序号
地图	1．使用地图集	2.4
	2．使用各种各样的地图：自然、行政、地形、专题	2.5；5.4；6.6
	3．识别和使用地理元素：包括图例、方向标、图名、比例尺、边界	1.3
	4．区分地图的投影	2.2
	5．在地图上定位使用	2.3；2.4；6.6
	6．经纬网	
	— 面积和网格参考	1.3；6.6
	— 在地图上识别自然文化特征	2.5；6.6
	7．使用线性标尺在地图上测量距离	1.3；6.6
	8．识别数字式、线段式、文字式比例尺	1.3；6.6
	9．使用指南针的点来确定方向	1.3；6.6
	10．使用阴影、高程、颜色和轮廓来识别和阐释地势	1.3；5.4；6.6
	11．构建示意图	1.3
	12．读天气图：风向、风速、气压模式、锋和雨带	1.7

表 3-10（续）

地理工具	学习目标	单元序号
野外工作	1．使用地理仪器，包括： — 用指南针确定方向 — 气象仪器，蒲氏风级和云识别表 2．在野外采集和记录数据，包括： — 设计和构建访谈 — 构建和实施调查 — 现场素描，图解	 1.3 1.7 1.6 1.6 1.2
图表和数据	1．识别和估计最大、最小、总计、范围、等级和平均数 2．构建并解释一个条状、柱状、线性、气候、比例图表	3.3；3.8 3.3；3.8；11.1
图片	1．绘制一条线 2．识别航拍图、地平线图像和卫星图之间的区别 3．收集和解释影像图	1.2；2.3 1.2 1.2；2.6

信息和交流工具（ICT）

ICT 使用技能已经在技能掌握和活动中进行了强调。教科书中 ICT 图标表明该活动强调 ICT 的发展和应用。ICT 使用技能以“冲浪活动”的形式加入大多数单元中。这可以从相关的网站和配套光盘中找到。

相比于中图版地理教师教学用书对课程目标的解读，研究者认为：《地理焦点教师指南》系列的编写形式更有利于教师对课程目标的整体把握，明确课程目标内容可能是需要学生学习完整个阶段的内容才能达到，关注教学的螺旋式上升，并且《地理焦点教师指南》系列对于学生地理工具方面的能力目标的落实比强制性目标的落实更加具体，前者落实到节，而后者只落实到了章。除此之外，我们还能从以上内容中看出《地理焦点教师指南》系列强调学生 ICT 使用技能的获得。

（3）教学目标的横向分析

地理教学目标是对地理教学活动所要达到的预期目标的描述，具有导向功能、评价功能、激励功能和反馈功能[①]。结构决定功能，如何编写教学目标可以使其发挥应有的功能呢？就如何编写教学目标这个问题，我国的教育工作者根据美国著名教育家马杰倡导的编订优良教学目标三要素，提出了编订教学目标的四要素模式，也就是人们常说的“ABCD”模式，四个要素分别为行为主体（Audience）、行为动词（Behavior）、行为条件（Condition）、表现程度（Degree）[②]。下文将从这四个方面来分析目前教学目标的编写情况。

①教学目标行为主体的编写

判断教学是否有效果的直接依据是学生是否获得具体的进步，因此教学目标的行为主体必须是学生。张杏梅指出：规范的教学目标应该以“学生能……”开头，而以“教师培养学生……”

① 李家清．新理念地理教学论[M]．北京：北京大学出版社，2009：130–131．

② 王民，仲小敏．地理教学论[M]．北京：高等教育出版社，2010．

的陈述方式是不符合要求的[①]。但在实际教学目标的编写中，行为主体往往是被隐藏了的[②]。研究者通过阅读每一条教学目标，发现仍有少量行为主体是教师。

以学生为行为主体的教学目标数量统计见表 3–11。

表 3–11　以学生为行为主体的教学目标数量统计

教师教学用书	统计项目	地球与地图	中国地理	世界地理
人教版地理教师教学用书	数量／个	16	10	5
	总数／个	16	11	6
	比重／%	100.00	90.91	83.33
中图版地理教师教学用书	数量／个	17	14	9
	总数／个	17	14	10
	比重／%	100.00	100.00	90.00

从表 3–11 可以看出，除了"地球与地图"一章，其他章都还有一些教学目标不是以学生为行为主体的（人教版地理教师教学用书 2 条，中图版地理教师教学用书 1 条）。

人教版地理教师教学用书：

> 通过认识我国辽阔的领土和优越的位置，激发学生爱国之情、兴国之志，增强改革开放的意识；了解香港、澳门和台湾都是我国领土的一部分，使学生树立祖国统一大业必定实现的信念，培养学生维护祖国统一、保护祖国领土完整的神圣责任感[③]。
>
> 通过大陆漂移—板块构造学说的发展过程，对学生进行科学史教育及科学兴趣、科学方法和探究精神的培养[③]。

中图版地理教师教学用书：

> 培养分析地理图像的能力和从地图中获取信息的能力[④]。

从布鲁姆的教学目标分类来看，人教版地理教师教学用书的教学目标属于情感领域；中图版地理教师教学用书的教学目标则属于认知领域。

②教学目标行为动词的编写

教学目标中可测量的行为动词数量统计见表 3–12。

表 3–12　教学目标中可测量的行为动词数量统计

教师教学用书	统计项目	地球与地图	中国地理	世界地理
人教版地理教师教学用书	数量／个	18	13	6

① 张杏梅．中学地理教学论 [M]．北京：北京师范大学出版社，2010．

② 王民，仲小敏．地理教学论 [M]．北京：高等教育出版社，2010．

③ 人民教育出版社课程教材研究所．地理教师教学用书八年级上册 [M]．北京：人民教育出版社，2006．

④ 王民．地理教师教学用书八年级上册 [M]．北京：中国地图出版社，2005．

表 3–12（续）

教师教学用书	统计项目	地球与地图	中国地理	世界地理
人教版地理教师教学用书	总数／个	21	36	8
	比重／%	85.71	36.11	75.00
中图版地理教师教学用书	数量／个	16	17	4
	总数／个	33	37	14
	比重／%	48.48	45.95	28.57

从表 3–12 可以看出：“地球与地图”“世界地理”两章中人教版地理教师教学用书选用的可测量的行为动词均超过 70%，远远超过中图版地理教师教学用书，而“中国地理”一章中则是中图版地理教师教学用书的比重略超过人教版地理教师教学用书。

③教学目标行为条件的编写

教学目标中行为条件数量统计见表 3–13。

表 3–13　教学目标中行为条件数量统计

教师教学用书	统计项目	地球与地图	中国地理	世界地理
人教版地理教师教学用书	数量／个	15	7	4
	总数／个	16	11	6
	比重／%	93.75	63.64	66.67
中图版地理教师教学用书	数量／个	9	4	2
	总数／个	17	14	10
	比重／%	52.94	28.57	20.00

从表 3–13 可以看出：人教版地理教师教学用书中各章含有行为条件的教学目标都超过 60%，“地球与地图”一章中甚至超过 90%；中图版地理教师教学用书中各章含有行为条件的教学目标较少，“中国地理”与“世界地理”两章甚至不足三分之一。

④教学目标表现程度的编写

教学目标中表现程度数量统计见表 3–14。

表 3–14　教学目标中表现程度数量统计

教师教学用书	统计项目	地球与地图	中国地理	世界地理
人教版地理教师教学用书	数量／个	1	0	0
	总数／个	16	11	6
	比重／%	6.25	0	0

表 3–14（续）

教师教学用书	统计项目	地球与地图	中国地理	世界地理
中图版地理教师教学用书	数量／个	0	1	0
	总数／个	17	14	10
	比重／%	0	7.14	0

从表 3–14 可以看出，无论是中图版地理教师教学用书还是人教版地理教师教学用书的教学目标中几乎都没有表现程度的编写内容。

综合以上对两个版本“教学目标”的分析可知：两个版本地理教师教学用书教学目标的层次性不够显著，但几乎都以学生为行为主体，很好地体现了“以学生为中心”的教育理念。章教学目标关注学生内部心理变化，难以观测。从节教学目标上来看，人教版地理教师教学用书大部分教学目标的可评价性更高；中图版地理教师教学用书对学生的内部心理变化上的关注比人教版地理教师教学用书多。从具体教学内容上来看，两个版本“地球与地图”一章的编写比“中国地理”“世界地理”两章的可观察和可评价性更高。

3. 教科书内容分析与教学建议

（1）章教科书内容分析与教学建议

表 3–15 “章教科书内容分析与教学建议”栏目的设置

教师教学用书	地球与地图	中国地理	世界地理
人教版地理教师教学用书	无	内容分析	无
中图版地理教师教学用书		内容分析	

从表 3–15 可以看出，人教版地理教师教学用书仅“中国地理”部分涉及“章教科书内容分析与教学建议”内容，而中图版地理教师教学用书各部分都有所涉及。这说明人教版地理教师教学用书整个系列的编写存在结构不一致的现象。鉴于此，研究者选择了两个版本的“中国地理”部分内容进行分析比较。

人教版地理教师教学用书：与全书内容结构的总体联系、教材内容的基本结构、教材内容的选择与编排、教学内容的能力培养途径和能力层次。

中图版地理教师教学用书：本章在全书中的地位、本章内容体系和结构、课程标准解读。

通过阅读两个版本的内容，发现二者既有相同点，又有不同点。

相同点：两个版本都分析了该章与全书内容结构的总体联系，也都简要阐述了一下各节的知识点。

不同点：

①人教版地理教师教学用书对该章的内容结构说明采用结构框图的形式（图 3–13），这更有利于教师理解整章教学内容各部分之间的联系。

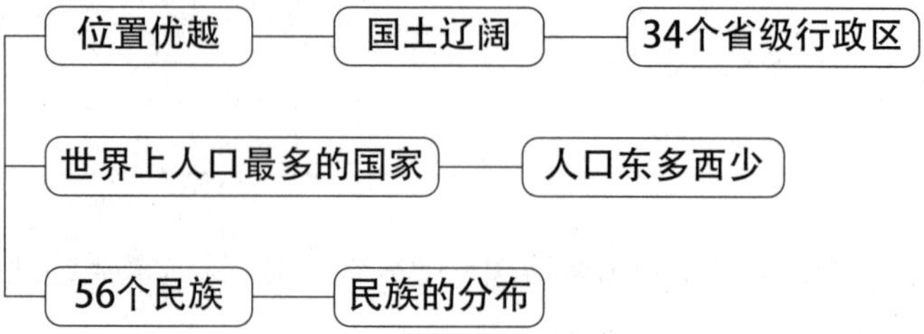

图 3–13　人教版地理教师教学用书对章内容结构说明采用的结构框图示例

②中图版地理教师教学用书注重对课程标准的解读。

中图版地理教师教学用书在“课程标准解读”（表 3–16）栏目中将教科书每节中的每个小标题与课程标准内容相对应。有的课程标准内容并不是通过一个小标题就能呈现，而是需要几个小标题一起呈现，并且完成同一个课程标准内容的几个小标题在教科书编写时都是相邻的。这个栏目的编写能够很好地帮助教师将课程标准与教科书内容建立联系。

表 3–16　中图版地理教师教学用书的“课程标准解读”[①] 栏目

节名	小标题	课程标准内容	
		标准	活动建议
第一节　疆域和行政区划	中国的位置	运用地图说出我国的地理位置及特点	1. 在地图上量算出我国大致的东西经度差和南北纬度差，并以此说明我国经度和纬度跨度大，分析我国相对于亚欧大陆和太平洋的具体位置 2. 开展我国省级行政区拼图的游戏
	中国的疆域	记住我国的领土面积，在地图上指出我国的邻国和濒临的海洋，说明我国既是陆地大国，也是海洋大国	
	中国的邻国		
	中国的行政区划	在中国行政区划上找出 34 个省级行政区，记住它们的简称和行政中心	
第二节　众多的人口	世界上人口最多的国家	说出我国人口总数，运用有关数据说明我国人口增长趋势	
	控制人口数量　提高人口素质	说出我国的人口政策	
	人口分布	运用人口分布图说出我国人口的分布概况	
第三节　多民族的国家	众多的民族	运用民族分布图，说出我国少数民族的分布特征	收集、交流反映我国主要少数民族风俗、服饰的图片、资料，了解这些少数民族的风土人情
	少数民族的分布		

③人教版地理教师教学用书关注学生“双基、思想政治与品德教育”方面的培养。下文是人教版地理教师教学用书的相关内容节选。

① 王民．地理教师教学用书七年级上册 [M]．北京：中国地图出版社，2005．

人教版地理教师教学用书中有关“双基”“思想政治与品德教育”内容案例

四、教学内容的能力培养途径和能力层次

1. 本章的基础知识大部分为识记的知识，其中包括我国地理环境空间所在的疆域，构成我国地理环境重要因素之一的地理位置，学习中国地理重要基础的行政区划，生活在这块土地上的居民概况（人口和民族）等。要求学生理解的知识主要有我国地理位置的优越性和我国的人口政策。

2. 本章的基本技能训练要求较多，主要是因为本章有许多最基本的知识涉及众多的地名及其空间位置，必须充分利用地图反复练习。学生应初步学会阅读“中国在地球上位置示意图”“中国疆域示意图”“中国政区图”“我国人口密度图”“我国各省级行政单位的人口与面积柱状图”和“中国民族分布图”，形成对我国位置、疆域、行政区划和人口民族分布的空间想象能力。这是本章的难点。为此，本章的基本技能训练，主要是培养学生初步掌握阅读“我国省级行政区图”“我国人口密度图”“我国各省级行政单位的人口与面积柱状图”“中国民族分布图”的程序和方法；学会运用图文资料对比分析我国“地理位置、国土辽阔”的优越性，学会运用“我国人口增长统计图”分析我国人口的增长情况。

3. 本章思想政治与品德教育方面的重点是：

(1) 通过对比评价“位置优越和国土辽阔”，激发热爱社会主义祖国的情感和民族自豪感，增强保卫祖国、保卫人民的责任感；

(2) 认识我国有辽阔的疆域，培养维护祖国统一、实现祖国统一大业、捍卫国家领土完整的责任感；

(3) 提高学生对我国人口政策和民族政策的认识。[①]

人教版地理教师教学用书的“教学内容的能力培养途径和能力层次”栏目从“基础知识”“基本技能”“思想品质与品德教育”三个维度来编写。在“基础知识”部分明确说明了学生掌握各种知识应达到的程度，如“识记”“理解”。在“基本技能”部分，除了明确提出基本技能的教学目标以外，也将“基础知识”与“基本技能”之间的联系进行了说明。“思想政治与品德教育”部分为培养学生该方面的目标提供了明确的途径和方法。但是，“双基、思想政治与品德教育”是2001年课程改革前的一种提法，课程改革后提倡“知识与技能、过程与方法、情感态度价值观”。

① 人民教育出版社课程教材研究所．地理教师教学用书八年级上册[M]．北京：人民教育出版社，2006．

（2）节教科书内容分析与教学建议

表 3–17　“节教科书内容分析与教学建议”的栏目设置

教师教学用书	栏目设置
人教版地理教师教学用书	内容点析、教学建议
中图版地理教师教学用书	教材分析、教与学的建议

①编写形式分析

从表 3–17 可知：人教版地理教师教学用书为“节教科书内容分析与教学建议”内容设置的栏目为“内容点析”和“教学建议”。中图版地理教师教学用书为该内容设立的栏目为“教材分析”和“教与学的建议”。从各个栏目编排的一致性来看，中图版地理教师教学用书的一致性更强。中图版地理教师教学用书每一节的“教材分析”和“教与学的建议”可以用一个结构来概括，而人教版地理教师教学用书“教学建议”栏目的编写则存在每章编写设置下级栏目不一致的现象。中图版地理教师教学用书“教与学的建议”栏目采用了教师教学用书与教科书“合体式”的编写形式，使其与教科书紧密结合，在教师对教科书内容有疑惑的时候，能够方便地查阅教师教学用书。

②编写内容分析

人教版地理教师教学用书在“内容点析”栏目按照课文的顺序对教师在教学中可能遇到的某些问题进行解释。点析的内容以“知识点”为单位编写，大体涉及以下几个方面：概念的基本内涵、内容设计的意图，知识把握的深度等。中图版地理教师教学用书“教与学的建议”的编写内容也是如此。

中图版地理教师教学用书“教材分析”栏目主要讲解了每一节的知识结构，给出了本节内容在整章中的位置、教科书中各个小标题的内容及对学生的要求，明确提出了本节的教学重点和难点。

人教版地理教师教学用书“教学建议”栏目针对整节课内容，部分章节为教师提供了新课导入的建议和课时安排建议等。针对小标题内容部分章节提供的是一个完整的教学设计，部分章节提供的是某一个具体活动的设计。

从以上各栏目内容的简介中，可以发现两个版本地理教师教学用书有一些共同点。

a．二者在编写中都涉及三个层面：节、小标题、知识点。

b．二者都注重在重点和难点知识的讲解、教科书内容设计意图的说明、教学中知识深度的把握方面给教师提供帮助。

c．二者提供的教学建议都体现了“以教师为主导、以学生为主体”的教学理念。

d．二者几乎没有涉及教学评价方面的建议。

除此之外，二者都还有各自的特点。

a．中图版地理教师教学用书每节的重点、难点一目了然。

b．在节层面上，中图版地理教师教学用书有对教科书内容的宏观分析，而人教版地理教师教学用书部分章节有对教学的宏观建议。

c．人教版地理教师教学用书为教师提供了许多教科书以外的活动，并且活动步骤也描写得很详细。

d．人教版地理教师教学用书提供的“新课导入”“课时安排”以及一些章节完整的教学设计都能对教师的教学有很大的帮助，但是这样难免也容易让一些新教师产生惰性，阻碍其思路的拓展。

综合以上对两个版本地理教师教学用书“教科书内容分析与教学建议”的分析可知：从章层面来说，人教版地理教师教学用书在栏目设置上有缺失，不利于教师从章层面把握教学。从节层面来说：中图版地理教师教学用书采用“合体式”的编写形式，相比人教版的更利于教师备课。两个版本的编写整体上都体现了“以教师为主导、以学生为主体”的教学理念。中图版地理教师教学用书涉及节层面的教科书内容宏观分析，而人教版的部分章节涉及节层面的宏观教学建议。中图版和人教版地理教师教学用书在对教科书内容分析上都关注了对重点和难点知识的讲解、对教科书内容设计意图的说明以及对教学中知识深度的把握。但是，人教版地理教师教学用书没有明确指出重点和难点。人教版地理教师教学用书为教师开展教学提供了一些新课导入设计、活动建议和一些完整的教学设计，这在为新教师提供一些教学思路的同时也对教师的思路有一定的限制。两个版本的地理教师教学用书都缺少有关教学评价方面的建议。

《地理焦点教师指南》系列在编写上与我国的地理教师教学用书有很大的差别，具体情况如下。

①没有专门的教科书内容分析栏目

《地理焦点教师指南》系列仅在每章和每节的开始有一段文字对本章或本节内容的简要介绍。以下为《地理焦点2教师指南》中“澳大利亚的大小和形状”一节内容的节选。

> 澳大利亚因为它的面积、特点和疆域形状，在世界上有一定辨识度。这一节学生将着眼于澳大利亚的边界，并且比较澳大利亚和其他国家在面积和轮廓上的区别。学生还将学习有关澳大利亚的一些不为人熟知的知识……

②教学建议采取模块式的编写形式

《地理焦点教师指南》系列根据每章和每节内容的特色，设置了数量不定、形式多样的栏目。据统计，该系列共有14类章栏目和55类节栏目。其中，30类栏目仅在一节中出现过，仅有4类栏目出现在超过一半的节中，而每节都出现的则仅有2类栏目。模块式的编写形式便于教师进行自由组合，设计具有自身特色的教学方案。

③注重学生对知识的建构过程

每节必有的栏目之一为“词汇预览”。这个栏目是对每一节关键词语的汇总。栏目设立的目的是帮助学生在学习本节内容前先一起讨论这些单词。通过这个活动让学生把自己已有的知识给调动出来。如“澳大利亚的面积和大小”一节，列出的关键词语为“海岸线、规模、专属经济区、为陆地所包围的、海里、人口密度、洲、领土”。

④每个栏目几乎都是一个学生活动，注重培养学生收集地理信息的能力

正如上文所说，《地理焦点教师指南》系列的教学建议是一个个独立的栏目。而这些栏目除了少部分如“评价”栏目，其他的栏目几乎都是学生活动。

相比于我国学生活动以“读图分析”类为主，《地理焦点教师指南》系列的活动则更注重培养学生搜集地理信息的能力。

⑤有专门的教学评价栏目，有助于教学过程中实施评价

每节必有的栏目之一为“活动答案”。这个栏目是针对每节教科书内容中的活动栏目（这个栏目与我国的作业栏目最为相似）而设立的。除此之外，活动栏目还包括了知识、技能、应用和冲浪四类题目。

知识：帮助学生理解和回顾教科书内容。如“澳大利亚的陆地面积是多少？”

技能：强化学生与教科书内容相关的技能。如“创建一个饼状图来表示表澳大利亚各洲和地区的比较前两列的信息”。

应用：学生需要用他们学会的知识来解决一些拓展问题。学生活动往往嵌入其中，如“主持一个课堂讨论会，主要探讨拥有长海岸线和大面积专属经济区的优势和劣势”。

冲浪：主要是让学生应用他们的ICT技能。活动可以在相关网站和光盘中找到。

针对这几类题目，《地理焦点教师指南》所提供的答案也有不同的特色。

知识：知识点尽量从书中找原文，这样做简单、准确、明了。

技能：提供解决问题的多种途径，帮助教师指导学生完成，如“要求学生在这些活动中使用多种地理工具和能力。制作图表时，学生们可以用他们的铅笔和橡皮擦，或者利用软件制图。学生也可以运用技能培训上的绘图技巧来锻炼他们的徒手画图能力”。

应用：提供解决问题的策略。如“学生可以考虑一下海洋活动如渔业和交通运输条件，其中包括港口和通往海外市场的途径”。

冲浪：提出评价任务完成的指标。如“要求学生使用相关软件来创建一个2页的文档，比较澳大利亚和其他他们选择的国家的大小和形状。它们必须包含以下内容：统计数据、地图、插图和参考资料列表。”

在每章结束的时候为教师提供了一个章测验试卷，便于教师对学生学习一章内容后进行评价。章测验试卷由选择题、简单题还有问答题组成，并且在光盘中提供了答案。

此外，《地理焦点教师指南》设置了专门的“评价”栏目，为教师提供了评价策略的建议。这个评价栏目的评价实施者是教师，而不是学生；并且这个栏目并不是固定章、节设置，而是根据教学内容而定。如“通过每个学生来展示自己的拼贴画将应用活动6作为一个评价测试。让他们描述被纳入表格特征的各方面。将以下评价标准给学生：拼贴画标题——世界七大奇迹、列出七个特征、用地图或文字描述来说明每个特征的位置、人文特征和自然特征都要列出、特征的特殊方面要用照片或绘图来描述。”

⑥并不是所有活动都与地理学科内容相关，有助于学生的全面发展

我国地理教师教学用书中建议的活动主题都是与地理学科相关的，而《地理焦点教师指南》系列中却不尽然。

《地理焦点教师指南》中的活动案例

活动一：数学技能

技能活动应用基础的数学技能来使学生比较不同特征的意义。为了构建活动 12 中的饼状图，学生需要使用一个分度器，计算器和圆规。在他们发展对分数和圆几何的理解的同时，他们制作这个图可能需要帮助。将这些图表中的信息转化成饼状图中的各块最简单的办法是使用第四列的百分数。为了将这些百分数转化成度，学生需要使用下面的公式：

度 =（百分数 ×360）/100

或者，更简单

度 = 百分数 ×3.6

学生一旦可以对所有级别算出角度，就让学生画一个圆，然后使用分度器根据算出的角度来绘制圆圈中的各块。鼓励他们使用渐变或者图例的方法来标出哪块代表哪一级。

活动二：趣味活动

使用“urbanisation”单词中的字母，让学生试试用三个不同字母（每个字母只能使用一次，除非这个字母本身在原始单词中出现了多次）可以组成多少个不同的单词。得分如下：

少于 10 个单词：没有完成任务。

10 ～ 20 个单词：一般。

20 ～ 30 个单词：完成得很好。

30 个以上：很可能比老师完成得好。

上述活动案例以文字为主题，前者能够帮助学生掌握一些数学技能，而后者能够让课堂有更多的欢乐。

⑦对软件操作的步骤都描写得很详细

《地理焦点教师指南》系列对涉及软件操作的活动步骤都描写得非常详细。这样的编写形式能够有效保证活动的可行性，如在《地理焦点 2 教师指南》“澳大利亚的大小和形状”一节中对制作柱状图的步骤描述得特别详细，只要按照这些步骤操作，教师和学生就可以完成这幅柱状图。

4. 参考资料

本研究中参考资料包括地理教师教学用书的文本型参考资料和地理教师教学用书配套光盘两部分。地理教师教学用书的文本资源在下一章进行详细介绍，本节主要介绍人教社和中图社出版的地理教师教学用书配套光盘。

人民教育出版社出版的人教版地理教师教学用书每册书配有两张光盘，共计八张。中国地图出版社出版的中图版地理教师教学用书每册书配有一张光盘，共计四张。

人教版地理教师教学用书配套光盘 CD−1 使用界面如图 3−14 所示。

图 3−14　人教版地理教师教学用书配套光盘 CD−1 使用界面

人教版地理教师教学用书配套光盘 CD−2 使用界面如图 3−15 所示。

图 3−15　人教版地理教师教学用书配套光盘 CD−2 使用界面

中图版地理教师教学用书配套光盘使用界面如图 3−16 所示。

图 3−16　中图版地理教师教学用书配套光盘使用界面

人教版和中图版地理教师教学用书的配套光盘设计页面都很美观，并且操作界面也都设计得一目了然，便于教师使用。

二、中图版地理教师教学用书“地理探究活动设计”栏目分析

1. 课题实施案例

该栏目是针对中图版初中地理教科书每章首页的课题而编写的，其内容包括对课题目标

的介绍、对课题活动过程（准备、实施、成果展示、评价）的建议。栏目强调在活动中师生合作、生生合作，注重任务的落实，也涉及对课题成果的有效利用。图 3–17 为第一章课题“地图就在我们身边”的实施案例摘抄。总体来说，在课题实施案例中占篇幅最大的是对课题的“评价”栏目。针对不同的课题，设计了不同的“评价标准”，各章评价标准见表 3–18。

一、介绍课题目标

……

二、课题活动准备

1．分组：按班级人数，每 4 ～ 6 人分为一组（可自愿结合），每组选出组长一名。

2．定主题：每组从课文给出的 4 个课题中选择 1 个。组长组织成员讨论课题，确定课题实施的方案和具体计划，并进行小组成员分工。将活动方案报课代表备案。

三、调查和收集资料

这项工作要求学生在课余时间完成……

四、整理资料，班内交流

……每个小组都要互相学习，互相补充……

1．各组对资料进行整理和归类。

……

4．各组重新整理资料，取长补短，不断完善。

五、分组讨论

1．对收集到的地图进行分类……

……

5．其他的看法。

六、分组总结在生活中的地图应用

……

七、班级汇报

……（在学习完本章内容后，利用一到两个课时进行）。

八、整理各组的汇报成果

由老师和学生共同……供学习和教学交流时使用。

九、评价标准

等级	标准要求
优	……
良	……
中	……
差	……

图 3–17　第一章课题“地图就在我们身边”的实施案例摘抄

表 3–18　课题实施案例中各章评价标准汇总表

内容	评价维度	评价指标（举例）	评价等级	评价实施者	评价对象
地球与地图	课题完成情况	优： 1．按时活动、汇报 2．课题目标明确，主题突出，有一定的创新 3．汇报形式恰当，课件精彩，富有感染力	优、良、中、差		小组
	课题目标选择情况				
	汇报情况				

表 3-18（续）

内容	评价维度	评价指标（举例）		评价等级	评价实施者	评价对象
中国地理	过程	参与态度	思维活跃，主动完成任务，创造力突出	A、B、C、D（按各项加和分数定）	小组、教师（注：教师不仅要打分，还要给一个总的书面评语）	小组
		资料搜集与运用	途径多样化，资料系统整理，恰当选材			
		小组合作	完成任务的同时，主动帮助小组中其他同学			
		进程控制	符合进度，按时完成任务			
	结果	地理知识技能	运用地图表现出某一少数民族的分布情况			
		交流能力（一）	版面整洁美观，必选专栏齐全，内容丰富，但有些栏目内容不丰富；有整体感，无特色			
		交流能力（二）	表达清楚，简明流畅			
世界地理	积极性		乐于参与小组合作学习 主动给小组出谋划策	定性描述	小组内成员互评	学生个体
	贡献大小		搜集资料多而且有效 制作课件精美汇报效果突出			
	进步大小		知识获取较多 信息搜集能力增强 合作交往态度变化大			
	合作意识		乐于接受小组的安排 能与小组成员协调好关系，相互帮助，相互鼓励			
	突出实践		感人事件：比如荣誉感增强，不甘落后等			
	汇报内容	科学	科学，无错误	优秀、良好、一般（按各项加和分数定）	小组间互评（注：不仅打分，还要给出语言评价、优点说明以及建议）	小组
		丰富	深度（对某一问题研究较深入）			
			广度（对同类问题研究较广泛）			
	汇报过程	课件	图（与讲述内容无关）			
			文（字体大小适中）			
		形式	生动活泼，能集中大家注意力			
			有新意（讲课形式不拘一格）			
		语言	声音清晰、洪亮，讲述清楚			
		纪律	听讲同学守纪律			
		其他	合作分工全员参与，整体印象			

从评价对象来看，各部分都是以小组为单位来进行评价，而“世界地理”部分还注意到了对学生个人进行定性评价。

从评价维度来看，除了“地球与地图”部分只关注对课题成品进行评价外，其他两部分都注意到了对课题过程的评价。

从评价指标来看，每章设计的指标可测性都很强。

从评价等级来看，“中国地理”“世界地理”两部分比“地图与地球”部分设计更加完善，不仅仅有分数，还有等级。

从评价实施者来看，“地球与地图”部分没有明确说明，不过这种一般都是默认教师进行评价；“中国地理”部分包括小组自评和教师评价；“世界地理”部分包括小组内互评和小组间互评。

总体来说，中图版地理教师教学用书强调对课题的评价，并且对评价的建议比较全面、科学。

2. 探索答案

该栏目是针对中图版初中地理教科书每节首页的“探索”栏目编写的。中图版地理七年级上册共有 11 节，即有 11 个探索。其中，有 3 个探索是学生自己动手体验、1 个探索需要学生结合自身情况，所以在中图版地理教师教学用书中这 4 节的“探索答案”写着“略”，其他 7 个“探索答案”则是给出了“探索”栏目里问题的准确答案，部分还建议了一些延伸活动，比如第二章第一节“疆域和行政区划”的“探索答案”建议“让每个学生给自己的朋友、亲戚写一封信……”

3. 活动

这个栏目中提供的活动几乎都是中图版初中地理教科书中所没有的。正如前文“教科书内容分析与教学建议”中所述，人教版地理教师教学用书部分章节的“教学建议”栏目内也有提供教科书以外的活动建议。对比两个版本所提供的活动，可以发现两个版本提供的活动类型都很丰富，包含游戏竞赛、实验制作、计算、观察观测、读图析图、主题宣传、社会调查、探究、灾害演练和讨论会等类型。二者在活动呈现形式、内容、数量的编写上有一定的区别。

（1）活动呈现形式

人教版地理教师教学用书的部分活动是作为教学设计的一部分呈现的，并不是单独呈现的；中图版地理教师教学用书的所有活动都是单独呈现的。人教版地理教师教学用书整个活动都是以文字来呈现的；中图版地理教师教学用书活动的呈现方式除了文字，部分活动还配有图片。

（2）活动内容编写

中图版地理教师教学用书提供了活动的答案，并用下划线“________”进行突出说明。人教版地理教师教学用书设计活动时考虑了在不同的教学环境、不同的学生情况下对活动应该如何处理，有助于教师在不同的情况下更好地开展活动。

（3）活动数量

中图版地理教师教学用书平均每节提供的活动数量约为 5 个，而人教版地理教师教学用书平均每节提供的活动数量约为 2 个。因此，中图版地理教师教学用书提供的活动数量明显多于人教版的。

通过以上对中图版地理教师教学用书“地理探究活动设计”栏目的分析可知，这部分内容是根据中图版初中地理教科书的编写特色而特别设置的一个栏目，能够帮助教师更好地使用教科书，它也可以算作教科书内容分析与教学建议的内容。课题案例实施中的教学评价策略、探索答案、活动答案弥补了整本书所缺少的教学评价建议部分的内容。此外，中图版地理教师教学用书提供的活动在呈现形式上比人教版更为丰富、生动，但人教版地理教师教学用书更加关注活动的普适性。

三、中图版《地理·选修7地理信息技术应用教师教学用书》和美国《利用 GIS 绘制世界地图》栏目比较分析

中图版《地理 · 选修 7 地理信息技术应用教师教学用书》与美国《利用 GIS 绘制世界地图》相比较，存在数据资源和软件方面的困难，而后者所配备的软件和数据资源使其教学活动开展更可行。目前，我国中学地理教师本身在 GIS（地理信息系统）方面素质不高，对 GIS 软件的操作并不熟悉，地理教师教学用书如果能够提供具体的操作步骤，将会有利于教师进行教学。

中图版《地理·选修 7 地理信息技术应用教师教学用书》第四章中每一节都有一个探索活动，每章有一个贯穿整章的课题研究。《利用 GIS 绘制世界地图》每个模块每一节都是通过一个专题研究来完成教学的。本研究选择了中图版《地理 · 选修 7 地理信息技术应用教师教学用书》第四章中的课题研究“课题 4 建立全班同学基本情况数据库”（以下简称为中图版课题）和《利用 GIS 绘制世界地图》模块 2 中的“第一节地壳的移动：一种全球观点”（以下简称为美国版课题）作为研究对象，分别从教学模式的基本要素（教学理论、教学目标、操作程序、教学评价和实现条件）中的后四个基本要素方面对两者进行比较。

教学目标：中图版课题强调 GIS 工具的使用，与美国版课题相比缺乏地理性。

操作程序：中图版课题中教学活动的步骤写得比美国版课题详细，有利于教师进行教学。美国版课题在细节上有自己的特点，它提及了教师在学生活动过程中应该注意的学生反应。例如，下面这些事需要在学生进行活动的过程中确认：学生在用不同的工具吗？学生在回答问题吗？学生在参考他们的原始图和小组讨论记录吗？虽然本研究比较的案例内容不一致，但是在操作程序中美国版课题贯穿了这种“提问—假设—探究—形成理论—验证理论”的学习方法（见表 3–19），这是值得借鉴的。

表 3–19 美国版课题中的探究学习方法

步骤	具体实施
1. 提出地理问题	提出一个出现在你身边的、与空间关系有关的问题
2. 获取地理资源	辨别你回答问题所需的数据和信息
3. 处理地理数据	把数据以地图、表格等形式呈现，探寻联系及模式
4. 分析地理数据	思考这种联系或模式对你的问题意味着什么
5. 应用地理知识	利用你获得的知识做出决策或解决问题

教学评价：美国版课题和中图版课题都对课程结果提出了评价项目，并且两者都有自己

的优点。美国版课题对学生的掌握程度进行了分级，使得评价者能准确把握评价程度。中图版课题则重视从学生个体来进行评价，使得评价更加客观。

实现条件：虽然中图版课题与美国版课题在教学评价、实现条件基本要素方面没有太大的差距，但是就最重要的教学目标而言，如果中学生不能将 GIS 应用在地理的基本问题上，那么学习 GIS 也就失去了意义。

《利用 GIS 绘制世界地图》中的“第一节地壳的移动：一种全球观点”课题案例内容如下。

《利用 GIS 绘制世界地图》中的 “第一节地壳的运动：一种全球观点”课题案例

第一讲地球运动：全球透视

学生将通过观察全球的地震和火山活动的格局，分析这些活动的模式与板块边界、地表的物质形态特征的关系，同时确定哪些是处于危险区域的城市。

第二讲边缘上的生活：一次对东亚的区域调查

学生将对位于东亚的环形火山群进行调查，知道生活在那里的人每天都要面对非常明显的地震或火山活动的威胁。学生将确认板块下沉的区域和处于危险区域的人口。

预计课时：两节课（每节课 45 分钟）。

材料：学生的工作表文件可以在配套光盘中找到。为了能够获取它们，教师需要在电脑上安装好教师资源文档。

位置：

OurWorld_teacher\Module2\Lesson1

Student PDF：M2L1_student.pdf

Student answer sheet：M2L1_student_answer_sheet.doc

Student supplements：M2L1_supplement.pdf

Student assessments：M2L1_assessment.pdf

补充材料：大幅世界地图挂图，100 个两种颜色的彩色图钉。

目标：对明显的地震或火山活动区域进行定位，描述地震或火山活动高发区与板块边界的关系，确定受到地震或火山喷发威胁的城市。

课程教学：让学生用字母 V 和 E 在提供的地图上标记 8 处他们认为有火山分布的地点和 8 处他们认为的地震典型发生区。当学生们独立完成了这项工作后，让他们分组讨论他们的想法，以组为单位回答附录的问题，同时选取 5 处火山分布点和 5 处地震分布点标记在大课程教学地图上（地震用一种颜色，火山用一种颜色）。在所有组都已经将他们的选择用图钉标记好之后，简述它们的格局。

学生活动：我们建议在上课之前你们能独自完成这项活动。这样做你才能按照学生的特殊需求来改进活动。

学生将用GIS来识别火山和地震的活动区及处于危险区的城市。

下面这些问题需要在学生进行活动的过程中确认：

学生在用不同的工具吗？学生在回答问题吗？学生在参考他们的原始图和小组讨论记录吗？

最后的课程。吸引学生参加一个有关浏览地图过程中的观察和发现的讨论。让学生对比他们最初的想法和他们通过课程活动深入学习后的新想法。在课程开始后，他们有关地震和火山活动的想法发生了怎样的变化？这个课程有没有提出什么他们想要深入探索的问题？GIS怎样帮助世界城市更好地应对地震和火山活动？

中等学校评估。学生被要求在一张地图上标记板块边界、物质形态特征和危险区城市；描述板块边界和地震、火山多发区之间的关系；仔细考虑他们选择的危险区城市。

高等学校评估。学生被要求在一张地图上标记板块边界、物质形态特征和危险区城市；对一个城市的灾害战备计划进行调查；综述所选择的物质形态特征是如何产生的。

课程扩展。学生挑战尝试以下任务：

1. 为评估制作他们自己的数字地图，标记所需的特征，再用布局视图打印出地图。

2. 在ArcMap中创建一个新的图层来确认你所在区域的自然灾害。

3. 寻找典型地震活动和火山喷发的历史数据，并将这些数据整合成一个新的图层，预测最近一次的典型火山喷发或地震活动。

4. 分析课程中错误的数据，看看它们是否提供了有关板块边界位置和运动的额外深刻理解。

5. 比较2003年发生的地震和2007年发生的地震，并定位更多最近发生的地震。

6. 查看教科书中“Resources by Module”栏目的网址，获得相关资料。

美国版课程评估表

标准	典范	掌握	初步	不满足要求
学生了解并掌握用地图分析空间分布和格局	使用GIS分析火山喷发和地震活动数据，找出5个火山喷发、地震活动危险性最高的城市并解释原因，概括这些地区的共同点	使用GIS分析火山喷发和地震活动数据，找出5个最容易遭受这两种灾害的城市，为结论提供丰富的证据	使用GIS找出4～5个最易遭受火山喷发和地震灾害的城市，为结论提供有限的证据	使用GIS找出几个最易遭受火山喷发和地震灾害的城市，但是不能为结论提供证据
学生了解并掌握自然地理过程如何塑造自然地理环境格局	运用多种媒介清晰地描述火山、地震多发区和构造板块边界之间的关系	描述火山、地震多发区和构造板块边界之间的关系	为火山、地震多发区和构造板块边界之间的关系提供有限的证据	不理解火山、地震多发区和构造板块边界之间的关系

美国的课程评估表（续）

标准	典范	掌握	初步	不满足要求
学生了解并掌握自然灾害如何影响人类活动	排出前5个火山、地震活动危险性最高的城市，为这样排序提供丰富的证据，包括课外来源	排出前5个火山、地震活动危险性最高的城市，能解释为什这样排序	排出前5个火山、地震活动危险性最高的城市，但是不能解释为什么这么排序	没有排序
学生了解并掌握如何分析一个地区的自然地理特征	找出至少5个由火山、地震活动造成的和板块边界上的自然地理特征	找出3～5个由火山、地震活动造成的自然地理特征	找出2～3个由火山、地震活动造成的自然地理特征	找出1个由火山、地震活动造成的自然地理特征

《地理 · 选修7地理信息技术应用教师教学用书》第四章中的“课题4建立全班同学基本数据库”课题案例如下。

中图版《地理选修7地理信息技术应用教师教学用书》第四章中的“课题4建立全班同学基本数据库”案例

课题4 建立全班同学基本情况数据库

1. 课题目标

了解GIS数据采集和分析方法，掌握软件基本操作。利用GIS软件建立全班同学基本情况数据库。在电子地图上显示同学的各种基本信息，实现查询、分析等功能。

2. 实施过程

（1）学习一种GIS软件的初步使用，比如SuperMap、ArcGIS等。

（2）用所学软件对所在地区平面图进行数字化。

（3）每人上交一份基本信息表如下，将全班同学的信息汇总。

学生基本情况表

学号	姓名	性别	年龄	生日	家庭住址	电话

（4）在数字化好的区域图中建立新图层和数据集，根据每个同学的家庭住址进行位置确定，输入点；再建立新的字段，输入学号、姓名、性别、年龄、生日、电话等详细信息。

（5）根据需要对全班同学的数据进行查询、统计。比如查询家离某一地点最近的同学、统计居住在距离学校3千米以外的同学名单等等。

（6）用所学软件制作并导出全班同学家庭住址分布专题地图，添加图名、图例、制作时间、制作人等基本要素。

3. 课题评价

课题评价表

姓名：	学号：	课题：	
评价项目	自我评价	同学互评	教师评价
掌握某种 GIS 软件，使用该软件对地图进行数字化			
利用 GIS 软件建立信息数据库，并能对数据库进行修改、查询、统计、筛选等			
会用 GIS 软件制作专题地图，地图要素齐全、设计美观、表达清晰			

第三节　架构特征

一、人教版、中图版地理教师教学用书架构特征

通过对人教版、中图版地理教师教学用书进行对比分析可以发现以下特征。

（1）目前初中地理教师教学用书编写形式不仅有传统的“分体式”，还有将国内传统与国外特色相结合的“结合式”。各个版本的编写结构整体来说仍然是传统的树状结构。

（2）在栏目设置上，人教版和中图版地理教师教学用书都保留了传统的教学系列说明、教学目标、教科书内容分析与教学建议、参考资料四个栏目。中图版地理教师教学用书在栏目设置上特别设计了一个“地理探究活动设计”栏目。中图版地理教师教学用书各个栏目的结构在整套书中保持了一致性，而人教版的一致性相对较弱。

（3）两个版本地理教师教学用书各个栏目内容的编写都注意到了“学生是教学的主体”。教学目标的编写层次性不强，章教学目标难以观察测量，但节教学目标都能较好地实现其评价性功能。

（4）中图版地理教师教学用书从节层面宏观分析了教科书内容，而人教版地理教师教学用书部分章节则从节层面宏观提出了教学建议。两个版本都注重对重点和难点知识的讲解、对配套教科书内容设计的意图说明以及对教学中知识深度的把握。人教版地理教师教学用书为教师进行教学提供了一些新课导入设计、活动建议和一些完整的教学设计，这在为年轻教师提供一些教学思路的同时也会在一定程度上造成束缚。中图版地理教师教学用书的“地理探究活动设计”栏目是根据配套教科书的编写特色而特别设置的一个栏目，能够帮助教师更好地使用教科书。该栏目课题案例实施中较为全面、科学的教学评价策略，探索答案和活动中的答案弥补了整本书缺少的“教学建议”栏目的内容。此外，中图版地理教师教学用书提供的活动在呈现形式上比人教版地理教师教学用书更为丰富、生动，但人教版地理教师教学用书更加关注活动的普适性。

（5）从资料数量上来看，中图版地理教师教学用书文本资料多于人教版地理教师教学用

书。两个版本的文本资料类型都以地理专业知识为主，中图版地理教师教学用书名人轶事资料多于人教版地理教师教学用书。中图版地理教师教学用书的配套光盘为教师教学提供了很多便利，人教版地理教师教学用书的配套光盘则更关注提高教师的素质。

二、其他国家地理教师教学用书架构特征

澳大利亚《地理焦点教师指南》系列采用第二人称编写，例如“you will ……”而我国的地理教师教学用书编写都是采用第三人称来进行编写的，例如“教师应该……”“教师可以……”采用第二人称的编写方式往往更加平易近人，可以拉近编者和教师之间的距离，让整本书读起来更加亲切。

英国《地理教师手册》囊括了地理教师在整个教育环节中必备的基本常识及其职业要求和职业发展的问题。此类的地理教师教学用书在我国大体有《地理课程论》和《地理教学论》两大类，前者侧重于地理课程理论，相当于英国《地理教师手册》的第一部分；后者侧重于教学理论，相当于英国《地理教师手册》第三、四部分以及第五、六部分的部分章节。相比而言，国内这两类书更偏向于理论阐述，英国《地理教师手册》则是以经验和教师需求、学生需求作为出发点，两者形成了鲜明的对比。

英国《地理教师手册》有三大特色：强调时代发展、关注教师的职业发展、关注学生未来发展。

1. 强调时代的发展

《地理教师手册》早在1997年就已经出版，之后又经历了英国地理课程改革，但它依然能够在英国地理教师教育中占有一席之地，其中一个重要的原因就是这本书既能立足于当时地理教育现状，同时又能关注时代对教育发展的要求。地理教育作为国民素质教育的一个方面，关注的重心依然是基本的地理知识和技能，但是在强调这些基本问题的基础上，《地理教师手册》还对地理教育改革、教育偏见、学生技能培养、地理教学中信息技术的使用、教师职业生涯的发展和规划等问题给予了高度关注。这些时代因素的加入，对培养具有时代意义的新型教师具有重要的意义。

当然就目前科技的发展现状来讲，《地理教师手册》中有些内容已经过时或者表现出了不全面性，例如，只关注到电视对学生学习的影响，并没有意识到现代通信技术对于地理教育的革新意义。即便如此，手册体现的思想并没有过时，只要教师灵活运用，还是能够取得很好的效果。

2. 关注教师的职业发展

在我国，教学过程通常被视为是教师个人理论知识和实践经验相结合的结果。虽然教师职业发展和教师团队协作精神逐渐被广大教师所接受，但是系统介绍地理教师专业发展的书籍并不多。英国《地理教师手册》在引导教师避免教学偏见、合理安排教学进程、全面考虑教学与实习的同时，还引入了普通中等教育证书的要求和评价、大学地理教育、教师培训、信息技术下地理教育的多条发展道路。因此，该手册不仅成为教师在教学过程中查询地理教学问题的专业工具，而且是关注自身发展的地理教师必备的重要参考资料。

3. 关注学生未来发展

通过对中国《地理 · 选修 7 地理信息技术应用教师教学用书》和美国《利用 GIS 绘制世界地图》的比较可以发现：从篇幅上来讲，《利用 GIS 绘制世界地图》有 216 页，《地理 · 选修 7 地理信息技术应用教师教学用书》有 80 页。从地理教师教学用书配备的资源来看，《利用 GIS 绘制世界地图》的教学资源包括一本纸质书、一个 CD 光盘和一个 DVD 光盘，CD 光盘里有学生数据文件夹（包括学生工作簿、完成课堂学习所需要的 GIS 数据）、教师资源文件夹（教师所需要的备课资料），DVD 光盘里有 365 天使用期的 ArcView 9 软件（其软件是 ESRI 公司为了地理教学而简化的版本）；而《地理 · 选修 7 地理信息技术应用教师教学用书》除了一本纸质书别无其他。

对国内外教师教学用书中有关 GIS 内容的分析可以得出以下结论。

(1) 在对GIS的重视程度上，中国还远远比不上美国，美国在GIS教学上用了大量篇幅著书。

（2）中国在学习 GIS 相关知识方面做得比美国完善，但是在用 GIS 辅助教学方面远远不及美国（在中图版高中地理教师教学用书必修 1 ～ 2，选修 1 ～ 6 中也难见 GIS 字样）。GIS 对地理而言是研究工具，美国重视 GIS 在地理中的实际应用，而中国重视对 GIS 本身的介绍和其应用的介绍。

（3）《利用 GIS 绘制世界地图》为教师和学生提供了 GIS 辅助教学的实践可能。通过目前对 GIS 在中国中学应用的阻碍的研究可知：软件和数字化数据仍然是阻碍教师应用 GIS 辅助教学的一大关键因素。《利用 GIS 绘制世界地图》为教师提供了适合教学的 GIS 软件以及与案例研究配套的数字化数据。相比而言，中国的地理教师教学用书本身在 GIS 实际应用上就有了局限性。

这些差异与中、美两国 GIS 教育的现实情况密切相关。在中国，虽然教科书中有特定章节来学习 GIS，但是教师本身对 GIS 了解不够，只能照本宣科地作简单的介绍；在用 GIS 辅助教学这个方面，也有不少研究。但是由于硬软件设备短缺、教师素质不高以及高考制度不完善，GIS 辅助教学在中国没有得到广泛的实施。

在美国，早在 1994 年就已经有政府计划——Mapping Our City（该计划利用 GIS 技术，使美国城市的中学生将地理课教学内容与所在城市的社会、环境等问题联系起来，引导学生关注当地社会热点问题，借助 GIS 技术将这些问题可视化并寻找解决方案，最终达到在青少年中普及 GIS 知识，同时提高中学生科学素质的双重目的）来推动 GIS 在中学中的应用。该计划受到美国科学家基金会的资金支持，并由一个非营利性质的教育研究与发展公司（TERC）具体负责实施，同时由国际知名的 GIS 研发公司（ESRI）提供适合中学生水平操作的 GIS 软件与基础数据，该软件在商业 GIS 软件 Arcview 的基础上对原有界面和功能进行简化，在教学过程中还组织当地 GIS 专家进行辅导，并设置专门的网页在互联网上进行经验交流、问题解答、资料下载。通过这样一个完整的由计划、资金、组织、技术、人员、软件平台数据等方面组成的系统工程，保证了 Mapping Our City 计划的实施①。

---

① 李玉能．中学地理教学中应用 GIS 的实践与探索 [D]．福州：福建师范大学，2005．

第四章

中学地理教师教学用书文本研究

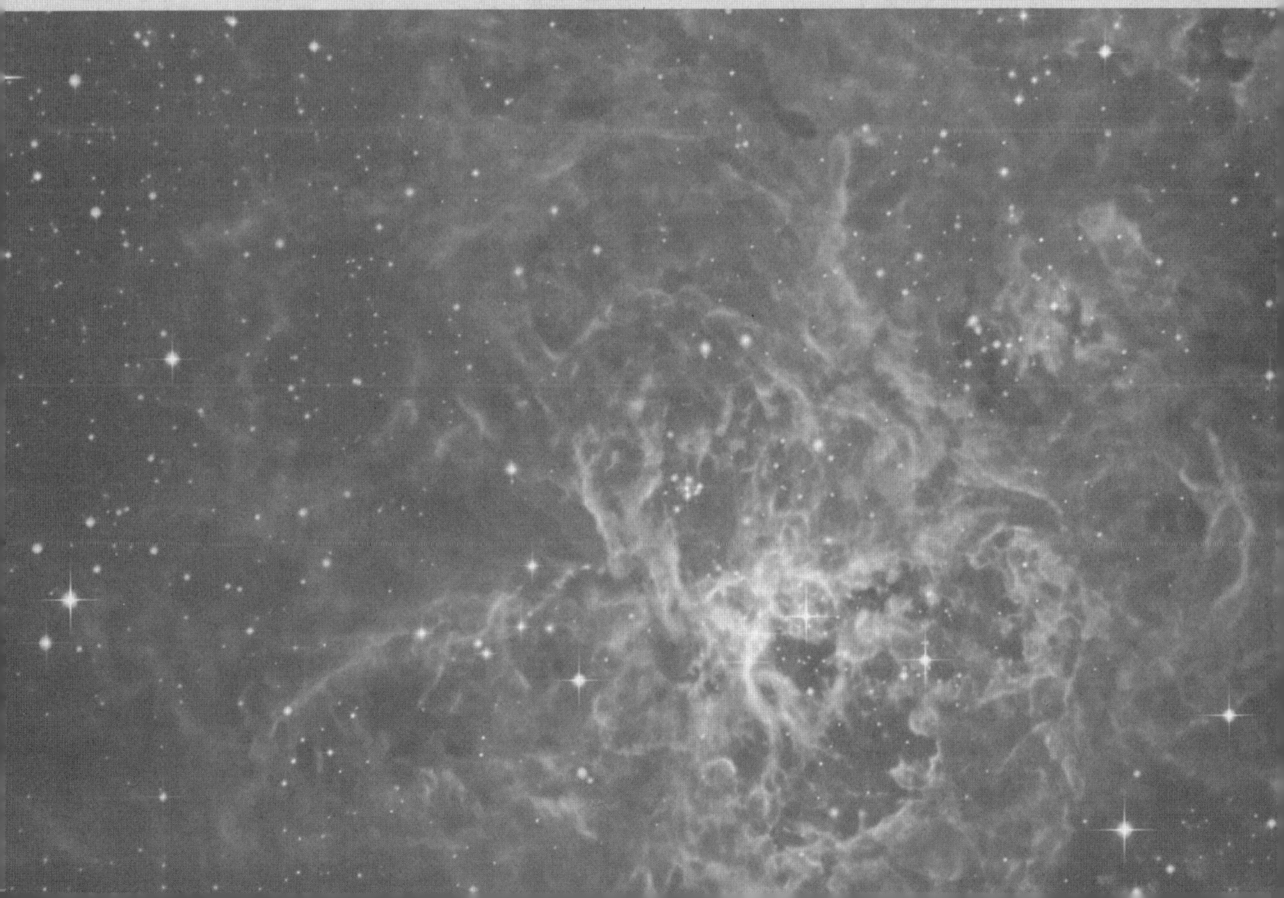

第一节　教学资料文本分析

我国义务教育初中地理课程分为四个部分：地球与地图、世界地理、中国地理、乡土地理[①]。目前所有版本的教材都只包含了前三部分内容，因此本研究以前三部分内容为研究对象，选取中国的人教版和中图版地理教师教学用书、澳大利亚的《地理焦点教师指南》系列和英国的《地理教师手册》进行比较研究。

一、中国中学地理教师教学用书教学资料文本分析

无论是人教版地理教师教学用书还是中图版地理教师教学用书，在编写文本参考资料时都采用条目式结构：一个标题紧接着一段或者几段文字为一条。

人教版地理教师教学用书的文本型参考资料是以章为单位编写的，而中图版地理教师教学用书则是以节为单位编写的。因此，在比较时将中图版地理教师教学用书一章中各节的文本参考资料作为一个整体进行分析。

1. 资料数量分析

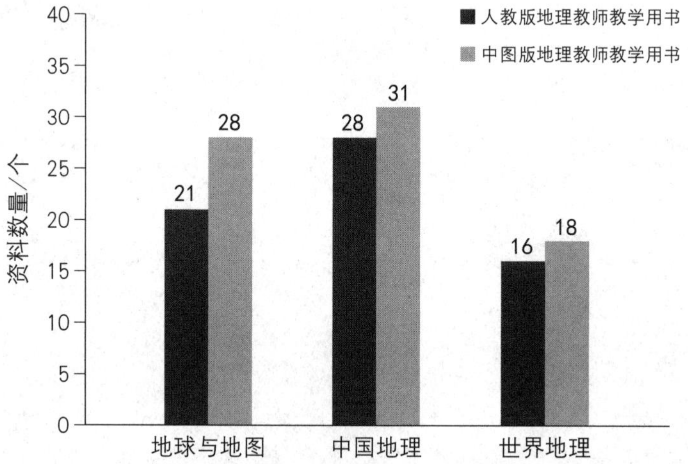

图 4–1　人教版、中图版地理教师教学用书各章文本资料数量

从图 4–1 可以看出，在整体数量上，中图版地理教师教学用书所有章节文本资料的数量都比人教版地理教师教学用书多；两个版本的“中国地理”部分的文本资料都多于“地球与地图”“世界地理”部分的文本资料。

① 教育部．全日制义务教育地理课程标准（2011 版）[Z]．北京：北京师范大学出版社，2011．

2. 资料内容分析

研究者按照内容大致将文本资料分为四类。

(1) 名人轶事：这类资料包括人物传记。如“麦哲伦船队的环球航行”条目和“郑和”条目。这类资料往往带有历史性、故事性。将资料适当处理用在教学中往往可以增强教学的趣味性。

(2) 重点和难点：这类资料主要是对配套地理教科书中重点和难点知识的讲解，如“经线和纬线”条目。这类资料有利于教师在对专业知识有困惑时进行查阅。

(3) 专业知识：这类资料包括配套地理教科书重点和难点以外的一些名词来历的介绍，如“本初子午线的确定”条目，对一些配套地理教科书中涉及的名词、现象的解释等。这类资料有助于教师充实自己的专业知识，解决对此类知识感兴趣的学生的困惑。

(4) 新科技、新信息：这类资料主要是对一些新科技、新信息的介绍，如“信息化时代的地图学”条目。教师是需要了解新科技、了解社会变化的，这类资料对于教师了解地理科学前沿发展、社会发展情况有一定帮助。

按照以上分类标准得到的统计结果如表 4–1 所示。

表 4–1　人教版、中图版地理教师教学用书各章各类型文本资料数量统计

教师教学用书	地球与地图				中国地理				世界地理			
	名人轶事	重点和难点	专业知识	新科技、新信息	名人轶事	重点和难点	专业知识	新科技、新信息	名人轶事	重点和难点	专业知识	新科技、新信息
人教版地理教师教学用书	1	6	14	0	0	16	12	0	5	1	10	0
中图版地理教师教学用书	3	5	19	1	0	6	20	5	0	5	13	0

从表 4–1 可以看出，中图版地理教师教学用书专业知识及新科技、新信息方面的资料整体数量多于人教版地理教师教学用书。在名人轶事资料方面，人教版地理教师教学用书在“地球与地图”部分少于中图版地理教师教学用书，在“世界地理”部分多于中图版地理教师教学用书。在重点和难点资料方面，人教版地理教师教学用书在“地球与地图”“中国地理”部分都多于中图版地理教师教学用书，仅在“世界地理”部分少于中图版地理教师教学用书。

将各类型资料数量除以各章资料总数，得到不同类型资料在各章的比重，结果如图 4–2、图 4–3 所示。

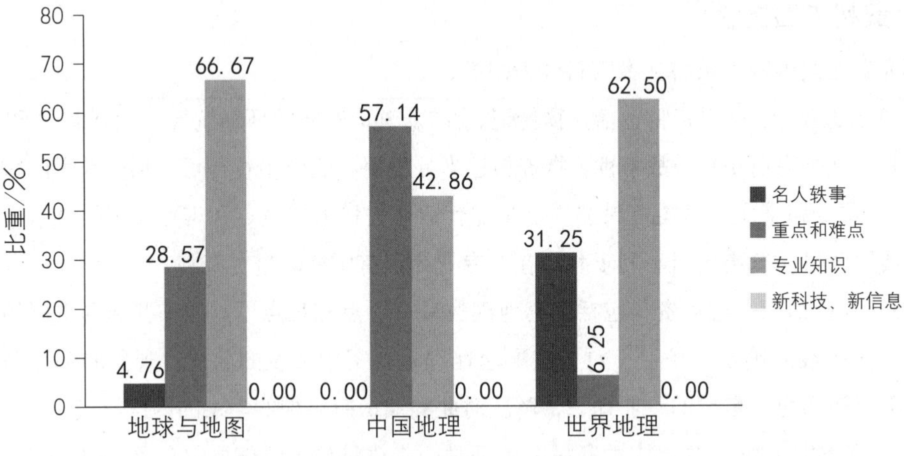

图 4–2　人教版地理教师教学用书各类型资料占各章资料总数的比重

从图 4–2 中可以看出，专业知识类型资料在人教版地理教师教学用书三个教学内容中都占了近 50% 或超 50% 的比重；重点和难点类型资料在“中国地理”所占比重最大，达到 57.14%；新科技、新信息类型资料在三个教学内容均未涉及。

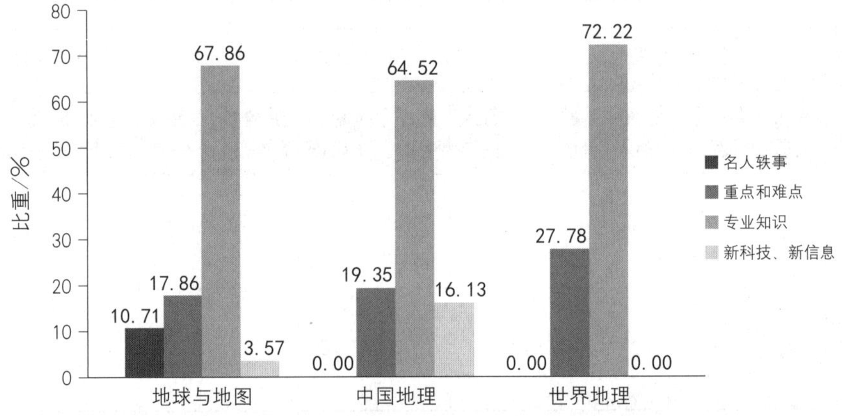

图 4–3　中图版地理教师教学用书各类型资料占各章资料总数的比重

从图 4–3 中可以看出，中图版地理教师教学用书三个教学内容中都是专业知识类型资料最多，比重都超过 60%；重点和难点类型资料所占比重次之，在 20% 左右；其他类型资料所占比重甚少。

综合来看，中图版地理教师教学用书专业知识类型资料无论在数量上还是在比重上都高于人教版地理教师教学用书。两个版本的专业知识类资料无论在数量上还是比重上相比其他类型有绝对优势。人教版地理教师教学用书“中国地理”部分重点和难点类型资料超过 50%，“世界地理”部分名人轶事类型资料接近三分之一。中图版地理教师教学用书的重点和难点类型资料各章比重差别不大，都在 20% 左右。

二、澳大利亚《地理焦点教师指南》系列教学资料文本分析

在《地理焦点教师指南》系列中与教学参考资料内容相关的栏目为“资源”栏目。这个栏目提供的是资源索引，具体资源存储在配套光盘中。这些资源主要可以分为五类：案例研究、略图、考试测验、动画和配套网站的活动。

1. 案例研究

地理焦点 1

资源

案例研究：大气中的温室气体，家庭可以做哪些有帮助的事情呢？

在《地理焦点教师指南》配套光盘中可找到这样一个案例研究。温室气体来自我们每天户外和户内的日常活动中。我们需要降低温室气体的排放水平——这里有许多我们可以帮忙做的事情。

图 4–4　案例研究示意

2. 略图

地理焦点 1

资源

地图集技能交互式问题（Atlas skills interactive questions）

“模块 1：什么是地图”，这个内容在《地理焦点教师指南》配套光盘中的地图集技能交互课程板块中。它可以被用来复习什么是地图。

“模块 6：比例尺”，这个内容在《地理焦点教师指南》光盘中的地图集技能交互课程板块中。它可以被用来复习比例尺。

图 4–5　略图节选

3. 复习检测

地理焦点 1

资源

交互式复习检测问题（Interactive review questions）

使用《地理焦点教师指南》配套网站中第三章的交互式复习检测问题来复习本章的关键点。

图 4–6　复习检测节选

4. 动画

地理焦点 1
资源
动画：全球变暖

这个动画可以在《地理焦点教师指南》配套光盘中找到。这个动画显示了：太阳辐射到达地面后，有一些红外辐射逃回太空。有一些被温室气体增强了的红外辐射反射回地面。一个交互式的表格描述了从 1750 年到 2100 年大气底层的二氧化碳浓度。一个交互式的图表显示了从 1880 年到 2003 年全球地表温度的变化。

图 4–7　动画节选

5. 配套网站的活动

地理焦点 1
资源
地球日记：世界各地的地方时

现在法国巴黎的时间是多少？哥伦比亚的波哥大呢？这些答案只是点几下鼠标的事。使用《地理焦点教师指南》关联网站中的地球日记链接就可以找到答案了。导航试着用一个箭头指向这个区域的地方时的方式列出世界上所有的国家，以及许多的岛屿的地方时。

图 4–8　配套网站活动节选

澳大利亚《地理焦点教师指南》系列提供的教学资料非常丰富，配套光盘的操作界面美观，而且相关资料的丰富度和广度都非常大，不仅能满足教师的基本教学需求，还能拓宽教师的视野。

目前我国出版的大部分地理教师教学用书内容以理论居多，涉及实践操作的章节很少，对经验丰富但缺乏理论支持的老师来说可能会是一种提升。然而，对于缺乏实际教学经验的年轻教师来说，直接或者间接可推广的经验对他们的实际意义更大，丰富的具有实际可操作性的案例和经验介绍对其帮助更大，能让他们尽快适应教学工作，也能够通过案例教学尽快提升自己的教学技能和水平，教学效果也会更加显著。

三、英国《地理教师手册》教学资料文本分析

英国《地理教师手册》提供的教学资源非常详细，包括教学资料和教学建议。手册的设计充分考虑到年轻地理教师经验的欠缺，所以在介绍教学内容时，尽可能多地为教师提供备选方案和教学资源，利于新任职的地理教师尽快适应教学工作。

例如，介绍野外调查进程时，《地理教师手册》针对“街道”这一主题，设计了三种不同形式的实习方式：第一种以观看为主，即通过展示、听、写、观察等方式观察街区的新旧、建筑功能、土地利用、交通状况等；第二种以调查为主，由教师提供设备，通过测量、计数、勘定等方式调查街区的土地利用、购物方式、建筑高度等；第三种以探寻为主，教师提供信

息和资源，引导学生通过发现、质疑、头脑风暴、角色扮演等方式，商讨新斑马线的设计、城市中心区的垃圾处理以及交通安全等问题。根据这些思路，加上手册中的野外实习准备事项、评价方式以及相应的记录表格等，教师可以根据不同的课程需求和学生的知识水平结构，依照手册中的程序轻松地完成野外实习的过程。

英国《地理教师手册》在每一章的末尾都给出了大量的参考资料清单，包括相关内容的数目、软件资源等。参考资料很多时，为了便于查找，还会对资源进行归类。例如，在最后谈及地理学发展问题时，文中列出了地理学、地理教育、高等教育、教育事业、职业咨询五个方面的参考书目，此外还给出了事业与职业信息中心、职业研究咨询理事会等相关咨询机构的地址。手册还在书末整理了与全民地理、小学地理、8 ~ 13 岁儿童地理、中学地理等内容相关的权威参考资料。通过整理分类，使用者就可以极其方便地了解广泛的内容。

英国《地理教师手册》一书的编写思想强调了实用性和地理教育价值所在，全面而翔实地分析了地理课程内容、教学过程及其评价、教学资源的挖掘利用、地理教育的发展和教师教育等方面的问题。与其他国家同类的教师教学参考书籍相比，英国《地理教师手册》具有强实用性、前瞻性、关注教师职业发展等特点。这些特点也正是我国同类书籍目前所欠缺的，同时也是未来地理教师教学用书编写和修改需要考虑的方面。

第二节　配套光盘分析

本节内容对中学地理教师教学用书配套光盘的资料内容及特点、界面设计等方面进行比较分析。

一、中国中学地理教师教学用书光盘分析

人教版地理教师教学用书配套光盘的资料内容见图表 4–2。

表 4–2　人教版地理教师教学用书配套光盘资料内容

册次	配套光盘 CD–1	配套光盘 CD–2
七年级上册	教科书图片库 超级地图简介	视频 1：专家讲解地理课程改革的发展历程，教科书结构的编写特点及变化 视频 2：专家讲解教科书特点如何在教学中得到体现，在活动中渗透教学主题，在参与中领会教科书的内容 视频 3、4、5：课堂实录点评

表 4-2（续）

册次	配套光盘 CD-1	配套光盘 CD-2
七年级下册	教科书图片库 超级地图简介	视频 1：教学片段 1 视频 2：（教学片段 1）课堂实录点评 视频 3：教学片段 2 视频 4：（教学片段 2）课堂实录点评
八年级上册	教科书图片库 超级地图简介	视频 1：教学片段 1 视频 2：（教学片段 1）课堂实录点评
八年级下册	教科书图片库 超级地图简介	视频 1：教学片段 1 视频 2：（教学片段 1）课堂实录点评

中图版地理教师教学用书：每册教科书的配套光盘中包含每一节的幻灯片以及与该幻灯片对应的“课件说明”文档。该文档的内容为每张幻灯片的编写目的及其使用方法。

从提供教学资源角度来看，无论是人教版地理教师教学用书的教科书图片库还是中图版地理教师教学用书的幻灯片都为教师提供了一些方便使用的教学素材。从提高教师素质角度来看，（1）人教版地理教师教学用书提供的“专家讲解地理课程改革的发展历程，教科书结构的编写特点及变化”“专家讲解教科书特点如何在教学中得到体现，在活动中渗透教学主题，在参与中领会教科书内容”能够帮助教师理解新课程理念、理解新版教科书；（2）通过“教学片段”视频以及相应的“课堂实录点评”视频，可以让教师对地理课堂有更深一层的体验，同时在评课方面也会使其有所收获；（3）人教版地理教师教学用书中的“超级地图简介”向教师介绍了地理信息技术在地理教学中的使用，有利于教师了解地理学科的前沿技术。

综合以上对两个版本配套光盘的分析可知：中图版地理教师教学用书配套光盘资料为教师教学提供了很多便利，而人教版地理教师教学用书配套光盘资料则更关注提高教师的素质。

二、澳大利亚《地理焦点教师指南》系列配套光盘分析

1. 配套光盘内容

《地理焦点教师指南》系列每本有配套光盘 1 张，共 2 张。每张光盘有四大部分内容，分别是：教师资源、地图集技能幻灯片、电子版教科书和配套网站。

①教师资源中包含《地理焦点 1 教师指南》《地理焦点 2 教师指南》的教学大纲、相关案例研究、地图资源、测试题及答案等内容。

②地图集技能幻灯片中包含教师用于培养学生地图技能所需的幻灯片，并提供了没有答案的学生版本和有答案的教师版本两种幻灯片演示文档。

③电子版《地理焦点》系列教科书是学生上课使用的教科书。

④配套网站对应的是教科书每一章提供的学习摘要、冲浪、测试题及答案、课外资料网

页链接以及补充资料。除了外部链接需要上网才能使用之外，网站的大部分内容都存储在配套光盘中，因此在没有互联网的条件下也能使用。

2. 配套光盘设计

整个配套光盘内容主要是以PDF文件的方式组织在一起的，PDF文件中的链接将各种资源（PDF文件、WORD文件、PPT文件和HTML文件）联系起来，便于使用者快速定位到需要使用的资源。

以《地理焦点2教师指南》配套光盘为例，光盘启动后主界面如图4-9(这是一个PDF文件)，右边列出的就是各个部分内容（教师资源、地图集技能幻灯片、电子版《地理焦点2教师指南》教科书和配套网站）的入口链接，当把光标移动到对应条目上时，可以在右上空白区域看到对该部分内容的介绍。

图4-9 《地理焦点2教师指南》配套光盘使用界面（1）

使用者点击相应内容的链接，就可以跳转到对应的PDF或网页，如图4-10所示。

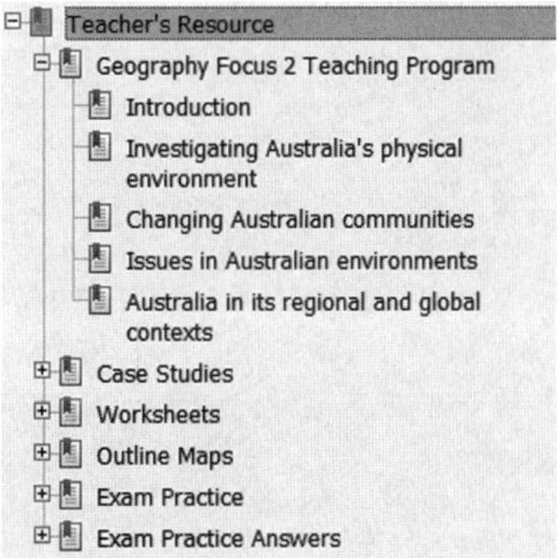

图4-10 《地理焦点2教师指南》配套光盘使用界面（2）

图 4-10 就是点击了教师资源跳转到的 PDF 文件的结构图。如果再点击教学大纲下的介绍（Introduction），就可以打开教学大纲的 WORD 文档。同样地，其他部分的内容也是通过这种方式组织起来的。

与我国中学地理教师教学用书的配套光盘相比，国外配套光盘的设计更加美观、实用；而且就内容而言，《地理焦点教师指南》系列配套光盘的资料很丰富，尤其是在联网时，这些资料就成了一个资源库。

GEOGRAPHY

第五章

国外中学地理教师教学用书案例研究

关于“教师教学用书”的含义，学术界存在不同的解释。有人认为它是与教科书系统配套的，能为教师提供与课程有关的知识、习题和复习材料等内容，指导教师安排教学活动的参考用书；也有人认为它是汇集学科教学最基本、最常见的信息，供教师随时翻阅和学习的工具书，也称为教师手册。相比较而言，前者强调的是与特定教学内容相联系的参考资料，而后者强调的是具有普适性的工具书，供教师查询常见问题。

本章介绍的国外中学地理教师教学用书都属于后者。

第一节　英国《地理教师手册》

该手册编写确立了两个目标：一是希望通过整合一些有用的观点和材料，为致力于国家课程及评价框架的教师提供及时、有效的建议，协助地理教师（特别是年轻地理教师）在课程设计和教学方法上尽快达到专业标准；二是重申地理教育的本质和价值，培养年轻人对全球协作、国际竞争和环境问题等内容的洞察力。目标一主要是协助教师完成国家地理课程的评定规定，目标二则是从精神层面完成对地理教育价值的阐述。

该手册分为七个部分，即“中学地理内容”“课程与教案”“教与学”“教学评价与预测”“资源与利用”“要素管理”“16岁后的成人教育”，包括32章。该手册重点介绍了中学地理教育内容，但也有部分章节提及了小学阶段、16岁后的成人教育、教师培训以及就业问题等。下面对七个部分分别进行介绍。

一、中学地理内容

中学地理内容在全书的第一部分（第1～5章）。首先，通过对比小学地理课程的背景、教师职责和地理学科发展，介绍了中学地理课程与小学的差别与特征，强调了英国国家地理课程所追求的三个目标，即探寻人的价值观和态度、人在世界中的位置、人对世界的更深层次理解；其次，从地理技能、乡土地理、自然地理、人文地理、环境地理五个方面进行内容介绍；最后，讨论了学校地理教育改革及其社会背景，以及地理教育职业发展等社会问题，进而对英国地理教育的总体概况和发展趋势进行了阐述。

二、课程与教案

课程与教案在全书的第二部分（第6～9章）。首先，介绍了学科部门决策的制定，确定了地理课程目标、课程结构设计、学习单元设计与准备，逐步细化了完成一门课程的安排；其次，叙述了备课的整个过程，并列举了若干教案撰写的模板；再次，针对年轻教师无法控制教学进度和学生差别带来的影响，分析了教学进程与教学差别的问题，重点集中在考虑学生能力、学生成长道路、必修课程的要求等因素；最后，强调了通过交谈、阅读、写作及教学等措施、方法提升学习技能。

本部分内容旨在为课程设计和课堂计划提供较为详细的理论和实践基础，主要包括课程设计的目标、过程与方法以及在地理课程中开展交叉课程主题的学习方法与技巧。

1. 课程设计

课程设计是一项动态活动，从这个意义上来说，课程设计并没有固定的格式。课程设计是保障课程实施的重要环节，它能确保课程朝着有用的方向发展，保证课程结构有利于学生学习、课堂资源丰富多样、学生通过课程学习能够取得进步。《英国国家课程标准》将课程设计作为课程实施的重要环节，要求学校优先考虑课程设计，同时需要具备系统的课程规划纲要。

课程设计有不同的层次，且每一个层次都要有清楚的目标和结果。表 5-1 概括了一个年级的地理课程计划，其中学校负责为整个课程制定总体纲要。

表 5-1 地理课程计划

机构	活动	结果
学校	1. 为整个课程制定总体纲要	1. 总体纲要表述 2. 具体方面指导 3. 学校时间表
学科部门或课程小组	2. 制定地理课程纲要和课程目标 3. 设计课程结构 4. 计划和准备学习单元	4. 地理纲要和指导 5. 每一课程的结构计划和理论基础 6. 学习单元计划
教师	5. 备课	7. 课堂计划和教学材料

在课程计划的制定过程中，学科部门或课程小组发挥着重要作用，以下分别从该部门承担的三项活动入手，分别介绍每一项活动应包含的内容及开展的方法。

（1）制定地理课程纲要和课程目标

地理课程纲要内容应包括：教师对地理学科性质的观点概括，对地理教育目标的总结；地理课程小组选择课程内容、教学方法和课程评估方法所遵循的原则；地理课程小组对课程准备的总结，包括对本年级学生学情的了解以及为不同水平的学生准备的差异性课程计划的解释；地理教师、地理教学设备和教学资源的分配标准。

地理课程纲要作为本年级课程实施的总体计划，还应聚焦于一些具体的地理问题，如地理对交叉主题的贡献、地理和其他学科之间的联系、地理课程中的连贯性和层次性、地理课程中的差异性（照顾到学生的不同兴趣、经历和能力、地理课程中的平等机会）。此外，还要评估学生的学习，记录他们的进步等。

对于一个学科部门来说，课程纲要的制定没有单一、简单的方法，很多都依赖于学科组长的领导风格以及成员之间的工作关系等。越是通过学科成员之间互相讨论制定的课程纲要，就可能越有效。因此，为促进课程纲要的有效实施，在制定学科课程纲要时，应先列出一系列与学科部门课程纲要相关的需要重点解决的问题（详见图 5-1）。在起草、修改和实施课程纲要过程中，应做到：充分准备（包括阅读相关文件，如官方发布的文件以及各类期刊等），快速融入部门的讨论中；与合作者交流自己的想法和观点；在部门中通过定期讨论交换意见、探求观点；监控纲要的实施，以便进行必要的调整。

1. 在什么课程中我们需要学科部门课程纲要？
2. 谁将参与这些学科部门课程纲要的制定？
3. 我们如何制定学科部门课程纲要？
4. 学科部门课程纲要的表述应该采取什么样的形式，以达到最好的效果？
5. 我们是否都充分理解学科部门课程纲要的含义？
6. 我们都同意这项学科部门课程纲要吗？如果不同意，我们应该如何消除分歧？
7. 我们的学科部门课程纲要与法规的要求、学校的总体课程纲要一致吗？
8. 我们应该如何监控学科部门课程纲要的实施？

图 5–1　与学科部门课程纲要相关的需要重点解决的问题

课程目标比较综合，它为教学计划设定了一个总体方向，这些目标反映了教师的教育理念，也反映出他们的学生对获得某种知识的期待。因此地理教师应积极、认真思考课程目标，这样的课程目标才能真正反映出教学的价值观和意图。同时课程目标还应该支持制定单个课程和学习单元更详细的目标，以地理学科为例，地理教师提出了四个课程目标，分别为“激发学生们对周围环境和地表自然与人文环境变化的兴趣”“培养学生们欣赏周围世界的美”“培养学生们对未来的环境质量和人类居住地的关注”“增强学生们保护和管理地球及其居民的责任感”。

根据上面四个宏观的课程目标，地理课程小组提出了更详细的地理学习目标，包括“掌握支持他们地理理解力的区域知识框架，以帮助学生们在地理环境下思考地方、国家和国际事件”“理解自然系统的一些重要特征以及这些系统之间的相互作用”“理解人类活动和自然过程中位置和分布形式的重要意义，各个地方如何通过人流、物流、信息流将自然、经济、社会和政治的关系相互联系起来，以及人类、场所和环境在世界范围内的相互依赖”。

地理学科部门或课程小组制定的课程目标应比国家课程所要求的要广，不应局限于学生能被显性评估的方面，这些课程目标陈述的价值在于它对教什么、如何教的影响程度，为教师保持正确的教学方向提供标志。地理学科部门或课程小组可以通过绘制课程地图来标出可以实现不同目标的路线，这些课程地图即为我们通常所说的“工作计划”或“教学大纲”文件。工作计划应包括两方面内容：首先需要具备一个结构计划，形成总体框架；然后是制定每个学习单元的详细计划。

（2）设计课程结构

课程结构是指在一个特定的学校里组成一门课程或多门课程的内容和活动的安排框架。以地理课程为例，大部分地理课程是由不同地理主题构成的学习单元，也有一些学习单元是关于一些地理实践活动的，如地图制作、地理调查活动等。设计地理课程结构需要详细说明这些地理学习单元的内容，并安排合适的顺序，这是把教学意图和原则转化为实施计划过程中的重要步骤，这种设计不能凭空完成。

课程结构应该满足学科部门的课程目标、学校和部门的政策以及相关管理部门的要求，因此在设计课程结构时，必须基于以下方面来实施：学生的能力、愿望、兴趣和经历以及为课程所做的准备。

对中学教师来说，知道学生在小学阶段已经学了什么是很有必要的，这样才能了解学生学习这门学科的一些经验。无论学生们已获取的经验是什么，他们获得的知识水平都会存在差异，因此关于如何设计地理课程的差异性来适应不同经验和知识水平的学生是十分重要的。

课程准备包括时间、师资、资源和设备，虽然这些准备大部分由学校决定，但是也可以授权学科部门组长负责雇佣人员，给教学小组分配设备和材料。教学队伍和各项准备应该根据课程内容进行组织。

课程结构计划应该在早期阶段完成，这样教师才能有更充足的时间为每个学习单元制定更详细的计划和准备教学材料。虽然设计课程结构的任务并没有严格的步骤顺序，但仍需要参与制定课程结构的教师先列出关于课程结构计划的主要问题（详见图 5–2）。此外，参与制定课程结构的教师还要做到：使自己熟悉外界的要求；根据这些要求，思考学科的课程目标和政策以及它们对课程的意义，思考学生的能力和经验，思考课程的资源(包括时间的分配)，以及思考目前的地理教学计划，确定计划的保留及更改情况；分清在制定课程结构时应该运用的原则；起草可供选择的方案，探究不同的可能性；核对最有希望的选择方案的要求和原则；选择最合适的方案，并进行进一步的完善和调整，如图 5–3 所示。

1. 我们同意课程目标吗？
   (1) 这些目标表达得清楚吗？
   (2) 它们有没有充分考虑外界的要求和学科部门的实际情况？
2. 什么样的内容和学习活动能最有效地实现课程目标？
3. 新的课程应该在原有课程的基础上做怎样的改变？
   (1) 这些改变有多广泛？
   (2) 是不是要求一个不同的框架？
4. 我们是不是根据覆盖面、广度和平衡度来选择课程内容？
5. 我们应该如何设计课程结构，使学生们在学习中取得进步？
6. 我们应该如何为地理野外调查及其他需要额外时间的活动进行准备？
7. 我们的课程结构计划有没有既支持学习的深度又支持学习的广度？
8. 我们的课程结构计划有没有使我们的课程适合于学生的经验和能力？
9. 我们应该如何区分内容、学习任务和材料以满足学生的需要？
10. 我们的课程是不是总体上一致？
11. 我们应该为评估和评价进行什么准备？

图 5–2 关于课程结构计划的主要问题

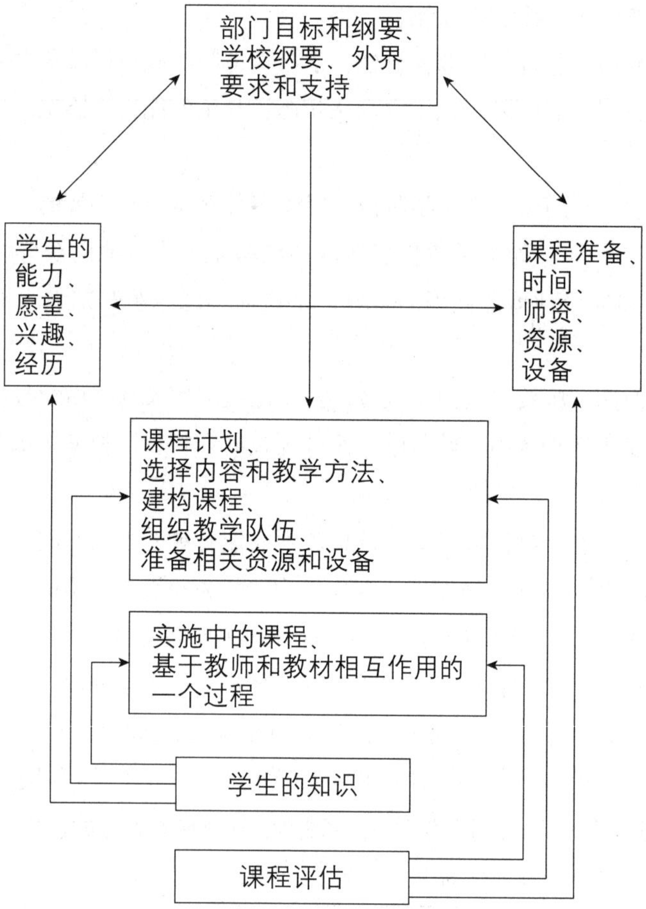

图 5–3　课程结构计划

（3）计划和准备学习单元

学习单元是课程计划的基本组成部分，设计学习单元要考虑的主要因素与课程结构计划相似，但是更详细、具体。制定学习单元计划应该把注意力放在课程内容和活动的顺序上，应该明确说明内容和活动要为之服务的学习目的、可得到的教学资源材料、评估学生学习的方法以及学习单元中各部分内容和活动的时间分配。即使是粗略的时间分配，也能便于教师了解课程实施并核查进展情况。

通过列出一些主要问题（详见图 5–4），能够更加有效地帮助教师设计一个学习单元。在制定学习单元计划时，要将学习单元包括的各部分内容之间的关系牢记在心，因此可以指派一两个有教学经验的教师来设计学习单元，但这并不妨碍其他教师集思广益。同时，为了确保学习单元能够实现课程目标，并将其纳入课程的整体结构之中，学科部门组长应该将制定好的学习单元整合为正式的课程计划，并与其他专家或其他学校的同事进行讨论，这种合作讨论是很有价值的，既能打破不同中学之间的壁垒，又能在一定程度上保证不同教师在教授同一学习单元时的水平基本一致。

1. 这一学习单元的主题或重点是什么？
2. 这一学习单元的学习目标是什么？它们与课程目标一致吗？
3. 什么样的内容最能够服务于学习目标？
  (1) 有没有其他要介绍的观点（概念，结论或模型）？
  (2) 是不是应该注意态度和价值观？
4. 哪种学习和教学方法可能最有效？
  (1) 它们会激励学生吗？
  (2) 通过这种活动会培养什么技巧？
5. 可以得到或制作哪些材料？它们有没有影响内容和方法的选择？
6. 这一学习单元对交叉主题有贡献吗？它们与其他学科有没有潜在的联系？
7. 如何设计这一学习单元的结构？内容和活动的顺序最好是什么样的？
8. 应该根据学生不同的兴趣经历和能力来区分所有学习活动或材料吗？
9. 学生的学习应该达到什么程度？在什么时候评估，这些评估是出于什么目的？
10. 应该如何评价这一学习单元？

图 5–4　关于学习单元的主要问题

呈现一个学习单元计划有不同的方法，表 5–2 以七年级地理学习单元“火山活动”为例，展示了一个可行的学习单元框架。这个单元的学习目的直接与学科内容相关，并且比较具体。这个学习单元计划的设计也有助于交叉课程主题（信息技术）的学习，有助于加强不同学科部门之间的联系，以此支持一个更连贯的学校整体课程的发展。

表 5–2　“火山活动”学习单元计划

<table>
<tr><td>课程</td><td>地理 KS3
(初中地理)</td><td>年级</td><td>7</td><td>学习单元</td><td>火山活动</td><td>时间</td><td>6 周</td></tr>
<tr><td colspan="4">学习目的</td><td colspan="4">与其他学科联系</td></tr>
<tr><td colspan="4">1. 知道火山活动的规模
2. 认识和描述火山地形——熔浆、火山锥和火山口
3. 解释地形与火山爆发类型的关系
4. 理解火山爆发的危害、本质与影响
5. 解释活火山的全球分布与地壳形式的关系
6. 充分利用不同的材料</td><td colspan="4">信息技术：使用信息技术来获得、选择、组织和表述信息
英语：为不同的目的写——描述（火山地形）；报道（一次火山爆发、危害）；解释（火山活动的原因）
科学：与地球科学的一些联系“材料和它们的属性”</td></tr>
<tr><td colspan="2">时间</td><td colspan="2">内容</td><td colspan="2">学习活动和教学方法</td><td colspan="2">资源材料</td></tr>
<tr><td colspan="2">2 周</td><td colspan="2">1. 对比分析三例火山爆发</td><td colspan="2">观看影片；查看照片和地图；阅读关于火山爆发详细描述</td><td colspan="2">影片
教科书</td></tr>
<tr><td colspan="2">1 周</td><td colspan="2">2. 火山地形——熔浆、火山锥和火山口</td><td colspan="2">比较火山爆发；识别喷出物的类型；描述地形，解释影响火山形状的因素，绘制和注解地图</td><td colspan="2">火山模型</td></tr>
</table>

表 5-2（续）

时间	内容	学习活动和教学方法	资源材料
2 周	3. 作为自然灾害的火山爆发；预测火山爆发的可能性和困难；为什么人们生活在火山地区	使用信息技术完成一次火山爆发的新闻稿——小组共同完成	照片和新闻报道 信息技术软件
1 周	4. 活火山的全球分布 5. 解释分布形式	查阅世界地图，比较地震、火山、褶曲山脉和地壳板块的分布； 教师引领学生进行简单的解释；学生在指导下记录解释	地图 教科书 适应个体差异的作业
评估方法		单元评估	
日常监控学生的作业，特别注意新闻报道和学生对火山地形和全球分布形势的解释		这一学习单元结束后，教师之间开展讨论，然后写评估报告	

这个学习单元计划意在强调内容、学习活动和教学方法以及资源材料之间的密切关系。在制定学习单元计划时，涉及的内容范围很广，可以先从一般的概念出发，如火山地形的类型，再到研究的一些实例。考虑到不同教师的偏好，为了使教师能够充分利用教学资源，一个学习单元计划可以提供多个实例。为了照顾不同学生的差异性，本学习单元计划体现出了资源材料的差异性，尤其在目标对准学生“解释地理形式、关系和进程”这一能力时，更加需要体现出这种差异性。通过“解释”体现出的理解力，通常是有明显的不同层次水平的，如“对火山活动的全球分布的解释”可以是比较简单的，也可以是很复杂的，而这依赖于理解的深度。

这个学习单元中通过日常监控学生的学习进展情况，对他们的学习情况进行评估。评估方法是多样的，教师可用测验或其他的评估方法，这些方法能够帮助教师对学生在该学习单元中的表现情况进行评估，并通过学生的学习反馈使教师认识到该学习单元设计的问题与不足，进而补充完善，实现教师自身素养的提高。

2. 交叉课程主题的学习技巧

地理教师必须意识到地理课程中英语和数学等学科能力的重要性。通过开展交叉课程主题学习，如地理课程内容与英语学科的合作，将报纸上关于最近一次地震的文章放在英语和地理课程中讨论，通过地理案例培养学生的听说、阅读和写作能力。

（1）语言技巧

教师可以在许多方面与学生交流，如提供信息、解释图表、讲解地图和概念等，指导学生学习技巧，通过不同的评语对学生进行评价。同样，学生通过讨论、回答问题，准备角色练习，完成书面作业或阅读等方式与其他学生、教师相互交流。在所有的课堂活动中，语言能够起到促进或阻碍学习的作用。

地理学科教师必须认识到专业语言在课堂中的重要性。在使用一些晦涩难懂的地理术语的时候，要考虑到学生是否能理解。地理教师必须保证教学语言与学生的语言水平相适应。

语言技巧的发展很大程度上依赖于教师，因为教师是专业的交流者，是特定话题信息的主要来源。在课堂上，教师决定着使用哪些教学策略，给口头练习设定话题和规则，决定哪个学生什么时候发言，发言多长时间。因此，教师必须保证学生发言和自身发言之间的平衡。有时候教师的讲解特别重要，尤其是在解释一些难懂的概念、技巧和观点时；但有时候教师会失去自控力，讲得太多。为了发展学生的语言技巧，教师必须确保所有的学生都有口头表达自己的机会。

在课堂上，有两种发展语言技巧的方法：小组活动和个人展示。在整个班级的讨论中，机会是有限的，不可能让每一个学生都发言。发展语言技巧最有效的方法是学生通过 3 人或 4 人一组进行学习，在这样的小组中，学生发现谈话没有障碍，因为他们能自己控制讨论，按自己的步骤进行，参与也较容易。通过小组学习，学生的积极性提高了，讨论也更加热烈了。

在地理课中，有许多机会能让学生提高口头表达能力，表 5–3 展示的是一些能帮助学生提高口头表达能力的课堂活动。

表 5–3　帮助学生提高口头表达能力的课堂活动

活动形式	活动内容
排序和分类	提供给学生随机顺序的信息（可能在卡片上或计算机上），让学生进行讨论，然后输入他们认为正确的顺序（可以使用文字处理系统）
分析照片或影片	把照片分发到小组中，让学生为照片中人物配上一段话或设计一系列问题探究照片中的人物形象；组织学生观看一段电视节目的录像，然后进行讨论；指导学生编辑一个电视节目，录下或写下他们自己的注解或说明
角色扮演练习	在小组中分发角色卡片，通过角色扮演让学生阐述对某个建议的看法，如对铁路相连的隧道的发展，这些相同的卡片可以用于公共调查
设计	地理对于设计或学习计算机是很有用的，如学生在一个学习单元末设计一个新的城镇，他们可以把他们的设计（也许是一篇新闻稿或使用计算机制作完成的作品）展示给全班同学，然后根据预先设定的标准，评价每一个设计
野外调查活动	野外调查通常包括一些测量和记录，使用这种方法能激起学生们的兴趣，并能利用许多个人的知识和观点
决策练习	给学生很多信息，包括照片、地图和数据，要求学生根据这些信息做出决定。决策练习可以很简单（如学校附近的一块荒芜的土地如何开发），也可以很复杂（如日本、加利福尼亚的地震管理计划的发展）
讨论	个人或小组准备一些当代的热点问题，班级的其他人各自搜集对该问题支持和反对的理由，并进行讨论。讨论在年龄大一点的学生中效果很好，因为他们一般都有更多的知识储备

（2）阅读技巧

阅读几乎是每一节地理课都要求的技巧。在地理课上，最常用的资源是地理教科书，而地理教科书的选择主要基于地理教科书的内容，而不是它的语言适应性，这就会导致一些学生在阅读地理教科书时存在困难。

技术用语和学科专业用语可能阻碍阅读和理解，因此教师应该在一节课的开始或在地理教科书中第一次出现新词语的时候进行解释。同时，学生们将会发现在他们的练习本的背面写下这些专业或技术用语是很有用的。此外，印刷品或电子材料可以被用来补充地理教科书中的信息，如报刊文章、有注释的照片、旅游说明书、地图等都能提供给学生丰富的信息，增加一节课的材料数量。但是，这些材料主要是为成年人写的，或者偏于某个特定的观点，因此，这些材料的阅读与理解仍需要教师加以解释和引导。

（3）数理能力

数学好的学生会发现地理课上的数理练习很容易，而其他人只要一涉及数学计算或图表就会产生害怕的情绪。地理教师能够了解这些学生面临的困难，并采取措施帮助他们是很重要的。与数学专业的教师进行讨论，可以帮助地理教师更好地理解地理教学中需要的概念和技巧。在地理领域内，观察、记录、陈述、分析信息、使用简单的数据，选择和交流信息都是十分必要的，教师可以采用常见的计算数据和陈述信息的方法。

在地理课中，复习一定的数学技巧和技术是必要的，地理教师必须创造一种氛围，鼓励学生在需要的时候公开寻求帮助。通过地理技巧和数学技巧使学生能看到数理学习与日常生活的相关性，意识到数理能力的重要性。

三、教与学

教与学在全书的第三部分（第 10 ~ 16 章）。地理学是一门强调实践应用的学科，手册围绕这个核心，在本部分详细介绍了利用地图、地图集和地球仪及实际模拟、统计表、野外调查、远程教育等方式来完成地理课程教与学的过程。该部分针对每一章内容，列举了大量实例，便于教师直接引用，实例之后提供的拓展提示对教师进行教学控制与创新也具有很强的指导意义。

地图是传递空间信息最有效的方法。因此，地图是地理工作者最重要的工具，用地图进行教学是一个地理教师的必要工作，应该渗透进地理课程的每一部分。该部分内容围绕两种地图的教与学展开——英国全国地形测量局绘制的地图和地图集，它们在地理课程中的使用频率最高。地理教师应该尽可能地提供给学生各种类型的地图，从简单的图像到复杂的地理信息图像，发展学生阅读地图、理解地图、运用地图的能力。

1. 利用地图的教与学

本部分内容主要讨论了地图和地图使用的一般问题。

（1）地图的基本特征

地图的比例尺、方向、图例都是地图的基本要素，了解地图的基本要素，能够便于学生阅读和使用地图。

比例尺表示图上距离与实地距离之比。一幅地图必须根据一定的比例尺进行绘制，制图者也必须在地图上标注出比例尺。

方向是地图的重要特征之一，通常用指向北的箭头来表示。许多地图使用者认为地图有“顶”和“底”，即“上北下南”，但这是一个并不完全正确的概念，开始阅读地图时应避免有这样的固定思维，应根据地图上绘制出的方向箭头来判断地图的实际方向。

在地图上表示地理环境各要素，如山脉、河流、城市、铁路等所用的符号和注记的说明叫作图例。因此，地图必须要标注出图例，用以解释地图上各类符号的意义。

此外，颜色也是地图的重要特征，通常情况下地图颜色是有一定规范的，就像地图符号一样，对同一地物约定俗成地使用同一种颜色，对阅读地图很有帮助，如通常水体使用蓝色绘制、草地使用绿色绘制等，这样做不容易引起学生的混淆。

（2）鼓励学生学习和使用地图

不同的地图具有不同的阅读方法和特点，只有使用过地图，学生才能真正理解这些。如何鼓励学生学习和使用地图呢？一种可行的方法是要求学生绘制出他们在日常生活中的活动路线，如绘制从家到学校的路线，或为一次校园考察活动绘制路线，这些活动都能够鼓励学生使用地图，并帮助他们理解地图作为地理工具的价值。

在刚开始学习地图时，很多学生不清楚什么是“地图视角”，也不知道如何把这与现实联系起来。此时，可以通过一个简单的绘制地图的活动，如让学生绘制自己熟悉的地方（如教室、学校、操场或运动场地）的大比例尺平面图。教师也可以让学生在野外调查的过程中绘制相应的地图，学生可能会提出如下问题：“我为什么画不出正确的地形？如何表示那座山？我应该使用什么样的符号来表示一个汽车站？”这表明学生开始理解绘制地图需要一定的规范，如比例尺和方向，以及表示居住区、汽车站、公路和地形特征等地理事物的符号。通过绘制各种类型的地图，不仅能让学生理解地图规范的重要性，同时也能让学生理解地图内容的表达是需要选取的，没有一幅地图是完整的现实世界的重现，地图表现什么或忽略什么完全取决于绘制地图的目的，学生应根据不同的绘制目的来选择并绘制不同类型的地图。

（3）在课堂上使用地图

地理教师应在课堂上鼓励学生学习并使用地图，不仅要给学生提供完整的地图以培养学生阅读、分析地图的能力，还要让学生根据所讲的内容绘制地图。这项活动可让学生知道地图是怎样绘制的，经历地图形成的过程对于学生学习和使用地图来说十分重要。

一般说来，绘制地图总是从熟悉的和当地的地理事物开始，如显示位置、地理分布、区域变化的地图等。通过绘制地图可以展示出地理事物或现象的变化（如展示出一个居住区的自然位置的变化情况），同时总结变化的原因（如周边港口的扩建发展等，使得居住区的位置发生了变化）。地理教师应把绘制地图作为课程计划的一部分，并与其他信息表现形式结合起来，同时必须考虑学生在地图理解能力发展过程中可能产生的变化。因此，教师有必要经常了解学生对地图的理解，以便于及时调整课程计划。

地图的学习和使用并没有一种固定的、一蹴而就的方法，只能根据学生情况制定阶段性目标并逐步实现目标。根据学生情况，地理教师列出学生应该掌握的地图知识和地图理解能力，并寻找机会教授给学生。表 5–4 列出了一些学习地图知识、培养学生理解和使用地图的教学实例，这些教学实例在地理教学中十分常见，地理教师可以参考这些教学实例，并结合学生情况拓展更有效的教学实例。

表 5–4　理解和使用地图的教学实例

序号	教学实例			
	地图技巧（包括地图、航空影像，卫星影像等）	使用大比例尺地图	使用地图集	使用主题地图或其他表示方法
A	测量距离 追踪路线 描述路线	当地地图 1∶25 000 地图 1∶50 000 地图	索引，经线和纬线的使用	比较地形，气候和人口地图
B	使用罗盘指示地图方向 选择合适的比例尺绘图	街道规划	理解地图颜色规范的重要意义 识别不同地图投影之间的区别	描述两幅主题地图之间的关系
C	从一幅地图中获取信息	引起当地交通问题的原因 “定位”活动 “搜查”活动	用图像、影片等比较地图	时间和活动表
D	绘制自己的出行地图 上学路线地图 一周出行地图 假期地图	学习和使用地图规范		

2. 利用地图集和地球仪的教与学

地图集在符号和内容上往往差别很大，内容一般很多。从地图集的呈现形式来看，不仅有传统纸质地图集，还有从互联网等媒体获取的电子地图集。与传统纸质地图集相比，电子地图集的优势十分明显，它可以方便地存储在硬盘上，同时便于提取和整合地图集中的数据。随着信息技术的快速发展，地图集和地理信息系统的界限已经变得模糊了，需要教师和学生学习新的技能。因为大部分学校受到硬件等其他条件的约束，所以传统纸质地图集还是十分重要的。

地球仪是人们仿照地球的形状，按照一定的比例缩小制作而成的地球模型，是重要的地理教学工具。地球仪通常需要制作得比较大，以显示更多有用的细节信息，这使得它们不便于携带与使用。目前已有有大量研究试着去解决这个问题，研发了可折叠的地球仪、可充气的地球仪等，但未来很长一段时间内，传统的地球仪仍将作为地理课堂教学的常用工具。

（1）阅读地图集

任何地图上显示的信息都是经过严格选取的，但是在小比例尺地图上的信息则更需要精心选取。在绘制小比例尺地图时，通常会遇到以下问题，需要绘制者仔细考虑：地图符号的复杂样式、地图版面和字体的样式、地图信息太多可能会为地图的阅读带来困难；外国地名的拼写可能有一定的困难；地图颜色可能造成的意义模糊（如地形图上的绿色区域表示地物海拔时，通常被读成“草地”）；等值线图通常会误导学生，使他们相信在区域的边界有一个突变，但事实上从一个区域到另一个区域的变化常常是平滑的。此外，还存在内容新旧的问题，因为地图上的信息会随着时间不断变化，地图几乎不能根据实际情况实时更新，学生使用的地图集常常是过时的。

阅读地图集时还应注意地图集可能存在“偏见”的问题。在绘制世界地图或针对某一专题绘制地图时，保持中立的观点是十分必要的，否则很容易产生偏见。因此，在阅读地图集时，地理教师必须告诉学生地图集不会完全客观地呈现世界，只是地图绘制者的一种选择。学生在阅读地图时，应关注地图集在印刷后又发生了哪些变化，因为地图集中的数据通常会滞后，如 1992 年出版的地图集里的英国人口数据仍然以 1981 年的数据为基础。

此外，阅读地图集时需要使用大量的相互关联的技能。因此，在教授学生阅读地图的技能时，地理教师不用按部就班地先教一个星期的地图符号识别，下个星期再教比例尺，然后下个星期再教识别地图方向，这样的教学是没有实际意义的。以下是阅读地图集时需要使用的一些技能，地理教师可以根据学生的实际情况进行教授。

①需要掌握地图索引和坐标技能

多数学生在看到新的地图集时，常需要一些时间浏览，那么培养学生首先阅读目录页的习惯，熟悉目录页的内容，对了解地图集的整体结构很有帮助，也能节约寻找具体地图的时间。使用地图索引也是一个重要的阅读技巧，这包括应用字母顺序和使用坐标系统的能力。字母顺序技能对学生来说需要慢慢建立，可以依据首字母、第二个字母、第三个字母的顺序依次建立索引，也可以建立更复杂的索引，如词组、连字符等。大部分学生可以通过学习使用简单的“字母—编号”的网格代码的坐标来建立索引。首先，地理教师可以提供给学生一张有边界、字母和数字的简单的网格表，指定一个地图集页面，让学生先将该页面中有特征的名字列在网格中；其次，要求学生识别地图上特定的经纬线所围成的方格，要将重点放在形成网格的线上，而不是它们之间的空格；最后，是对地图上网格线之间的空间进行划分。在练习这一读图技能的过程中，地理教师可以通过提问来巩固学生的地图索引和坐标技能，如让学生使用地图集索引找到某一地点、找出某一城市附近的河流。

②符号技能

地图集地图的符号有点、线等多种形式，用于表示不同的地物。其中，颜色是地图集中用得最为广泛的符号之一，通过学习地图中颜色的不同使用方法，学生能够方便地阅读地图。地图中的颜色可以被用来：显示国家的边界，如行政地图；显示有特殊性质的区域，如在环境地图上，同样颜色的区域有相同的特性（如所有绿色区域是热带雨林），这也需要图例来表示具体内容；显示数量，如一种颜色代表的数量比另一种颜色“多”，比如分层设色地形图。小比例尺地图意味着地理事物的特性大部分没有显示在地图上，因此大部分建筑物和交通设施等地物在地图集上很可能简化成小黑点和红线，还有很多居民点并没有在地图上显示出来，这是因为制图者制定了一个人口规模的临界值，低于该临界值的居民点就被忽略了。因此，将航空影像或者卫星影像与地图集地图进行比较，进而鉴别城市区域中的混杂图斑，对获取地图信息是很有必要的。在教学过程中，地理教师应当鼓励学生在绘制地图时也进行这种类似的操作。在提取地图信息时，仅仅通过图例来解释地图符号并不能完全说明符号的意义，地理教师必须让学生将地图符号与真实世界相联系，让学生意识到绘制与阅读地图集与现实世界的景观图片、野外考察工作都密切相关。此外，地图上的文字也是地图符号的一部分。对于地图文字的使用，也有一些约定俗成的规范，能够帮助学生在阅读时快速识别地物类型。

③比例尺的处理能力

学生可以通过使用直线来连接家与其他地方，通过列表来显示使用不同交通方式需要花费的时间，将表格和地图进行对比就可预测到其他目的地需要花费的时间。教师还可以指导学生进行一些比较来提高学生的比例尺处理能力，比如比较英国与世界其他地区的大小（英国比美国大或小多少倍呢？相比于日本或者其他哪个国家又如何呢？），这一计算过程对学生了解地球的大小也很有帮助。

（2）世界地图和地球仪的投影

理解地球仪和世界地图的内在关系对学生而言是很重要的，其中最重要的就是理解地图投影。将球面转化成一个平面不可避免会有一些变形，没有一张地图可以完全复制地球的形状和面积，因此地图绘制人员通常尝试根据不同的需求缩小误差，就产生了各种投影方式。学生需要熟悉经典的投影方式，并且需要明白各种投影方式之间并没有优劣之分，只与地图的用途有关。以下介绍两种经典的投影方式，为选择合适的地图投影提供基础。

①圆柱投影

根据特定的条件，将地球椭球面上的经纬线投影到圆柱面上，并沿圆柱母线切开展成平面，这种投影称为圆柱投影。圆柱投影中比较常用的是正轴等角圆柱投影，该投影是地图学家墨卡托设计的，也叫墨卡托投影。该投影的特点是没有角度变形，因此常用于航海、航空领域。在地图集上，圆柱投影的特殊用途是用于显示时区和气候带，因为在地球仪上距赤道相同距离的点在地图上都有相同的垂直距离。

②极坐标投影

该投影是指极地地区以圆圈显示的一种投影。在多数地图集中，有关极地的专题介绍中对该投影有清楚的说明，便于学生理解，如南极洲的真实形状或者北冰洋周围的大陆分布情况。

许多有趣的活动可以帮助学生加深理解，最简单的活动是在不同投影的世界地图中给格陵兰岛、非洲、澳大利亚和南极洲涂上颜色。因为这些区域通常会显示出面积和形状有很大变形，它们的对比往往可以引出各个投影的基础特征以及各自的相对优缺点。另一个有趣的实验是在地球仪表面拉一段绳子来表示两个地点间的最短距离，这个最短距离是“大圆”路径，通常是飞机选择的最短航线。地理教师可以让学生标注出任意两个地点，并在世界地图上画出这两点的直线距离，然后学生再试着在地球仪上指出所画出的路径。如果没有这一步，学生将很难理解为什么从伦敦飞向加拿大的飞机要先向西北运动，然后飞过北极点附近。还有一个更有用的方法是让学生为一个特殊的目的选择最合适的投影，如哪种投影方式最适合用来绘制太平洋附近的火山环状带，或者世界的热带雨林的位置以及范围，或者全球变暖导致的冰盖的范围的变化？一幅世界地图必然存在面积或形状的变形，但地图上的信息比地球仪上的信息更容易被人们记住，这是因为我们在使用地球仪时只能在同一时刻看到地球仪的一部分，需要旋转才能看到其他区域。因此无论处在任何地理学习阶段的学生，都需要了解世界地图与地球仪的关系，以避免扭曲的图像在他们的脑海中根深蒂固。

（3）利用地球仪学习经线、纬线

在首次讲解经线和纬线的概念时，推荐地理教师使用地球仪，因为地球仪最能展示陆地和海洋的轮廓。这里不建议使用专门表示政区的地球仪，因为这类地球仪往往有太多的细节，不利于经线和纬线的辨识，使用仅显示大陆轮廓的地球仪即可。以下是对认识经线和纬线的教学顺序的建议：

①地球有两个极点；

②用两根假想线环绕地球；

③经线在极点交会，它们都是“大圆”(最大程度环绕地球的线）；

④纬线不交会，并且它们中只有一条是“大圆”(赤道）；

⑤经线和纬线用度数来编号；

⑥一些纬线有特别的名字——赤道、北回归线、北极圈等；

⑦经线从本初子午线开始向东、向西编号；

⑧本初子午线并不是“天然的”，它是人为设定的；

⑨纬线从赤道开始向北、向南编号；

⑩赤道将世界分为南、北两个半球。

这些教学内容都可以通过地球仪来教授，然后地理教师可以提供给学生一幅没有标注经纬度的网格世界地图，学生可以根据所学知识将经度、纬度标注在世界地图上（记住加上N、S、E、W），并且写出特殊的经线和纬线的名称。

（4）选择合适的地图集

对于学校来说，地图集的成本比较高，因此学校在选择地图集时需要仔细思考。

从价格来看，花费与价值并不相等。将花费按页数平分，然后在可选的地图集中进行更有效的价格比较，还可以考虑购买多本时的优惠情况，以降低花费。同时，也要考虑地图集的耐用性，如硬封皮的书会花费更多，但可以用得更久。

从内容的平衡程度来看，地形图和专题图的覆盖范围要达到平衡。一些地图集提供了一些尺度合适的、信息全面的世界地图；一些地图集提供了世界部分区域的详细介绍，但覆盖面较小。在选择地图集时，要清楚现在地图集中有些材料会随着课程或考试大纲的变化而变得过时。因此，为了长远考虑，最好买一些能为目前的个案研究提供全面介绍并能与其他材料相互补充的地图集。

从清晰度角度来看，地图上信息越多就越复杂、越难阅读，地图上信息越少则越抽象，因此要根据需求选择合适信息量的地图集。同时，还应检查地图注记的易读性，所有注记都应该清晰可见。

从坐标系统来看，地图集是否有一个简单的网格代码系统或参考经纬度？或者两者都有？地图集上的网格代码应该是清晰可辨的，字母和数字应尽可能地靠近地图周围的直线，不要跑偏到图例或比例尺里面去。

从图例和比例尺信息来看，每页有一个比例尺和图例是有必要的（对年龄较小的学生以及学习有困难的学生来说是很重要的）。地图的比例尺应该标注在较为明显的位置上，应避免选择图例或比例尺只在一章开始的位置才有的地图集，应该保证每一幅地图都有一个比例尺和图例的说明，表达形式可以多样。

编辑和出版商们应尽最大的努力保证地图集的质量，并且不断提升自己的作品，一旦发现错误应及时更正或发布更正的通知，以便读者更好地阅读和使用地图集。在购买地图集时，我们应检查一下出版日期，以确保买的是最近出版的地图集。

与传统纸质地图集相比，电子地图集的优势逐渐凸显，越来越多的人开始选择购买和使用电子地图集。在选择电子地图集时，应首先考虑花费问题，事实上很多电子地图材料都可以半价或免费获取。同时，也应考虑到电子地图集的格式、许可证和网络等问题。此外，还应考虑到电子地图集的内容问题，其中清晰度、易读程度以及颜色对比等问题无论对于传统纸质地图集还是电子地图集都很重要，在使用电子地图的过程中，通常需要将地图放大、调整图例或比例尺、添加图片、获取数据等操作，那么电子地图的质量和其软件的开发程度就决定了这些操作是否能够灵活的使用，这些都是选购电子地图集时需要考虑的重要因素。

四、教学评价与预测

教学评价与预测在全书的第四部分（第 17 ～ 21 章）。该部分主要从教学评价的概念、过程和注意事项等基本常识入手，通过对“为什么评价”“评价什么”“如何选择恰当的方式”“如何进行成果的交流”“评价、记录和报告之间的关系是否清晰”这五个基本问题的问答，强调了评价过程中证据的可信度和清晰度的重要性。通过案例的形式，以阶段三学生为评价对象，从“评价准备”“评价结果及其解释”“评价的频次”三个方面对特定阶段学生的学习评价给出了一个完整的过程演绎。作为补充，该部分还简单叙述了对教师资格的评定，并简要介绍了对 16 岁以上学生的评价。

在教育评价中有两种不同的评价。一种是我们时常谈到的评价行业，它被公共考试所统辖，如 GCSE（一种水平考试）；另一种是反映教师的职业生活，构成它的基本要素是师生关系，同时也包括“打分”。国家课程评价安排的出现已经模糊了这两种评价的边界。这是因为在地理学科中，地理教师现在负责他们学生的关键阶段评价，这主要根据“教师评价”来做，这个过程虽然不像公共考试那样受严格控制，但也需要提供可靠的资料，以便于在学校中能够进行比较。

本部分涉及第二种评价：即设计评价以便为教师提供学生进步的信息，并帮助他们认清下一步的发展。

1. 评价问题

（1）什么是评价

评价是针对一定的教育任务开展的，因此，在教育领域评价有两方面的含义：一是正式的内容和程序，包括在严格条件下的书写、定时考试；二是日常的安排，包括看学生作业和听他们想说的话。因此，评价既包括常规工作，也包括一些特定的任务。教育评价就是与期待的标准相对照，教师对学生的反应进行判断，主要可以分为两类：标准——参考——按一定年龄组的平均成绩来设定；标准——参考——按照被作为学科学习目标的知识、技能和理解能力提高的程度来设定。

在教育中，普遍认可的评价的作用包括：一是形成性作用——为教师提供反馈，学生的哪些进步可促进其未来的学习；二是总结性作用——在学生学习期间和毕业时，提供关于学生成绩水平的信息；三是证明性作用——为认定资格提供可选择的方法；四是评价性作用——有助于提供有建设性意义的信息。评价形式的选择，关键是要适合评价目的，使评价原则指导整个评价实施过程。

（2）批改作业

在教育评价中，批改作业是至关重要的。因此，我们要不断地思考：我为什么要做这个？得到这个问题的答案有助于学科课程小组研制批改作业的方法，也有助于认清批改作业和教师评价两者之间的关系是互补的，且有区别的。批改作业是评价的一种形式，它可使教师对学生的作业进行及时的反馈，有助于教师和学生之间建立一种快速沟通机制，使两者之间有效且清楚地进行交流。表 5–5 提供了一个“某学科小组批改作业方法示例”。

表 5–5 某学科小组批改作业方法示例

页边标记	含义	书写标记
Np	需要加入新的段落	新段落的第一个词的位置
Run on	不需要新的段落 有些被漏掉了 全部丢失	在段落之间 应放置的位置
Sp	发音错误 画线单词，需要引用标记	如果需要，在页边写上正确的发音
Lc	把大写字母改成小写字母	在需要被改的字母上画圈
?	不清楚	
⚐	错误	
✓	好	
✓✓	很好	

在教师职业生涯中，批改作业是很重要的，但值得注意的是，在过去的培训中，作业批改这一项却很少被强调。一个地理教师提到了刚开始从教时的一些实践体会，他提到：

在评价和批改作业方面，我们没有经过多少培训，每个人都知道你必须要做。但它却有点像盲盒——很难洞察而且几乎没有人给你一些提示。那么，我该怎么做呢？好，我能从我做学生的经历中得出：批改作业似乎是简单的，它给出了一个十分制的分数，有时加上一些评论。分数是重要的，能进行比较，但我感觉到评论更具潜在价值，因此，我决定在作业返回之前，给他们写上冗长的评论。但问题是给他们什么样的分数，最后解决办法是简单的，我认为满意的作业给 7 分，比满意还好的作业给 8 分，对有缺陷的作业给 6 分。偶尔，也会有特别出色或特别差的作业超出了这两个标准，但是基本上，我建立起自己的三层次的评价体系。它很容易操作，可以给我一个学生的粗略信息，对我给他们的分数，学生似乎是满意的。

上述段落常常用来说明评价策略的缺陷，评价标准是隐藏在教师头脑中的，分数是根据隐含的标准给出，说明这种评价不太明确或较为模糊。因此，从参照标准策略转变为被标准指导的策略，其优点在于能够陈述与交流，与同事对标准达成共识，这有助于教师详述他们希望学生获得什么，并向学生明确表示期待或目标。表 5–6 是一个以这种方式设计的针对在校生的评价模式示例，在评价前，首先要决定 A 标准——能力考查中什么标准是重要的，而这些标准将成为评价标准 B 的中心。

表 5–6　针对在校生的评价模式示例

A 标准——能力考查					
1. 讨论一个特定观点的愿望 2. 参照有关文献和案例，有支持一种观点的能力 3. 评价不同种类证据的能力 4. 回答一个特殊问题的能力 5. 独立思考的能力					
B 标准——具体评价指标					
水平	知识、内容	文献引用	结构、组织	特定问题的反映	关键的讨论
出色					
好					
一般					
较差					
差					

在评价时，运用标准的另一个好处是它为师生对话提供了内容基础。一项对英国初中学生进行的调查显示：44%的 7 年级学生和 45%的 9 年级学生表示他们从来不独自和授课教师讨论他们的作业；仅有 55%的 7 年级学生和 50%的 9 年级学生表示当他们的作业做得好的时候，大多数教师会表扬他们。因此，教师应当将学生愿意与教师进行主动且积极的谈话作为一种改进目标，当然这是教师管理方面的难题，需要教师去不断改进。

（3）诊断性评价

诊断是一个医学概念，医生会根据他们所观察到的一些迹象来诊断疾病，诊断质量主要依靠医生的医术：他们的知识、实践经验以及能够发挥作用的各种辅助方法（包括病人过去的病史记录等），总之主要看医生是否能够找准病因并对症下药。类似的诊断方法对教师也是有用的，以数学问题为例，很多学生认为他们自己不擅长数学问题，虽然有些人的确在逻辑思维方面存在不足，但很显然，这种“一刀切”式的自我判断结果并不可靠，教师对于这类学生应该给予更多的关注，或者更全面地去了解这些学生，找出学生数学学习存在问题的原因并做好诊断，进而对症下药。

在数学学习中，学生自我负面形象的起源相对比较简单。以下提供的案例 A 和案例 B 是教师较为常见的两种做法，这两种做法导致了两种结果。这仅仅是数学学习中一个方面的例子，事实上，正是这样不断地累积造成了最终结果。

案例 A：学生在课堂上或在作业中经常犯错误，不能正确解答问题，教师真诚地、准确地评价他们，写一些评语，旨在鼓励学生更加专心、更加努力，但是记录在他们作业本上的是一组低分，对学生产生了消极的影响。这构建了一幅学生在数学上低能力的画面。

案例 B：学生在课堂上或在作业中经常犯错误，不能正确解答问题，教师真诚地、准确地评价他们，教师决定在下一次课中与学生进行一次谈话，三分钟的谈话揭示了学生犯错的原因，原来是学生运用了错误的运算法则，这个错误随即被纠正。再做作业的时候，学生有了更多成功，作业本上记录着这种进步。

在案例 B 中，评价不是一方面的，它由形式上的评价（有时的确是客观的）和非形式上的评价（与学生交流）所组成。与学生谈话的目的很简单，事实上谈话是一种认知活动，在学生人数较多的班级中，学生的个体差异往往是显著的，这的确很消耗教师的精力。但是诊断学生的个别差异十分重要，因为它使教师跨越了“学生不擅长数学”这个表面诊断，找到了深层次的原因，这样的活动才能有助于学生解决问题并不断进步。

在地理学习中，阅读并绘制地图活动比较难，学生面对这类问题时会感觉自身能力不足，与上面提到的数学案例相似，对许多学生来说，当学习比例尺、经纬度和等高线时，会认为自身能力不足，而产生学习阻碍。此时，如果地理教师能够给予及时且合适的帮助，通过有效的诊断性评价，就会加快学生的学习速度。

诊断性评价就是要发现如何才能帮助学生学习，它通常是多方面的。我们应采取综合的观点来评价学生，避免把学生的潜能落到单一尺度上。当教师在批改学生作业和考试试卷时，都是在特定时间、特定条件和环境下来给出成绩，因此地理教师不得不假定学生的成绩与他们的地理学习能力相关，成绩就是对学生能力的一种测量，且学生的知识掌握情况直接体现在成绩上。不可否认，成绩的确有助于教师鉴别学生的能力，诊断性评价应是可解释、可分析的，而且必须与学习者本人的学习情况相关，不能是“一刀切”式的评价。

众所周知，评价中的某些形式并不能给所有学生带来同等的效果，如在多选题测试方面，通常认为男生比女生做得更好，但事实上这只是一种偏见而已。在地理教学中，地理教师可以识别并避免进入潜在的陷阱，这种陷阱与上面阐述的非常相似，如测试学生人口金字塔或工业区位因素时，常常是考试刚开始学生就感到很难。那么作为教师从学生的这种反应中能意识到什么？怎样更好地把信息传达给学生？怎样帮助学生把那些抽象词语同化为真正的知识？在教学评价中，认定女生在自然地理或制图方面的成绩要弱于男生的假定或偏见是十分常见的，那么面对这些偏见，教师应该根据实际情况采取灵活、合适的方法，找到问题产生的根源。因此，建议教师采用一种把评价置于个体基础之上的多方面诊断性评价类型，在这种评价类型中，差异性可以通过多元的评价策略进行识别。表 5-7 提供了在地理课上可能会产生的各类评价活动结果概览，这样的评价可以有效减少在地理教学评价过程中的偏见。

表 5-7　地理课上各类评价活动结果概览

口语方面	书写方面	图像方面	其他方面
提问	问卷调查	图解、图表模型	加工产品
听	日志	概略图	游戏
讨论	报告	描绘	照片
表述	杂文	图表	
访问记录	标注	打印输出	
辩论	故事	叠加图像	
音频记录	报刊文章		
视频记录	原稿		
角色扮演	简答		
模拟	列表		
	韵文		
	论述		

思考：
1. 在上述这些评价结果中，哪些是在地理课上经常出现的？
2. 在上述这些评价结果中，哪些是不经常出现在地理课上的？
3. 为什么？
4. 在上述结果中，哪些是地理教师正在使用的？

（4）教师评价

任何教育评价都需要考虑评价本身的效度和信度。简单而言，效度就是评价能否测出它所需要测试的问题，如选择题或简答题的测试形式是否能够测量出学生解决问题的能力，这仍然是有争议的。信度关注的是外部变化对测试结果的影响，不同的阅卷者、不同样本数量、不同的完成次数等因素都影响着测试结果，信度较高的测试应该能将这些外在的影响降到最低，以保证测试结果真实、可信。

1991 年英国开始了新一轮的课程改革，修订了规程中的标准说明，形成了现行的教师评价标准。教师评价标准对评价提出了多方面的要求。首先，尽管教师批改作业应被纳入教师评价，作为教师评价整体的一部分，但它不等同于教师评价。其次，批改作业有助于获得对学生的概要性评价（即学生成绩综合评价），但它的主要目的是便于给学生的作业进行即时反馈。当教师对评价标准产生了较强的认同感和自信心时，评价标准有助于指导教师对学生地理学习成果的判断。但无论如何，教师还应考虑学生其他方面的学习成就，表 5–8 列出了四个类型的学习成就，这些类型为教师拓展学生学习成就领域提供了一个可参考的框架。

表 5–8 学习成就的类型

类型	内涵
书写表达能力	为了回答问题，从众多知识中选择并合理解释的能力
运用知识的能力	该能力强调的是知识而不是理论，强调口语而不是书写，强调调查和问题解决而不是记忆，评价起来比书写表达能力类型需要消耗更多的时间
个人和社会技能	与其他人面对面交流的能力，在兴趣小组中合作的能力，主动性、自信心和领导力
动机和承诺	面对困难的任务，有百折不挠的精神状态和自信心，这经常被看作能够取得好成绩的先决条件

教师评价不同于批改作业与诊断性评价，因为除了形成性目的之外，教师评价还发挥着判断学生关键阶段地理学习成就的重要作用，即教师需要在学生 7 岁、11 岁和 14 岁三个关键阶段的学年末或接近学年末时，给出详细的报告说明学生在地理学习上达到的水平。这一报告对学生来说具有重要意义，因此在撰写报告过程中，教师评价的效度与信度尤为重要，因为这可能关系着学生的后续评价以及学校、教师教学成效的评价。

2. 高中课程的教学与评价

在过去二十年中，高中课程评价发生了前所未有的变化。本部分内容主要讨论高中两个年级的课程改革。这两个年级所学课程是英国普通中等教育证书考试高级水平课程（General Certificate of Education Advanced Level，简称 A–level），也是英国学生的大学入学考试课程。英国高中课程的学制为两年：第一年称为 AS，相当于国内的高一，学生通常选择自己擅长且有兴趣的 3—4 门课，通过考试后获得 AS 证书，其本身也是一种独立的资格认证。第二年相当于国内的高二，学生若想继续深造，可选择 AS 阶段中优秀的 3 门课继续学习，通过考试后将获得 A 水平证书。本部分内容还介绍了教师为学生备考 AS 和 A 水平考试的两种方式。

（1）高中 AS 和 A 水平的地理课程改革

改革后 AS 水平和 A 水平考试会对每一学科的课程核心进行评价，尽管每个考试委员会可能对课程核心有不同的解释，也会采取不同的评价方式，但在统一的实践准则和课程改革的快速发展下，不同的评价模式会在将来逐渐趋于一致。

对 AS 水平和 A 水平的地理课程所开展的调查包括三个方面。

①一个主题：强调人与环境在不同的空间尺度上的相互作用，关注相互关联的系统、责任、结果以及随着时间发展产生的问题、责任和策略所引起的变化。

②选择的自然环境：它的特征、过程（陆地、大气、生物和人类），它们之间的相互作用以及随着空间、时间产生的变化。

③选择的人类环境：它的特征、过程（经济、社会、政治和文化），它们之间的相互作用以及随着空间、时间产生的变化。

这些调查研究在两个水平上的要求是不一致的。与 AS 水平的学生相比，A 水平的学生应当能够独立开展调查工作，而且必须依据调查获取第一手或第二手数据。

针对地理知识和理解力的评价，学生必须能对相关信息进行准确选择和复述。

①选择环境的位置和地理特征，它们的外在关系以及如何变化。

②自然过程和人为过程对这些特征、相互作用的影响以及这些过程的相对重要性。

③相关的概念、原理和理论。

④人类和环境在空间和时间上复杂的相互作用。

此外，学生必须能够具备以下技能。

①运用一系列的方法或技术，分析和理解位置和环境。

②选择和应用地理概念、原理、理论和方法。

③鉴定、分析、评价影响自然和人类环境关系的因素在空间与时间变化过程的相对重要性。

④理解和分析价值、观念和决策过程在地理文章中的作用。

⑤对人们使用的各种形式的数据、概念和理论的潜力和限制性要有批判的意识。

对于地理技能的评价，学生在一篇地理文章中应该体现出以下特征。

①能够选择、记录和解释大量来自一手（仅针对 A 水平的学生）资料和二手资料的证据。

②能够在大量的给定的方法论中进行选择，并做到准确应用。

③能够合理组织、介绍、交换信息和数据。

④分析、综合、批判地进行评价的技能。

⑤提出完整的问题。

⑥应用定量和定性的调查研究技能。

显而易见，评价模式必须适合这些指标，但是熟悉这些指标的人会发现，与 1996 年前的评价指标相比，这一评价模式中有很多熟悉的短语，根据这些评价方法得到的结果与以往相比并没有很多的变化。但是，依据新的课程改革要求，只有 20% 的学生能达到 A 水平，这对教学评价来说具有一定的强制性，因此接下来我们将探讨教师对教学评价的关注，探讨教师帮助学生取得理想成绩的方式。

（2）教师为学生准备 AS 和 A 水平考试的方式

由于评价标准规定只有 20%的学生能达到 A 水平，因此教师应该采取合适的方式帮助学生为水平考试做好充足的准备。表 5–9 概括了教师应在学生准备水平考试过程中提供的资源以及相关的任务和活动。

表 5–9　水平考试前的教师准备工作

资源需求	教师任务	学生活动
从委员会拿到评分表	野外实践 班级活动 课程广度	对项目的认识
对教科书的研究 以前研究的案例 地理学的评论文章 地理学杂志 地理书	顾问	选择主题
指导书（有安全注意事项）	课程顾问团	背景材料阅读 最终决定
～	证实	方法论
图书馆资源 调查统计 其他的数据资源	检查调查表的制订	信息和数据的获取 野外工作
指导书 实验要求 计算器	顾问团	绘制图标 绘制地图 实验 数据处理
文字处理器（如果允许）	顾问	第一次的成稿
～	～	检查和改正
～	发送或评价	最终的报告

注：～表示无相关内容。

教师的首要角色就是担当顾问，对学生完成任务的时间进行监督，并对学生的完成情况进行检查和评价，这并不是一项简单的工作，需要学校所有教师共同参与，包括业余的教师。担当顾问解答学生的疑问需要消耗大量的时间，以下三点注意事项可能会在学生咨询过程中有所帮助。

①建立一个约定体系，这样便于学生为咨询进行准备。

②考虑对相似的话题或者相似的问题进行分组咨询，这样就可以在正常的课堂时间开展活动。

③考虑建立一种“见证人”体系，这个体系已经被成功地应用于高等教育中，这使得每个学生都有同样的机会来询问教师。

教师的第二个角色就是为项目发展的每个阶段提供充足的资源支撑。表 5–9 中概括了一些这样的需求，这些资源已经在地理的很多领域得到广泛使用，并不难寻找。需要注意的是，在学生频繁使用的表格中需要有一个内容是指导书中的“安全注意事项”，当学生不遵守“安全注意事项”时，教师必须要进行劝说。

表 5–10 以一系列问题的形式为学生提供了一个具有指导作用的项目表，回答这些问题的过程就可以作为项目准备过程的一部分。实践证明，无论是以小组还是以个人的形式回答这些问题，都会对学生在项目测试中取得高分有很大的帮助。项目表中没有显示时间规定，因为对不同的考试委员会来讲，其日程安排总是不一样的。实践表明，从最初的观点酝酿到做好项目准备，大概需要 10 个月的时间，这不包括放假的时间。

表 5–10　项目表

阶段	提出的问题
主题选择	1. 我对什么感兴趣？ 2. 什么样的功课、阅读和野外工作吸引我？ 3. 这是一个什么主题？ 4. 我的家庭环境能够给我提供什么帮助？适合研究小问题、一般问题还是大问题？ 5. 这个主题是不是太大？ 6. 它是有关地理的主题吗？
取得赞同的过程	1. 这个题目正确吗？ 2. 我的目标是可达成的吗？ 3. 我的调查思路或方法在时间上允许吗？ 4. 我对搜集到的一手的、二手的数据有自己的看法吗？
方法	1. 需要哪些信息？ 2. 我怎样获得以及在哪儿能获得这些信息？ 3. 我将使用什么样本方法？ 4. 我将怎样处理和分析这些数据？ 5. 我将参考什么样的指导书？
数据收集	1. 我需要什么设备？ 2. 我已经准备好调查表了吗？ 3. 在哪儿会搜集到这些数据？那是最合适的位置吗？ 4. 在什么时候采集这些数据？样本的大小正确吗？ 5. 我是否被准许采集这些数据？我得到许可文件了吗？ 6. 我怎样获得二手的数据？
数据分析	1. 我是否讨论了所有的数据？ 2. 数据是否能制成曲线图？这些图说明了什么？ 3. 我是否能在地图上标出这些数据？ 4. 应该用什么样的统计方法来分析这些数据？ 5. 我是否正确地操作了实验过程？

如果学生对他们的考试成绩不满意，那么他们可以重新再做一遍来取得更好的成绩。这个改进策略有优点也有不足。那些有能力的，或者能够承担这样的压力的学生都能有效地完成这项工作。然而，学生在选择项目前还没有学习足够的课程，提前实施项目是否意味着学生对项目的选择面较窄？是否一个较差的结果就意味着学生的能力有问题？这些问题都需要谨慎思考。

学生在提交调查报告时需要用到短文写作技能，学生要想达到 A 水平，短文写作技能十分重要。学生要想写出很好的地理短文，必须考虑两种情况：第一，他们必须理解客观事实；

第二，他们必须能够理解问卷中的指令性词语，这些词语能够给考生指导。因此教师可以将这些指令性词语作为参考，指导学生在测试中取得更好的成绩，这些指令性词语及其解释如表 5–11 所示。

表 5–11　指令性词语及其解释

指令性词语	解释
分析	对一个现象或事件给出详细的描述和解释，通常使用图表和照片
评价	一个评价的指令，它意味着在对问题分类时有多种解释
概述	仅仅是概述，不用解释但必须明确该概述是完整的
分类	把一些事实、解释或者理论分类，使读者能一目了然
相同方面的比较	发现相同的要素，有时需要用比较
不同方面的比较	比较不同点和相同点，在结论中对这两个方面都进行总结
考虑的观点	评价问题可能要求你坚持一些观点，也可能同样要求你驳斥一些观点
讨论	概括并解释一系列的要素
描述	仅仅是描述，而不是解释
解释说明	给出原因或者解释，而不仅仅是描述
如何做	其他的解释方式
到什么程度	再一次评价，希望能解释你是同意还是不同意
实例	使用实例来描述和解释
到什么层次	典型的评价指令，对评价应该有几个很有力的解释，你应该说明你倾向于哪一种解释
为什么是这样	要求有一个合乎逻辑的解释
相关的解释	确定这个实例是真实的、可信的

五、资源与利用

“资源与利用”在全书的第五部分（第 22 ～ 24 章）。这一部分首先介绍了地理教学资源评估和利用的基本方法、国家课程的背景、教科书使用方案、地理课程资源的类型、技术和信息的转化等问题；其次通过实例介绍了信息技术对地理教育的支持以及地理教育中信息技术的管理；最后重点介绍了通过电视资源观察地理现象及探索宇宙等。

地理学是一门教学资源丰富的学科，就涉及的范围及运用教学资源的类型而言，地理学科内容及教学资源的丰富性都远超过其他学科。因此，如果不能充分开发并利用教学资源，就等于失去了地理学的魅力。

本部分内容旨在概述地理教学资源的范围和来源，并进一步探讨教学资源的评价和利用方法。

教学资源必须要体现在现行的国家地理课程规程的目录中，并将教学资源开发的过程和地理学思想、地理教学内容、地理技能看作一个整体，这也有利于教学资源的开发与使用。

目前的国家地理课程规程中只给出了地理教学的大致方向，重新修订的国家课程甚至删去了一些不需要的强制性规定，这在很大程度上为教师提供了灵活处理教学内容的机会。在教学过程中，具体的讨论主题与区域案例都是教师自主选择的，这也是一件受教师欢迎的事情，而开发教学资源就是实现这一目标的关键。

每一种资源都应当作为教学资源整体的一部分。教科书、报纸、影像以及网络资源等资源都在地理教学中扮演着不同的角色，都能加强教学效果和提高教学感染力。因此，在每次教学活动中，教师必须要根据教学内容选择最适合的资源类型。

1. 教科书资源及利用

在大多数学校中，教科书是一种核心教学资源，但每个学校都必须要考虑到教科书所起的作用。总体来看，教师存在着两种不同看法：有些教师倾向于“教育主要是传播知识的过程”的观点，采用的教学模式以说教为主；另外一些教师则认为学生获得知识的方法最重要，因而采用“学生自主学习为主、教师教授为辅”的教学方法，教师仅是学生学习的指导者。一般而言，前者的教学完全依赖于教科书，而后者则把教科书当作一种教学资源，仅在学生的家庭作业中体现其部分价值。

如果教科书为学生提供了大量的案例和练习，即使在专家不多的情况下，地理教师仍然能够进行高标准的地理教学。课时量也可能影响教科书的选择。如果一周仅有一节地理课，那么课文中必须要有丰富的自学内容。

同时，文字、版式和插图也是影响教科书选择的重要因素。选择的教科书能够让学生轻松阅读，并能帮助他们提高文字的简洁性是很重要的。教科书的编写者应当运用简洁、通俗易懂的文字去表达复杂的思想，便于学生阅读和理解。虽然教师凭经验能够知道什么样的语言适合他的学生，但是有时评估一本新书的文字水平却是很困难的。教师可以利用书中的词语编成“阅读能力检查”进行样本测试评价，也可以通过“排除干扰测试”进行粗略评价。对于教科书来说，如果拥有开放型的版式、吸引人的设计、简洁的句式和错落有致的段落，其评价的效果肯定强于满页密密麻麻、缺乏鲜明标题的教科书。

教科书编写者一味地追求图像系统的丰富多彩并不是一件好事。因为地图和照片虽然含有很多的信息，但是却需要辨别和理解；此外，学生从图表中获得信息需要很多的技能，而这些技能并不容易掌握，因此过多的图表信息会给学生阅读带来一定的困难。

此外，地理教科书经常要涉及道德、情感和政治观念等方面的内容。近十年来，出版者更多地关注政治导向方面的内容，在选择照片、卡通形象等素材时，作者和编辑都会很敏感。在教学过程中，师生们也要注意相关的问题。

一本教科书可能适合学习潜力大、成绩好的学生，但并不一定适合该年龄段的所有学生。因此，在选择并使用教科书时，需要根据学生的实际情况进行差异性选择，教师应给予学生一些具有建设性的指导意见，同时应该结合学生能力的发展情况进行调整。事实上，一本教科书通常没有很多空间去照顾所有读者的阅读理解能力，针对这一问题能够采用的有效方法有两种：一种方法是针对不同能力层次的读者，增补图表的注记以及相关材料；另一种方法是为读者提供课文中心内容和注释。由于教科书中存在一些不尽完善之处，因此教师要准备一些补充材料，使教科书更适用于授课的班级。这项工作可能需要随时去做，其意义相当于设计一本教科书，然而补充的材料越恰当，就意味着教师的工作量越大，这两者间的平衡很难维系。

2. 报纸、影像和网络资源及利用

英国国家课程的修订拓宽了教学资源选择和使用的途径，如在研究地貌的特点时，地理教师可以选择河流地貌展开讲解，也可以选择其他地貌类型展开讲解；在获取资源时，地理教师可以选择影像资料，也可以选择报纸、杂志等其他资料，这在国家课程规划中并没有固定的限制。

学校地理课程资源是多样的，如报纸、杂志和相关软件以及类似于地图、人口调查报告、照片、卫星影像和电视节目等公开资源，此外还有与地理工作者相关的特殊群体制作的资源，如研究机构的报告、公司发布的成果等。对于地理教师来说，如果能对大量的地理资源进行归纳和分类，并对教科书内容进行一些补充，这对教学是有所帮助的。

（1）报纸资源

地理是一门非常贴近时事的学科，英国国家课程鼓励地理教师能够从现实生活中发现这些资源并运用到课堂教学中，同时也鼓励学生关注并讨论全球话题，培养全球视野。需要强调的是，在对待论题涉及的地区时，地理教师所承担的责任不仅是要知道当前发生的事件并准备进行讨论，而且要和地理课程组的所有同事一起收集整理相关资源，筛选出可以利用的、适合在课堂上进行讨论的材料。

报纸是搜集国内外时事资料的最好来源。地理教师在对资料进行摘录后，还应将其与课文内容结合，并进行重组，这样可以最大限度地降低学生阅读理解的难度。为了更充分地了解新闻事件，还需要了解新闻事件的背景知识，这些背景知识需要学生主动地利用相关的网络进行查询。

（2）影像资源

电视和收音机节目也可以作为一种能够利用的地理资源，但是复录非教育性的广播涉及版权问题。电影也是一种地理教师可以利用的资源。当地的许多教育部门也会制作一些与本地相关的乡土地理资源，而这些资源通常由一些有经验的地理教师来制作，从而激励提升他们在写作和制作资源方面的能力。

调查表明，地理教师十分喜欢使用影像资源，主要是因为：能够让学生看到生活中无法直接接触到的地理事象；通过图像、图表和评述的组合，能够解释一个较难的地理概念或地理过程；可以呈现出各种地理现象在时间上的动态变化过程。认识到影像资源有它的局限性和约束是非常重要的，如影像难以表达复杂的地理数据、难以提供精辟的见解，而且学生也很难在影像播放的快速变化中及时接收到复杂的信息，以至于通常需要反复观看。总之，影像资源虽然可以提供丰富的信息，但绝不能代替课堂教学，它只是辅助教师教学的一种工具而已，地理教师可以在筛选影像资源时，对影像资源进行评价并记录，这不仅便于自己以后查阅资源，同时也方便同事之间共享，相关的评价表如表 5–12 所示。

表 5–12　影像资源评价表

<table>
<tr><th colspan="2">项目</th><th colspan="3">内容</th></tr>
<tr><td colspan="2">内容概述及时长</td><td colspan="3"></td></tr>
<tr><td colspan="2">适用的课程内容</td><td colspan="3"></td></tr>
<tr><td rowspan="2">影像</td><td>清晰度</td><td>很清晰</td><td>□ □ □ □ □</td><td>很不清晰</td></tr>
<tr><td>适宜度</td><td>很合适</td><td>□ □ □ □ □</td><td>很不合适</td></tr>
<tr><td rowspan="3">叙述</td><td>语言水平</td><td>很高</td><td>□ □ □ □ □</td><td>很低</td></tr>
<tr><td>发音清晰度</td><td>很清晰</td><td>□ □ □ □ □</td><td>很不清晰</td></tr>
<tr><td>解释清晰度</td><td>很清晰</td><td>□ □ □ □ □</td><td>很不清晰</td></tr>
<tr><td>图表</td><td>解释</td><td>很清晰</td><td>□ □ □ □ □</td><td>很不清晰</td></tr>
<tr><td rowspan="2">内容</td><td>地理内容</td><td>非常准确</td><td>□ □ □ □ □</td><td>不准确</td></tr>
<tr><td>价值点</td><td>基础性的
陈述一种观点</td><td>□ □ □ □ □
□ □ □ □ □</td><td>非基础性的
陈述多种观点</td></tr>
<tr><td colspan="2">其他兴趣点</td><td colspan="3"></td></tr>
</table>

（3）网络资源

光盘中可利用的信息容量远远超过教科书的容量，国家地图、统计资料、百科全书、照片、卫星影像和教科书内容都可以存入光盘中，极大地方便了地理教师整理和阅读资源。目前，一些教科书内容和教学资源已经被刻录到了相应的光盘中，出版者在出售教科书的同时，也附赠了能够配合教学活动的光盘，便于教师和学生在学习时能够便捷地获取相应的资源。

许多学校也通过互联网和电子邮件等方式与其他国家的学校进行联系，这就如同为学校提供了世界信息系统，使不同学校之间的资源得以共享。然而，随着类似系统的快速发展和使用，教师将面临信息超载以及如何有效管理信息的问题，学生也必定会遇到如何选择合适的资源的问题，这些问题都有待进一步解决。

现在比过去有更多的机会制作出高质量的资源，这一点既适用于教师，又适用于学生。虽然整理并制作高质量的资源需要花费一定的时间，但是高质量的资源对学生来说能够极大地提升他们的学习兴趣。每一个学校、学科小组都应该建立一个有价值的电子资源库，将目前认为有用、有价值的资源都分类并整理到资源库中，以备随时查阅和使用。

在查阅并整理电子资源时，需要熟练掌握计算机技能。在这一方面，许多学生比教师更熟悉处理网络资源所必需的技能，虽然学生可能缺乏资料适用性的判断能力，但是他们能够在复杂的网页或软件界面中熟练地操作。因此，与学生相比，教师应该尽快提升自身的计算机技能，提升熟练整理、查阅及研究资源的能力。

六、要素管理

“要素管理”在全书的第六部分（第 25 ～ 28 章）。这部分内容主要将学校教育视为一个工作团队，认为组员之间、学科组之间、学科组与学校之间的工作以及教学资源都需要进行管理、评价和改进。其中，手册对每个部分都给出了具体的评价内容、标准、操作流程以及评价结果和改进建议。这个部分重点强调了团队合作和领导能力的重要性。

地理教育评价不仅限于学生成绩的评价，它还应包括对教育全过程的评价，并且该评价应作为教学、课程和学习效果与质量的重要反馈。教育评价应由专业人员、学校、教师、家长与学生共同参与，并且教育评价计划与标准应该公开透明，根据不同学校的实际情况，采用合理的团队自我评价方案，通过评价每一个教师的教学进展情况来评价教学质量，进而促进教师自身水平的提升。

1. 制订团队评价计划

合作撰写团队发展计划是十分重要的，在这项计划中，尤其是在课程管理的部分，必须清楚地列出下一学年工作评价体系的目标，每一位教师都应该努力实现这一评价体系的目标。这一评价目标只能根据采集的数据和信息进行预设，再根据实际情况及时进行调整。

专业教育评价机构发布的监督报告显示，在规模较大的一些中学，依旧存在教师没有任何内在监督机制，完全自主评价学生成绩的现象。且评价形式只有固定的两种：一是以周为单位的书面或口头评价；二是非专业的、简单的逐字逐句的成绩评价，这都是令人难以接受的。事实上，教师需要连续性和统一性的评价标准和计划，需要采取专业、公开、透明的团队评价方案，以便于他们能够结合标准更好地评判自己的工作效果。

同时，学生有必要参与学校和教师团队评价计划的制定。对学生来说，如果想要提升独立性和责任感，他们就必须明确知道自己想要什么。因此，每门课程都必须提供学生手册，其中应该包括课程评价的相关细节，即如何进行评价、何时进行评价等内容。此外，学生手册中还必须说明学生应该如何获取学校资源（即如何从学校和教师处获取有利于学习的各类课程资料，包括学校构建的资源库资料、图书馆或资源中心的开放时间、学校购买的计算机软件等），以此来增强学生获取数据和信息的能力。

制订团队评价计划需要花费一定的时间，不应该仓促行事。在学科团队的发展经费被批准后，就可以开始着手制订评价计划，如 9 月开始新学期，学科团队评价计划及团队手册应在 6 月底之前完成，7 月和 8 月完成教师工作日程手册和学生手册，以便于新学期的顺利开展。

2. 实施团队评价计划

要评价一个团队的表现情况，首先应该对团队的首要任务有一个清晰的认识，那就是高质量教学。一旦达成共识，为了这一目标的实现，团队就必须拥有评价标准，最佳的标准在于教师在课堂教学中真正与学生沟通的教学经验。在这种认识的基础上，诸如教师发展、成绩评价形式和水平、策略的形成、学生的组织方式以及师生比等都应该作为制订团队评价计划的重要参考因素。有关这方面的讨论通常会引发人们极大的兴趣，但却很难在课堂实践中立竿见影，需要从课堂教学中获得反馈并逐渐改进。

教学质量评价必须包括评价准备阶段、课堂教学和科研投入情况，就此来说最有效的途径就是从一开始就与本学科的同事或其他学科的同事合作制订并实施评价计划。事实上，与其他学科的同事开展交叉合作更能客观地评价学科的外在表现，如数学教师在观察并评价学生地理计算、推理能力方面会有所帮助。在实施团队评价计划的过程中，每一位教师都应该积极参与，并共享自己的备课与教学任务，这样能够有效推动整个团队的进步。

如果学校预算允许的话，专家组每学期应该至少召开一次教学工作总结会。会议应该从课堂教学和科研两个方面总结团队教师的教学质量，以便于修订团队工作计划，进而推出可以协调学期或学年的教学工作计划。只有通过细致的、常规的教学过程回顾，一个团队才能开始自我评价并不断地进步。表 5–13 列出了一个学校团队在一学年召开的两次团队教学回顾研讨会上的讨论议题。

表 5–13　团队教学回顾研讨会的讨论议题

第一学期	第二学期
1. 团队书面材料的上交情况如何？不同教师在对教学材料的风格、阅读水平、技能和任务范围的把握方面是否一致？ 2. 教师是否根据学生的不同能力水平给出了具有针对性的教学材料？材料是如何筛选、调整的？ 3. 在对学生提问的反馈以及在学生手册中的任务解释方面，教师的口头及书面表达是否有效？ 4. 每个教师的方法、风格及策略对学生的影响如何？ 5. 当初规划的方案是否需要调整？	1. 学生普遍在哪些学习任务中的哪些部分做得较好？哪些部分容易出错？为什么会出现这种情况？ 2. 资源的特性（书面的、视觉的等）对于帮助或阻碍不同学生学习的影响程度如何？ 3. 学生通过什么策略或活动完成学习任务的？为什么？ 4. 对学生来说，不同的学习任务会导致不同的结果吗？ 5. 学生如何有效地反馈他们是否已经清楚并完成了学习任务的要求？ 6. 所有学生都完成的家庭作业是否适合学生的能力水平？如果有学生没有完成，那么原因是什么？应当如何应对？ 7. 家长对教学工作怎么看？ 8. 教师对学生潜在能力的期望是基于对学生的能力评价而得出的，那么学生是否能够按照这种期望去学习？ 9. 这一回顾对于教师教学和学生学习有什么启示？

第一学期的团队教学回顾研讨会中重点讨论的核心是：在目前和将来的教学中，教师应采取何种方法来提高教学质量。如果没有这样的一个着重点，可能只会增大教师日常工作的压力，背离了研讨会举办的初衷。第二学期的团队教学回顾研讨会可以看作是有关学生学习方面的问题的讨论，重点着眼于对学生学习质量的真实评价。将学生包含于对他们自身的评价系统内，能够有效促进学生发现适合于自身进步的方法，但讨论不应该仅局限于为学生制定个人发展计划。此外，将家长包含于评价体系中也可以加强合作关系，通过家长会、公开的研讨会等活动，能够有效获取家长对教学工作的支持程度方面的意见，甚至一些家长还能够针对教育研究中的问题提出建设性的意见，共同促进教学质量提升。

七、16岁后的成人教育

16岁后的成人教育在全书的第七部分（第29～31章）。这部分内容主要包括四项：一是职前困惑，主要介绍英国《全国通用职业标准（GNVQ）》包括哪些内容，阶段如何划分，学生必须做什么等；二是大学地理，大学地理有广阔的课程范围、众多的学生及学习方法；三是教师培训，主要有能力规划、学科知识、学科应用、班级管理、学习过程的评价和记录、进一步的专业发展和能力评价等方面的内容。四是“我们会和地理走多远？”主要介绍地理人需要提供什么，哪些是与地理对口的课程和职业等内容。

在新的需求下，地理教师怎样才能提高自己的职业水平呢？本部分通过框架说明学校对地理教师培训的经验。

1. 学科知识

地理教师应该具备两类知识，即地理学科知识和地理教育知识。现代合格教师应具备：对专业知识、概念、技能及其在学校课程中的地位的理解；对国家课程目标、所教学生、教学大纲和教学要求的了解；对超出学校教学大纲和考试大纲的知识的储备。

2. 课程实施

地理教师只有学科知识是不够的，还需要地理教师具备在课堂上利用这些知识的能力。合格的地理教师能够：同时考虑国家课程目标和学校课程目标，使之系统化；保证课程与班级之间的连贯性；提出适当的要求和期望；根据学生的年龄、能力和认知水平，运用适当的教学策略；授课时语言清晰，举止端庄；学生语言表达和交流能力得到培养；注重培养学生选择合适的资源，包括信息技术。

课堂教学环节包括备课、上课、评估与反馈。

（1）备课

备课对于新教师而言是必要而且漫长的过程。备课要求教师运用不同方面的知识和能力，包括方法、活动、资源的选择等。教师应具备熟练利用各方面的资源（如录像、信息技术和新设备等）对教材进行分析的能力。备课通常意味着对大量工作的取舍，少数教师能熟练地确定目标、活动和内容，大多数教师往往需要同事的帮助。学校应该为教师备课提供所需的资源、设备和所教学生的具体知识水平情况。

（2）上课

虽然课堂是教学的核心，但它所占用的时间比其他环节要少，从某种意义来说，课堂是以教师花费大量时间备课和评估为基础的。学生需要使用各种方法、活动和资源进行课堂学习。

（3）评估和反馈

对课程的评估通常有以下四种形式。

①书面评估。这是最常用的评估形式，通常由一系列问题组成：学生学到了什么？我学到了什么？我是如何进行教学的？我学到的知识会如何影响这个班下一次课的计划？

②能力表的运用。学生单独用此表或和教师一起来确定本节课完成的内容。

③杂志。这种形式更加个性化，通常包括课前、课上、课后的参考书的观点，杂志在帮助学生处理重点、难点和教学高潮方面更有价值。

④课后讨论。和学生、教师进行课后讨论是很有意义的学习过程，这也具有一定的挑战性。培训教师最有效的方法之一就是让教师和学生一起在学校工作。

3. 课堂管理

有能力的教师应当能够：在特定的目标下，明确集体、小组、个别学生的授课时间；为学生创设有目的、有序的情境；计划对有效教学者的合理奖励；激发学生的兴趣。

此外，地理教师还应具备的其他能力中有两点是最重要的：一是带学生走出学校的方针和程序，二是在地理实习中有组织学生的能力。

4. 评价和记录学生的学习进步

对学生的评价常常是被忽视的技能。教师需要接触大量学生才能逐步形成这些能力。

评价和记录学生的进步，有能力的教师应当能够：运用国家课程目标确定学生目前所掌握的水平；判断每个学生的水平与平均水平之间的差异；系统地记录每个学生的进步；在教学中使用这种评估手段。表 5-14 提供了一个评价和记录学生能力的示例。

表 5-14　评价和记录学生能力的示例

评价学生的学习	设计评价活动	让学生广泛参与	读有关评价文献
和学生讨论 家庭作业、课堂作业打分 测验打分 让学生个人评价 学生进步记录 学生的其他贡献	建立不同的评价体系 每单元后组织考试 为考试设计打分标准 用数据分析成绩	研究其他课堂录像记录学生进步 研究其他学校学生的作业 研究 SCAA 的书面报告 研究客观考试	SCAA 文件 考试公布表 报纸和专业期刊 教科书和专业期刊上的文章

5. 更高职业技能的发展

许多年轻地理教师职业技能有限，他们需要在掌握必要基本技能的基础之上形成和发展如下能力：了解学校在社区中的位置；明确教师的责任；形成与导师、同事、家长的良好的人际关系；理解个别差异包括社会、心理、文化；识别学生多样性的能力，尤其能发现天才学生；判断特殊教育需求和学习难点的能力；对学生学习的自我评价方法，包括教师期望对学生的影响；有准备地培养品行端正而且理想崇高的好学生。

第二节　德国中学地理教师教学用书

一、德国中学地理教学

德国教育的立法权属于国内各州。因此，德国中学教育的学校形式在各州的情况并不完全一样。德国学生进入中学学习无须进行统一考试，小学（包括定向阶段）的成绩、教师的鉴定和家长的意见将决定学生升入哪一类中学学习。中学的类型有主体（普通）中学、实科中学、文理中学和综合学校。

根据对德国北威州学校的考察①，在课时设置上，地理课在文理中学、实科中学、普通中学以及综合学校 5 ～ 6 年级的课时是每周 2 小时，7 ～ 10 年级的课时是每周 4 小时，而 11 ～ 13 年级的课时是 0 ～ 3 小时不等。以前，德国没有统一的地理课程标准。但 1995 年国际教育成就评价协会的研究结果和 2000 年的国际学生评估项目表明，德国学生的科学成绩并不理想，甚至低于世界平均水平。这一事件引发了德国 21 世纪以来的教育大改革，开始建立国家教育标准。2004 年，数学和科学教育的国家标准在德国 16 个州同步实施。2006 年，德国地理协会颁布了《德国中等学校证书地理教育标准》，随后进行了多次修订。此标准提出中学生应该具备专业知识、空间定位、交流和评估等能力素养，要求为德国培养更具地理视野的年轻一代。

在课堂教学过程中，地理教师一般不会讲授教科书上的所有内容，而是依据自己对教科书的理解，选取一部分内容进行教学，如有的地理教师只从教科书上的 7 个章节中选 3 个章节进行教学。上课时地理教师会发放很多相关的复印资料。在学习方式方面，学生通过听讲、阅读和讨论等多种方式获得地理知识和技能。地理教师重视利用真实的社会、政治、经济等问题，引导学生思考讨论，提升个人在社会问题上的决策能力，培养学生的地理批判性思维和价值观念。在教学方式方面，德国地理教师重视师生互动，对于学生学习的自主性和自由度关注较高。德国班级的学生人数较少，课堂上地理教师多使用问答教学策略。学生在查阅资料和解决问题的过程中也学会了搜集、分析以及处理信息的途径和方法。在教学评价方面，以开放式问题为主的结果性考试评价占据较大比重，但平时课堂表现能够显著影响到总评成绩，这使得教学总评成绩更为客观。

二、德国中学教科书与教师手册

德国各州具有相对的教育自主权，可自行组织编制本州的地理教科书。中学阶段的学校类型多样，所需要的地理教科书也就不同，因此，各州至少使用了三种不同的地理教科书进行教学。此外，也有一些学校使用英语版本的地理教科书，以期在学习地理课程的同时提高学生的英语水平。由于地理教科书是学生按年级循环使用的，其开发成本大，但后期印刷和使用成本较低。

① 张海，曹莉莉．德国中学地理教学考察 [J]．地理教学，2021，（2）：52−55．

德国维尔茨堡大学教授迪特 · 伯恩在《地理教科书的编写方法》一文的第二部分“教科书与教师手册”中，分析了教师手册的重要性以及教师手册的结构，我们转载如下。

1. 教师手册的必要性

大部分的教科书没有配套的辅助参考资料，这是很遗憾的。手中没有一本教学参考书，许多教师只停留在讲解材料的水平，他不清楚每一课时的讲授目的，特别是意识不到教科书编写的总目的。如果教师陷入教科书之中，而认识不到学习教科书的目的，怎能让学生学好呢？试举一例，许多教科书将中国农业生产的成就归结于两个因素：自然地理（确切地说是气候条件）和各种农业政策。教师是这么教的，学生也是这么学的，但这太简单了，说明不了问题，学生还应懂得它们之间的关系。这个例子应有三个认识：人可以适应自然地理条件，如选择作物种类；人可以克服自然地理的障碍，如进行灌溉和施肥；人可以利用经济政策进行革新，革新和改造能使人们更加充分地利用大自然的潜能。

让学生知道学习目的很重要，这一点只有通过每一单元的学习才能达到。许多学生不喜欢地理课，因为地理课对他们来讲是一个“大杂烩”。每节课地理教师讲授一些内容，学生学习一些内容。但是学生并不知道，为什么要讲授、学习这些内容？例如上面的例子，为什么德国的学生要知道中国的农业状况？其实把结果告诉学生——即刚开始中国农业保证不了供应（温饱问题），现在能够越来越好地解决吃饱肚子的问题了——这样就足够了。学生按照这样的逻辑掌握了方法，他们的认识就能超越教科书，更好地认识到中国农业所取得的成就。他会认识到：政治决策的好坏会比自然地理条件更容易带来成功或者失败。学生会将这一认识运用到其他领域中去，地理会从一个“大杂烩”转变为一门揭示规律的学科。

所以，对于一本教科书来说，教师手册是必不可少的。它更清楚地表达了教师应讲授的意图。教师手册的主要目的并不在于帮助那些在地理学科上训练不够的教师，而是要给学生与教师指出更大的内在联系。

2. 教师手册的结构

教师手册的结构必须与学生用书的结构相同。教科书每课的开始都有一段较吸引人的课文，目的是引导学生继续读下去；与学生用书不同，教师手册一开始就应该指出本课应达到的目标，且该目标要进一步细分。首先将这一课时的专题放在整个问题中去看，然后再阐明本课时的目的。还是以“中国农业的成就”为例。首先将这一专题放入整个问题中去，即一个社会在人口成倍增长的情况下是怎样做到在短短的几十年内不仅消除了贫困，而且达到了一定的富裕水平？这样可以使学生马上认识到，农业问题不是孤立存在的，同样的问题也存在于工业、第三产业、国家基础设施中。这样学生会认识到中国在许多领域追求的目标。最终通过学习完成该课时的学习目的——适应自然、改造自然、改造社会条件。

三、《地理教学法—概念》介绍

1. 出版目的

《地理教学法—概念》一书是德国维尔茨堡大学地理系迪特·伯恩教授所著，我国学者王民和周美琪翻译，由北京师范大学出版社于1997年出版。该书简明扼要地介绍了地理教育领域内所用的词汇（并非简单地罗列地理科学和教育学中的概念）。收编概念的挑选按照实用性的原则，涉及教学大纲、测试题等方面。收编的概念主要为地理教学法文献中的概念，局部也采纳了地理科学和教育学范畴内对某些地理教学法意义重大的概念。

《地理教学法—概念》出版的目的主要涉及以下四个方面。

① 创造为大多数地理教学工作者所接受的定义层次。因此书中的概念多为中性的总汇，是讨论现状的客观反映。

② 使研究者获得扼要的总体认识。

③ 为地理教师提供能破译地理教学法文献专业语言的手册。

④ 使地理学家、教育家和其他学者了解地理教学法的专门术语。

2. 特点

《地理教学法—概念》一书是一本地理教学法词典。但就其促进地理教育科学发展及指导地理教学实践的意义和作用而言，其功能已远远超过一般的词典。

首先，该书有助于推动地理教学法学科的理论建设工作。成熟科学的理论体系一般是由该学科的概念系统、原理系统和方法系统所组成，而概念系统是后两者的基础。该书全面地收集了地理教学法学科常见的概念，并对这些概念进行了较为深入细致的分析、整理，促进了地理教学法概念的形成，对我国地理教学法的研究工作有一定的启示作用。我国学者可以在此基础上，结合国内实际情况，构建地理教学法理论体系，推动地理教学法学科的发展。

其次，该书对地理教学研究有较强的指导作用。通过词典的形式将地理教学所需要的概念汇集到一起，为教师快捷查询、提取信息创造了有利的条件（在本书中，词条按照德文字母表顺序排列）。并且，在对概念进行明确定义后，还从该概念的地理教学法意义及主要文献来源等方面进行了进一步说明。这不仅有利于教师正确理解地理教学法概念，而且还为我们进行与概念相关的教学研究提供了背景材料和必需的基础材料。

全书包含180多个词条，也可以说是地理教学法的概念。为了让读者能更清楚地了解，我们把180多个词条列在下面：现实性、（地理）普及教育、一般地理学的宗旨、年龄适应性、附近空间的分析、直观教具、就地工作、工作书页与信息书页、工作手册、工作夹、地理课的工作手段、工作带、地理课的工作技巧（工作方式）、工作透明体、工作方式、地图集、地理课的任务、校外学习、询问、概念和地理学概念系统、观察过程、地理课的决定因素、地理学的思考方法、企业考察、有关科学、图片、地理课的教学任务、方块图、方块线图、地理课的生物分布学宗旨、地理课中的电脑、教学过程理论的宗旨、教学过程理论、生存基本功能、覆盖薄膜、地理课的决定因素、图表、地理学的教学法、教学法的缩减、生动的原则、对地理课产生影响的因素、个别情景、基础化、发现式的学习、空间领会（空间思维）的发展、地理学作为科目名称、地理课手册与地理课夹、地理课活动、示范性的宗旨、参观旅行、实验、地理学专业教学法、课堂内的专家、专业教室与地理教室、学科综合与学科联系、情况研究、野外作业、影片、地理教学法的研究方法、研究项目、功能草图、集体学（社会学、政治世界学、政治）、地理课的遗传进程宗旨、地理学作为学科名称、地理教学法、地理教学法的丛书和期刊、地理课的性别特征观点、地理课中与社会有关的宗旨、地球仪、基本生存功能、基本功能、行为方向、家乡、家乡学的宗旨、历史性宗旨、独特性的原则、信息书页、投入价值、漫画、地图、地图草稿、指导理解地图、注释地图、统计图表、儿童针对性、考试、集中圈、决定内容的准则、文化大陆、各国地理学、各国地理学宗旨、各国地理浏览、各国地理学模式、概况学、景观概要、景观绘图、教学用具、教学计划、教学漫游、测试成绩、学习检查、学习材料、地理课的学习游戏、学习目的、学习目标检查、学习目标的检查等级、学习资料、航空照片、卫星照片、航天照片、比例尺、媒体、心理地图、方法论、模式、博物馆、以规律性为基础的原则、生态学宗旨、辨认方向、原物观察、原物对象、全景图与全景地图、科学思维范式与科学思维范式的更替、课内人物、自然地理学宗旨、天象仪、详图和草图、部署游戏、规划教学法、地理课的政治宗旨、轮廓、预测性宗旨、项目、进程宗旨、心理角度、能力、截面、空间表现能力、领会空间、空间概念、空间科学教育研究规划、缩减、区域分析、区域地理宗旨、代表性的确定原则、角色游戏、情景绘画、沙箱、卫星照片、图解画、针对学生为方向、教科书、学校电视、学校广播、模拟游戏、社会地理学宗旨、地理课的游戏、螺旋形教学计划遗迹与寻找遗迹、结构分析、结构网络、黑板画、日地运行仪、测验、课文、按地区排列的主题式地理学、地形学、迁移、环境教育、授课漫步、课程规划与课程设计、授课原则、简化、比较、感知地理学宗旨、地理课的价值教育、空间作用的价值观、观察天气、科学针对性、数学和统计、地理课的绘画、中心科目地理、地理课的目标。

第六章

中学地理课程资源的建设研究

第一节　校内地理教学的环境条件建设

一、《普通高中地理课程标准（2017 年版 2020 年修订）》中的相关要求

注重地理图书、地图、挂图等图书资源建设，收集国内外地理教科书、地理图册、挂图、地理填充图册、地理教学参考书、地理练习册等。注重地理教具、学具的开发，包括地理教学图件、地理教学标本（如土壤、矿物与岩石标本）、地球仪、等高线地形等模型、天文望远镜、天球仪等地理教学器材等的配备建设。加强地理园、气象观测站、天象馆、天文台、地理橱窗、地理实验室等的建设。根据学生选课、走班教学等要求，逐步建设地理专用教室，研制相关地理课程的地理实践手册，如地理户外活动设计、地理模拟实验手册、社会调查方案等，从软硬件两个方面完善地理教学条件与环境。

二、地理实践课程资源

1.《昆明乡土地理》初中校本教材①

（1）教材开发说明

“昆明历史文化景观”选自《昆明乡土地理》校本教材第一章第三节，本节内容包括昆明老城建筑特色及保护、昆明民俗文化景观两部分，内容的选择以《义务教育地理程标准（2011年版）》为依据，对应课标“利用图文材料说明家乡主要地理事物的变迁及其原因”。昆明是一座历史文化底蕴深厚的城市。昆明位于我国西南边陲，三面环山使得它的文化较为封闭，形成了自己的独特魅力；加上古代西南丝绸之路以及近代抗战时期经济文化西移的影响，使得它的历史文化景观兼具包容性特点。老建筑、民俗文化、历史文化是这座城市最具代表性的三个方面，也是昆明历史变迁最好的见证。

在“昆明老城建筑特色及保护”这一目，编者选择了金马碧鸡坊、官渡古镇、一颗印建筑作为昆明老城的代表性建筑。金马碧鸡坊是昆明的标志性建筑，是老昆明人智慧的结晶；官渡古镇是外来文化遗存的代表，见证了昆明在南诏时期的繁华；一颗印建筑是昆明典型的传统民居，在一颗印建筑身上更多体现的是昆明独特的地理环境印记。随着城市的不断扩建，很多建筑面临被拆除的威胁，这些建筑一旦消失将不再复得。本节内容穿插了例如“老建筑是否该保护？”“如何保护？”“如何解决城市发展和旧城保护之间的矛盾？”等思考题，希望引起同学们的思考和讨论，并得出具体的解决办法。

在“昆明民俗文化景观”这一目，编者选择了昆明花灯和调子作为代表，这两项是极具

① 李群芳．初中阶段《昆明乡土地理》校本教材研究与开发初探[D]．北京：北京师范大学，2016．

昆明特色的非物质文化遗产。文化需要传承和发展，只有不断地让世人去了解并喜欢它们，它们才不会被新时代所遗忘。

本节活动课内容是“寻找老昆明地标”，希望学生利用课余时间走访老昆明的建筑，去了解这些地标建筑的历史背景、现实意义及保护现状，激发他们保护昆明历史文化的责任感和使命感。

本节节末设置了资源拓展环节——推荐学生阅读《昆明往事》一书，希望通过阅读更多地去了解这个城市所经历的历史，以及老建筑、民俗文化存在的意义和必要性。

（2）教材编写模式

《昆明乡土地理》教材选择“专题式”教材编写模式。教材目录如下。

1. 古滇遗风
    1.1 昆明地理位置的优越性
    1.2 昆明老城的布局
    1.3 昆明历史文化景观
    活动课：寻找老昆明地标
2. 昆明的“国际范儿”
    2.1 交通中心
    2.2 经济中心
    2.3 政治、文化中心
    2.4 打造“大昆明”
    活动课：昆明城市规划馆的参观
3. 我们的“母亲湖”——滇池
    3.1 地震断陷湖泊
    3.2 昔日“母亲湖”
    3.3 滇池的污染与治理
    活动课：滇池环境地图绘制（基于滇池环境调查）

（3）教材编写内容选择

根据《义务教育地理课程标准（2011年版）》对教学内容的要求，在教材开发原则的指导下，《昆明乡土地理》编者构建了教材的结构体系（如表6–1所示），并将其与课程标准对应起来，便于在教材编写过程中把握教学重点。

表6–1　《昆明乡土地理》教材的结构体系

专题	节	目	课标要求
1. 古滇遗风	1.1 昆明地理位置的优越性	● 自然地理区位 ● 经济地理区位 ● 政治文化地理区位	运用地图，描述家乡的地理位置，分析其特点

表 6–1（续）

专题	节	目	课标要求
1. 古滇遗风	1.2 昆明老城的布局	● 昆明城址变迁 ● 昆明城市发展轨迹	
	1.3 昆明历史文化景观	● 昆明老城建筑特色及保护 ● 昆明民俗文化景观	利用图文材料，说明家乡主要地理事物的变迁及其原因
	活动课：寻找老昆明地标	● 寻找老城建筑	
2. 昆明的“国际范儿”	2.1 交通中心	●“最国际范”铁路网 ● 四通八达公路网 ● 中国第四大航空港——长水机场	了解家乡的对外联系现状，认识家乡进一步改革开放的重要性
	2.2 经济中心	● 高原特色农业——花卉 ● 文化旅游业 ● 国际商贸中心	
	2.3 政治、文化中心	● 政治中心 ● 文化中心	
	2.4 打造“大昆明”	● 构建滇中经济圈 ● 建设桥头堡新高地	
	活动课：昆明城市规划馆的参观	● 了解昆明城市布局现状 ● 了解昆明的城市职能 ● 了解昆明城市规划	了解家乡的发展规划，树立建设家乡的志向
3. 我们的“母亲湖”——滇池	3.1 地震断陷湖泊	● 滇池名称由来 ● 滇池的地理位置 ● 滇池的成因	利用图文材料说明家乡主要地理事物的变迁及其原因
	3.2 昔日“母亲湖”	● 滇池的地理环境 ● 滇池的功能	举例分析自然资源、自然灾害对家乡社会、经济等方面的影响
	3.3 滇池的污染与治理	● 滇池污染的原因 ● 滇池污染的危害 ● 滇池的治理	1. 结合实际说明家乡的生态环境状况、存在的问题以及改善措施 2. 举例介绍家乡在开发、利用、保护自然资源方面的情况
	活动课：滇池环境地图绘制（基于滇池环境调查）	● 污染现状调查 ● 治理政策	

三、自然地理野外实习方法教学材料

地理学是一门实践性很强的学科。野外实习是验证和理解课堂所学理论知识的重要途径，本部分主要从野外实习的前期准备、野外实习的方法、野外实习过程中的数据记录手段及野外实习报告四方面阐述教学材料。

1. 野外实习的前期准备

（1）资料准备

搜集或查阅与实习区域或地点有关的地质、地貌、气候、水文、土壤、生物等方面的文献资料或图片，一方面了解当地自然环境的基本情况，另一方面也为野外实习和独立观察与判断做准备。

准备一套比较完整的实习底图。其中，地形图是野外实习的必备基础地图，其比例尺应根据实习区域范围大小、自然环境的复杂程度来选择。

（2）装备准备

准备好必要的仪器和装备，如望远镜、罗盘仪、地质锤、气压计、放大镜、照相机和样本袋等，并根据季节的变化准备遮阳帽、雨衣、防晒霜等生活用品。

（3）观察点和观察线路的选择

野外调查的最基本方式是进行实习区观察线路调查和观察点观测。观察点和观察线路的选择直接关系到野外调查的效果和效率。最基本的思路就是从单个观察点入手，将多个相关的观察点连成一条观察路线。

观察点尽量选取能观察到最具典型性和代表性的自然地理现象的地点，或能反映自然地理要素间相互关系的地点。通过对这些观察点的观察，既可以验证所学理论知识，又能获得启发思考，进而发现新的问题。

观察线路的选择要遵循以下几个基本原则：能穿过实习区所有自然地理单元；能观察到尽量多的自然地理要素；能穿过典型的地质剖面、植被类型分布区等；能到达实习区中自然地理方面最有意义的地点，如山顶、谷底等；注意沿地貌走向进行观察线路的选择；进行观察线路调查，尽可能不走重复路；野外情况复杂，选择观察线路要注意安全。

2. 野外实习的方法

（1）实地观察

实地观察是有目的、有计划地运用所学知识和科学工具，对自然环境和人文现象进行考察的研究方法。想获得好的观察效果，要有好的习惯：腿要勤，多走一些路，可能会观察到更多的自然现象；眼要勤，多观察，多发现问题；手要勤，多动手，尤其是在观察土壤、岩石性质方面，如质地、结构等，从中发现某些特殊性并及时记下来；脑要勤，多练习运用课堂所学知识进行思考与比较；口要勤，多与教师和其他同学交流。

（2）综合分析

自然地理野外实习具有综合性特点。因为观察区域或观察点的地貌、土壤、植被等自然地理要素多种多样，所以在野外实习时，应注意各自然地理要素之间的相互作用并进行记录，及时归纳总结。

（3）野外方向的识别

利用罗盘仪定方向。罗盘仪由一根安置在支轴上能指示南北方向的磁针和一个刻有表示磁针所指方向度数的圆形刻度盘构成。在使用罗盘仪时，首先打开罗盘仪盒盖，使磁针自由摆动；然后将罗盘仪水平放置；最后转动刻度盘，使磁针黑色一端与“北”字中心重合。中心点与目标物的连线同黑色磁针的夹角，便是目标物所在的方位角。

利用太阳定方向。由于地轴与地球公转轨道面有66°34′的夹角，因此，春分日和秋分日时，太阳正东日出、正西日落，其他日期都是偏东日出、偏西日落。北回归线以北，正午太阳总是在正南方天空。因此，我国位于北回归线以北的绝大部分地区全年都可以利用正午太阳的位置判别方向。正午太阳所在的方位是南，面对太阳，左东右西，背后是北。

利用日出点、日落点和正午太阳位置定方向只能在白天特定时刻进行。白天其他时间可以根据太阳和手表来定方向，其方法为：将手表表面放平，使时针正对太阳，则时针（时针所示方向为当地地方时）与表面数字“12”之间的夹角的平分线所指的方向就是南方。也可以在手表表面中心立一根细针，转动手表，用太阳光线照射所形成的针影来平分时针与表面数字“12”之间的夹角，那么表面数字“12”正对的方向就是北方。

3. 野外实习数据的收集记录手段

（1）野外工作笔记

实习记录是野外实习最基础的成果，因此要及时、真实地记录观察到的现象。记录的内容主要是针对沿途观察和观察点观察（为两种情况，不仅仅指沿途），包括观察时间、观察点编号、位置、天气状况、观察点描述、剖面描述和剖面图绘制等。内容记录应反映客观实际，力求全面、详细、重点突出，整齐、清晰和图文并茂。

观察点的观察与描述是获取野外实习数据的重要手段。观察点描述的内容，包括所在地的地貌、气候、水文、植被和土壤等自然地理要素的整体情况。观察点周围自然景观的描述内容，包括植被类型、植被覆盖度、土壤类型、土壤发育状况、河流流量、河流流速、河流含沙量、岩石风化类型、岩石风化程度、滑坡和泥石流等，应尽可能全面地观察和记录。

观察点的位置记录要具体、明确；描述地理现象力求准确、简要，尽量不要遗漏；统一观察点编号并与图上编号一致；注意用铅笔记录，以免记录被雨水浸湿而导致记录失效。

（2）野外地图的绘制和填图

绘制地图是地理野外实习的基本能力之一，也是呈现野外实习成果的重要途径之一。一幅完整的地图至少包括图名、比例尺、方向、图例和注记等。常见的地图有等高线地形图、地形剖面图、自然地理要素分布图和土地利用类型图等。

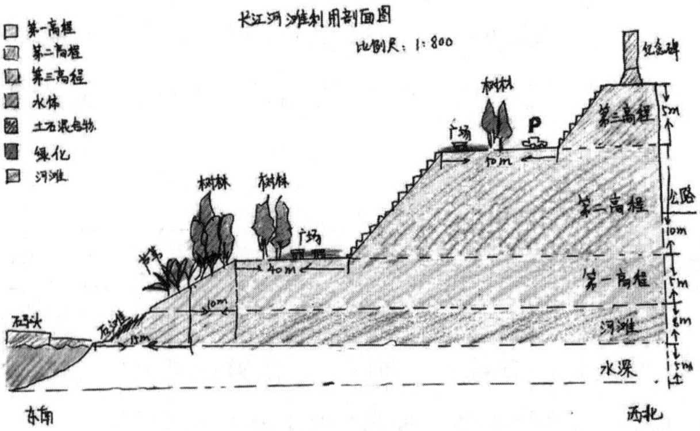

图6–1　长江河滩利用剖面示意

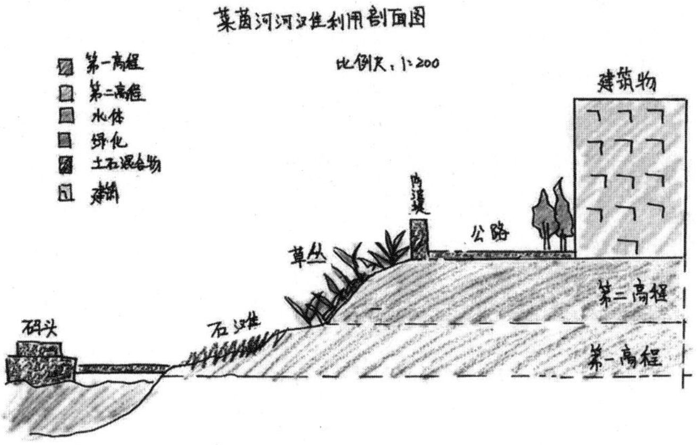

图 6–2　莱茵河河滩利用剖面示意

还有一类地图绘制是野外地图填图，即在地理底图上补绘专题内容。

4. 野外实习报告的撰写

野外实习报告是野外实习工作不可缺少的一个环节。野外实习报告主要包括八个部分。

①名称。需要说明实习的区域和所研究的地理要素，如嵩山地区的地貌实习。

②类型。是单一的自然地理要素还是自然地理综合体。

③目的。说明野外实习的理论意义和实践意义，需要掌握的野外实习的基本方法等。

④仪器。野外实习所需要的物品，如气压计、罗盘仪、放大镜、望远镜、地形图等。

⑤观察线路和观察点。记录野外实习的观察线路和观察点，还可说明观察线路和观察点选择的原因等。

⑥实习内容。实习内容包括研究地貌、气候、水文、土壤和植被等自然地理要素及要素间相互作用形成的自然综合体。

⑦方法和手段。经常使用的方法和手段有调查、观察、测量、采样、分析和鉴定等。

⑧实习成果。实习成果是对实习内容的分析和总结，以实物、文字、地图和图表等形式进行呈现。

四、自然地理野外课程资源——云的观察

1. 云的类型

当地面上升气流到达一定高度时，水蒸气会凝结形成小水滴或冰晶。如果这些小水滴的密度足够大，那么它们就形成了可见的云。对云的观察是自然地理实习的内容之一。

天空中云的形状、高度和厚度千变万化，而且随着大气的运动不断地相互演化。根据形成高度、外部特征、结构和成因，云可以分为低云、中云和高云。低云有层云（Cu）、层积云（Sc）、层云（St）和雨层云（Ns）；中云有高层云（As）、高积云（Ac）和积雨云（Cb）；高云有卷云（Ci）、卷层云（Cs）和卷积云（Cc）。

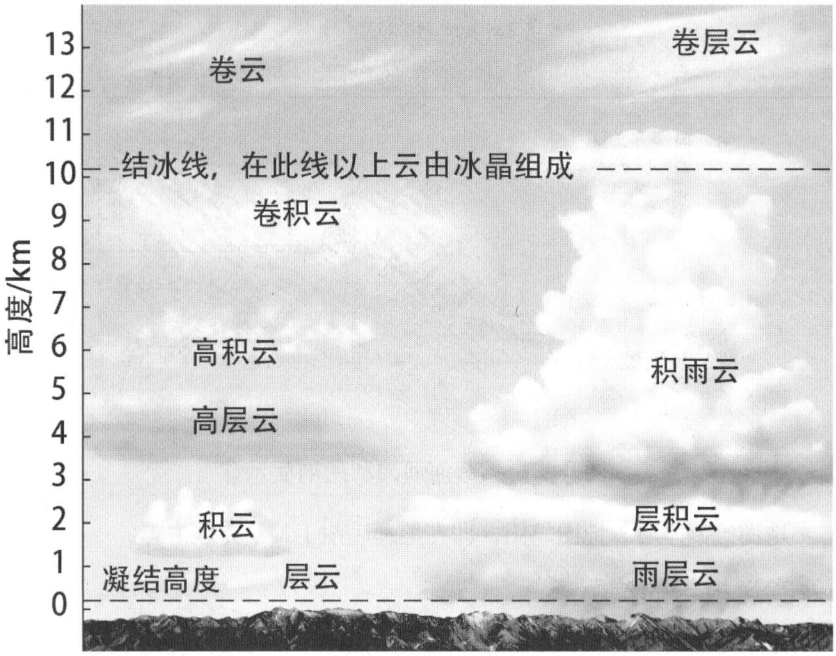

图 6–3　云的分布高度

低云云底高度低于 2 000 米，由水滴组成，云底平坦，垂直向上发展，产生阵性降水。层云为成层、成条的片状薄云，云层底部很低，仅几十米至几百米，且厚度不大，能将小山或高建筑物的顶部淹没。雨层云为厚而均匀的降水云层，呈暗灰色，常布满天空，通常产生连续性降雨或降雪。积云是垂直向上发展膨胀块状云，其顶部呈圆弧形或重叠凸起的圆弧形，底部几乎是水平的，边界分明。层积云由结构疏松的大团块、大云条组成，常成行、成群或波状排列，呈灰色或灰白色，常有若干部分比较阴暗。

图 6–4　层云

图 6–5　雨层云

中云分布在 2 000 ～ 6 000 米高空，由水滴和冰晶组成。高层云分布于 2 000 ～ 5 000 米高空，具有条纹或丝缕结构，呈灰白色，水平分布范围广，一般可达数百米，垂直厚度差别大，可产生连续或间歇性降水。高积云分布于 3 000 ～ 6 000 米高空，由薄片或扁平球状云块组成，云块呈扁圆形、鳞片状、瓦块状或水波状的密集云条，成群、成行、呈波状排列。积雨云浓厚庞大，垂直发展极盛，远望像耸立的高山，常呈铁砧状或马鬃状，云底阴暗混乱，能引起狂风和暴雨。

图 6–6　高层云

图 6–7　高积云

高云形成于 6 000 米以上的高空，由微小冰晶组成，一般不产生降水。卷积云呈白而薄的鳞片状，常常排列成行或成群，很像轻风吹过水面时引起的小波纹。卷云常有纤细的、不明显的外形。卷层云连绵不断，有时会覆盖天空，厚度不一，从几乎透明到浓厚程度足以遮挡太阳或月亮。

图 6–8　卷云

图 6–9　卷积云

2. 云量与云高

云量是指云遮蔽天空的成数，用十分制表示。如云占天空 1/10，云量记为“1”。当天空无云或有不到 1/20 的云，则云量记为“0”。总云量是指各种类型和高度的云遮蔽天空的成数，低云量是指低云遮蔽天空的成数。

云高是指云底离地面的高度，单位为米。云高变化很大，同一种云的云高，低纬度地区高于高纬度地区，夏季高于冬季，中午高于早晚。测量云高应用最广的方法是目测估计法，但误差比较大。

3. 观测与记录

目测估计云高。首先熟悉各种云的平均高度和可能出现的高度。如果有条件可利用实测云高的结果和目测结果进行比较，以积累经验。

云量的观测与记录。观测云时，一般先估计总云量，后估计低云量。当云分布比较集中时，可分别估计晴天和阴天的云遮蔽天空的成数；当云分布比较散乱时，可采用补填方法加以集中估计。观测到所需信息后按要求将观察结果记入观测记录簿内。

云状的观测与记录。云状类别不能辨别清楚时，仅记云的基本符号，如 Cb、Sc。当天空出现多种云状时，按如下原则进行记录：量不同时，量多的记在前面；量相同时，按云底高度依次记入，云底高的记在上面，云底低的记在下面；云量和云高相同时，记录的先后次序可自行决定；无云时，云状记录空白。

4．注意事项

观察云应在一个能看到全部天空并且地平线开阔的地方进行，观察时如有强烈阳光，需戴深色镜片眼镜。为获得正确的观测记录，观测者应进行连续观察，并根据云的外形特征、结构、排列、透光程度等情况，结合天气形势进行综合分析和判断。

第二节　地理实践活动设计

一、《普通高中地理课程标准（2017 年版 2020 年修订）》中的相关要求

要逐步配备专门适用于中学的“水、土、气、岩、化石”标（样）本的采集、测试工具、实验资源包（箱）。要建设相关采集、记录、测试的实验手册、使用说明、课程案例、数据等文本或数字资源。有条件的学校要专门建设校园气象等环境数据的监测站点或专门实验室。

要逐步配备野外实践的基本工具，如测绘定位工具设备、传统罗盘、望远镜等；用于野外采挖、收集、存储、保存的工具；野外安全工具、设施装备等；相关区域的等高线地形图、遥感图像等。

二、地理实践活动设计与实施案例

1．山东省广饶市乌河村地理野外实践

“广饶杯”第六届全国中学生地理奥林匹克竞赛中的“山东省广饶市乌河村野外实践”案例

野外考察题 1

一、观察线状事物

1．乌河村街道南北向有几条？东西向有几条？主干道是哪两条？路面材料是什么？路面状况怎样？乌河村街道特点是什么？

2．请描述图片中的河流特点，并说明其主要功能。

3．乌河村主干道交叉口有几个？请用“☆”标注在图片上。

4．评价乌河村房屋的院墙状况（新旧、高度、完整情况方面等）。

二、观察点状事物

1．乌河村的公共空间有几处？请在图片上标注出来。请找出来今后可以作为公共空间的地点，用斜线填充在图片上标注出来，并简述理由。

2. 乌河村明显的点状事物是什么？请在图片上标注出来。

三、观察农业生产

1. 乌河村农田的主要作物是什么？

2. 乌河村大棚里的主要作物是什么？

野外考察题 2

乌河村位于广饶县大码头镇，2012 年大码头镇的人口 48 802 人，行政区域面积约 130 平方千米。现有企业想到乌河村进行投资，需要进行可行性研究。请从以下方面对乌河村的空间分布结构进行分析和评价。

1. 简述交通的可进入性。

2. 简述乌河村与广饶县城的区位集聚关系。

3. 简要评价乌河村基础设施的配置情况。

4. 你认为乌河村建设方面存在的最大问题是什么，请提出解决方案。

根据实地考察的结果回答下列问题。

1. 联系盐碱地治理的相关内容，简述当地改良盐碱地的方法。

2. 简述大码头新材料工业园区选址的区位条件。

2. 湖北省武汉市汉口江滩地理野外实践

“武外杯”第四届全国中学生地理奥林匹克竞赛中的“武汉市汉口江滩地理野外实践”案例

野外观察内容

一、地点：汉口江滩

二、时间：1 个小时

三、观察任务

1. 尽可能了解所运输货物的种类，估算长江在武汉段的年运输量，并简述估算的方法和过程。

2. 观察长江沿岸的地貌特征。

3. 观察江滩的利用情况，说出江滩的类型和高程有什么变化。

材料和图像分析

一、材料分析

回到学校后，根据另给出的材料，回答相关问题。

二、图像分析

阅读德国莱茵河波恩段的图像，回答下列问题。

1. 比较长江与莱茵河的河岸地貌特征。二者有什么差异？原因是什么？

2. 比较长江与莱茵河河岸的利用情况。二者有什么差异？原因是什么？

3. 北京北小河地理野外实践

2016年国际中小学生地理奥林匹克竞赛野外题中的“北京北小河地理野外实践”案例

第一部分

任务1： 可持续性与宜居性——以望京花园东区为例

读“望京花园东区布局示意”图，回答以下问题。

望京花园东区布局示意

（1）对小区环境可持续性产生积极或消极影响的6种特征，并解释每项特征如何影响小区的可持续性。

（2）对小区生活宜居性产生积极或消极影响的6种特征，并解释每项特征如何影响小区的宜居性。

任务2： 水资源管理——以北小河为例

1.读“北小河布局示意”图，回答以下问题。

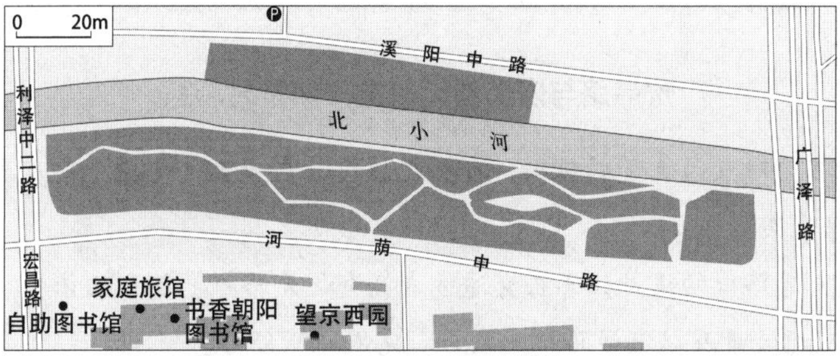

北小河布局示意

（1）北小河的形状与结构。

（2）北小河在北京的水管理方面发挥的作用。

（3）北小河对当地社区环境的作用。

2. 通过观察，在“北小河水质调查表”中简要填写北小河的水质特征。

北小河水质调查表

指标	观测结果
清洁度	
流速	
水深	
障碍物	
气味	
水生生物	

任务 3：交通路口

1. 读“宏昌路与宏泰西街的交叉口布局示意”图，观测交通路口的交通流量，将观测结果填写在“宏昌路与宏泰西街交会处交通情况观测表”中，并回答以下问题。

宏昌路与宏泰西街的交叉口布局示意

（1）依据你对交通流量的观测，分析在该交通路口最主要的 3 种交通方式。简要描述你所用的数据采集方法。

（2）该交通路口的设计让哪些交通方式拥有优先路权？请列出依据。

2. 观察交通流量及该交通路口的设计，完成以下任务。

（1）简述该交通路口对环境可持续性产生积极影响的 3 项特征，并分别解释。

（2）请为进一步提高该交通路口的环境可持续性提出 3 项措施，并解释每项措施是如何有利于提升其环境可持续性的。

宏昌路与宏泰西街交会处交通情况观测表

交通方式	5分钟内的交通流量	观测时间	其他相关内容记录
公交车			
卡车			
小汽车			
摩托车			
自行车			
步行			
其他			

第二部分

任务1：可持续性与宜居性——以望京花园东区为例

以“空白土地示意”图为底图，回答以下问题。

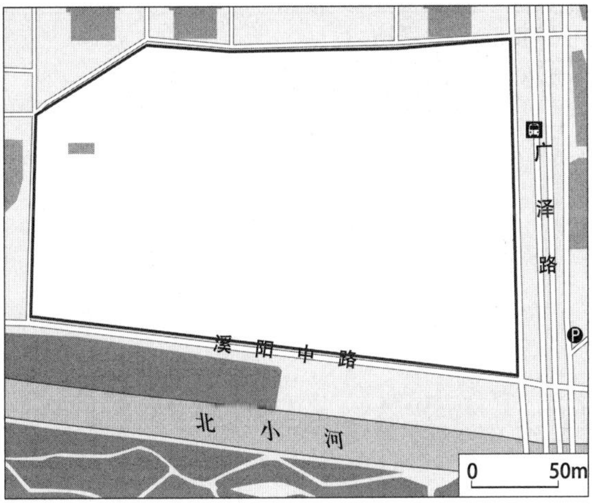

空白土地示意

(1) 为望京花园东区的那块空地设计一个可持续的居住发展规划。在“空白土地示意”图上画出草图，并标注你的计划。

(2) 解释你的发展规划将怎样提升这一区域和当地社区的环境可持续性与宜居性（生活质量）。字数控制在400字以内。

任务2：水资源管理——以北小河为例

1. 根据对北小河的实地考察记录，为北小河的改变提出建议，将你的建议标注在“北小河”图中，以达到以下目的。

(1) 增加旱季时的贮水能力。

(2) 提高当地社区的宜居性。

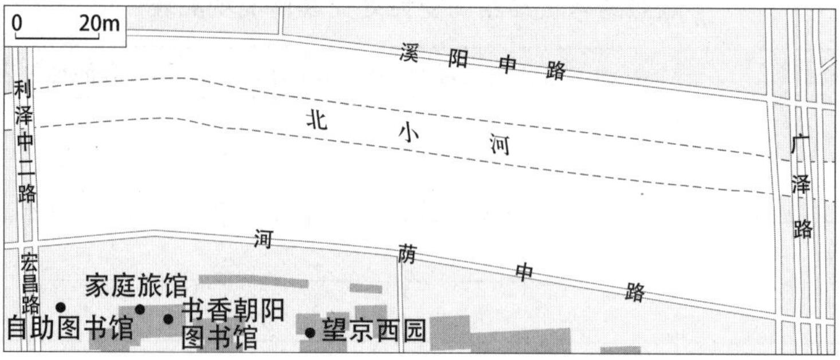

北小河

任务 3：交通路口

分析考察成果及相关资料，填写“立体快速公交系统对望京花园环境可持续性与宜居性的影响调查表”。

立体快速公交系统对望京花园环境可持续性与宜居性的影响调查表

环境可持续性		宜居性	
优势	不足	优势	不足

三、地理实践活动课程设计

1. 石景山八大处公园地理实践课程设计

（1）课程设计思路

通过实地调查，尝试为石景山八大处公园设计规划公共厕所的数量和分布。设计思路见图 6–10。

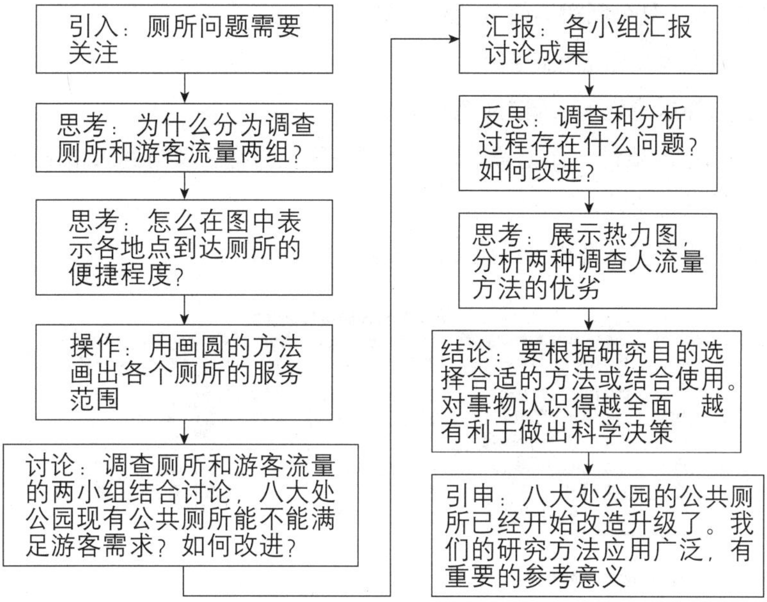

图 6–10

（2）调查问卷设计

调查问卷 1：八大处公园的公共厕所调查（图 6–11）。

①找到公共厕所，在地图相应位置标识出位置，对公共厕所外景拍照，并统计公共厕所的属性，记录到表中。

②对表中各项目进行解释。

③除了表中列举的项目，你觉得公共厕所还有哪些属性？把它填写到表格第一行的空白处，并对你所列的属性进行统计。

④对你打分的等级进行解释。

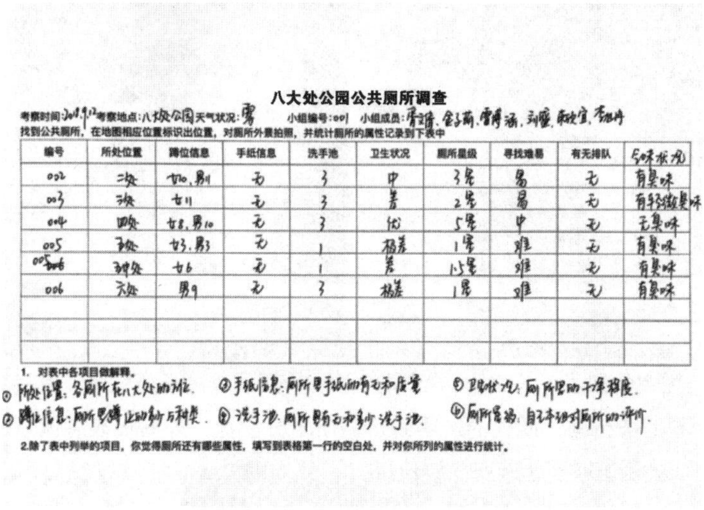

八大处公园公共厕所调查

考察时间：2018.9.12　考察地点：八大处公园　天气状况：雾　小组编号：001　小组成员：[illegible]

找到公共厕所，在地图相应位置标识出位置，对厕所外景拍照，并统计厕所的属性记录到下表中

编号	所处位置	蹲位信息	手纸信息	洗手池	卫生状况	厕所星级	寻找难易	有无排队	气味状况
002	二处	女10，男11	无	3	中	3星	易	无	有臭味
003	三处	女11	无	3	差	2星	易	无	有轻微臭味
004	四处	女8，男10	无	3	优	5星	中	无	无臭味
005	五处	女3，男3	无	1	极差	1星	难	无	有臭味
005 006	[illegible]	女6	无	1	差	1.5星	难	无	有臭味
006	六处	男9	无	3	极差	1星	难	无	有臭味

1. 对表中各项目做解释。

① 所处位置：各厕所在八大处的位置。　③手纸信息：厕所里手纸的有无和质量　⑤卫生状况：厕所里的干净程度。

② 蹲位信息：厕所里蹲位的多少和种类。　④洗手池：厕所里有无和多少洗手池。　⑥厕所星级：自己主观对厕所的评价。

2.除了表中列举的项目，你觉得厕所还有哪些属性，填写到表格第一行的空白处，并对你所列的属性进行统计。

图 6–11　学生调查成果展示

调查问卷 2：八大处公园游客流量调查（图 6–12）。

①请将你的调查地点标记在地图中。

②你为什么选择这些位置来调查游客人数?

③除了表中列举的项目，你觉得游客还有哪些属性？将它填写到表格第一行的空白处，并对你所列的属性进行统计。

④哪些区域人比较多？将相关区域标记到地图上（图 6–13）。

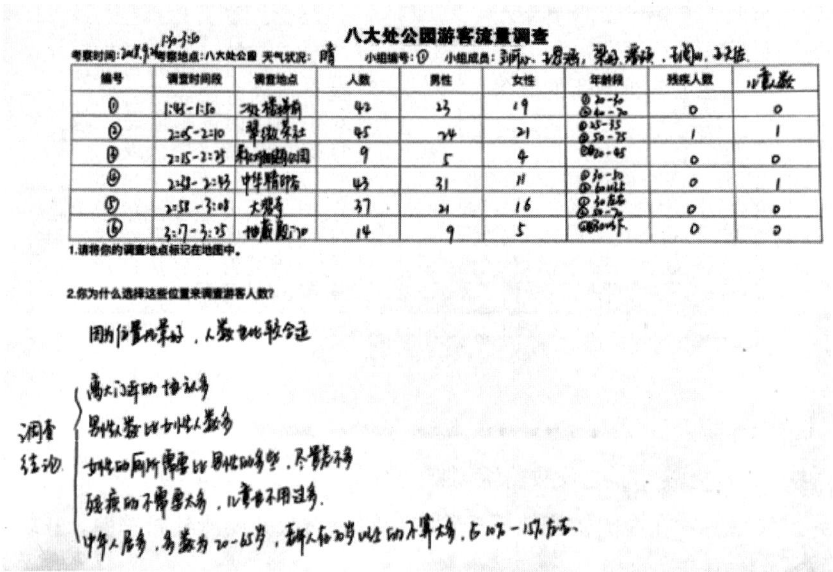

八大处公园游客流量调查

考察时间：[illegible] 考察地点：八大处公园 天气状况：晴 小组编号：① 小组成员：[illegible]

编号	调查时间段	调查地点	人数	男性	女性	年龄段	残疾人数	儿童人数
①	1:45-1:50	[illegible]	42	23	19	①20-30 ②40-70	0	0
②	2:05-2:10	[illegible]	45	24	21	①25-35 ②50-75	1	1
③	2:15-2:25	[illegible]	9	5	4	①20-45	0	0
④	[illegible]	[illegible]	43	31	11	[illegible]	0	1
⑤	2:58-3:08	[illegible]	37	21	16	[illegible]	0	0
⑥	3:17-3:25	[illegible]	14	9	5	[illegible]	0	0

1.请将你的调查地点标记在地图中。

2.你为什么选择这些位置来调查游客人数?

[illegible]

调查结论 [illegible]

图 6–12　学生调查成果展示

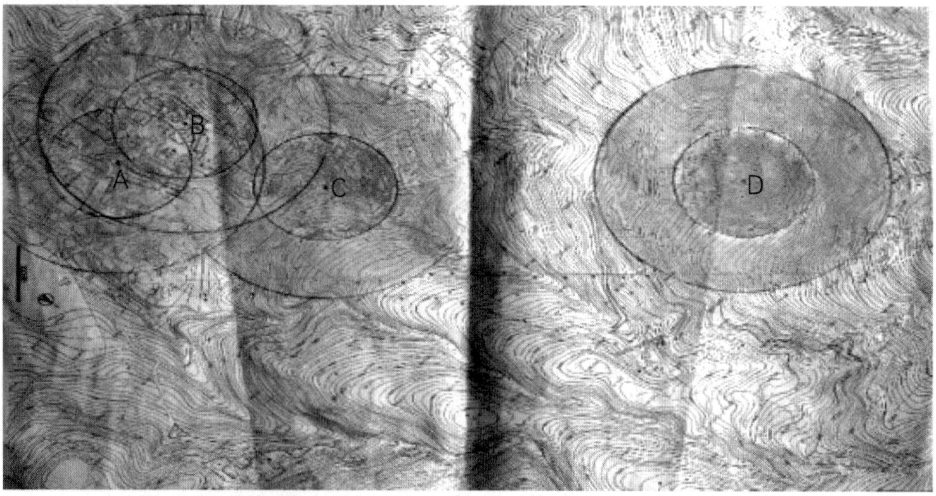

注：图中的细线为等高线，A、B、C、D为所调查的厕所位置，其中内圈代表各厕所主要服务范围，此处的游客到达厕所十分便捷；外圈代表各厕所的次要服务范围，此处的游客到达厕所比较便捷。

图 6–13　学生调查成果绘图——八大处公园的公共厕所服务范围

2. 绘制校园平面图地理实践课程设计①

环节一：理论学习。一是明确任务，明确绘制校园平面图的意义。二是学习距离测量的一般方法、测量工具的使用方法、平面图的绘制方法等。

环节二：制定测量计划。首先，把全班 40 个学生分成两个大组，每个大组再分成两个小组，每小组 10 人，落实具体分工，尽量做到“人人有事做，事事有人做”。同时，两个大组各自独立完成任务，彼此竞争。

环节三：准备相关物品，包括标杆、米尺、测绳、指南针、记录表格、笔、纸和照相机等。

环节四：目测校园的基本结构。观察、目测并交流校园的基本结构，初步整理、归类，绘制校园结构草图（图 6–14）。

环节五：测量。测量并记录、整理（图 6–15、图 6–16）。

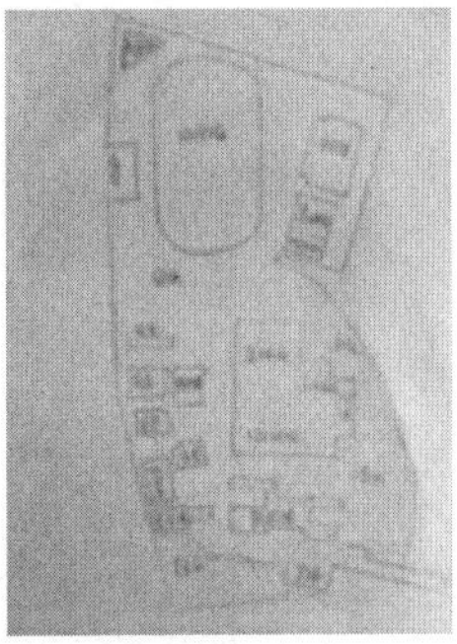

图 6–14

图 6–15

图 6–16

环节六：绘制校园平面图。选择合适的比例尺绘制校园平面图（图 6–17）。

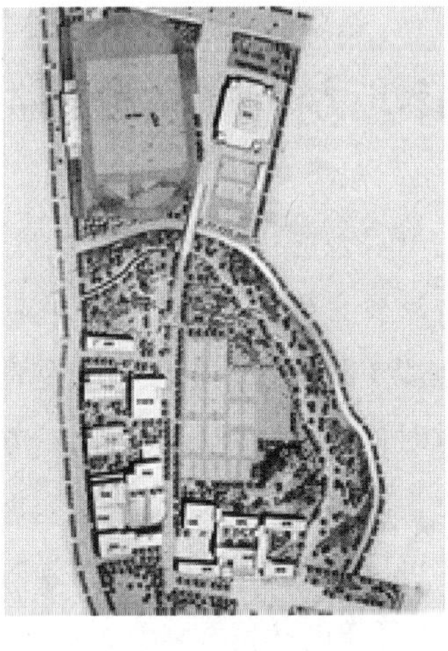

图 6–17

环节七：展示、交流绘制成果。展示绘制好的校园平面图。小组交流测量、绘制过程中

① 孙红军，刘亚茹．基于立德树人的高中选修课的探索与实践 [J]．考试周刊，2015，(9)：129–131．

遇到了哪些困难，这些困难是如何克服的，收获是什么，以“活动实践报告”的形式梳理活动的思路、过程和方法，并进行个人总结，写明活动的收获、不足以及下次活动的建议。

环节八：“我给学校提建议”。议一议校园各个功能区的划分是否合理并说明理由。为学校的十年规划提出建设性意见。

3. 河流水质调查地理实践课程设计

环节一：理论学习。明确水资源的含义、水资源的重要作用、水污染的来源、水污染的危害及其治理措施。

环节二：选定地点。在葛溪（学校附近河流）附近选择四个地点，分别是河流入城以前的自来水厂取水口、护城河附近（靠近居民区）、污水处理厂入水口附近、污水处理厂排水口附近。这四个地点既要保证具有一定的代表性，又要保证河滩较浅，以保证安全。

环节三：勘验路线。为保证安全并节省时间，需要先制定好应急预案并上报学校以及教育主管单位，再选择较少车辆通行的道路，提前勘验路线。

环节四：分组并明确任务。把全班 40 个学生分成 4 个小组，每小组 10 人，落实具体分工，强调纪律，保证安全。

环节五：准备相关物品。带好矿泉水瓶、笔、纸、记录表格和照相机等。

环节六：取样。从校园出发，按照顺序徒步前往选定的四个地点，取样并记录、整理。

环节七：展示、交流调查成果。对比四个地点的水样（颜色、浑浊程度等），探究其污染源及预防水污染的主要措施，探究自来水厂和污水处理厂布局的一般原则，然后交流调查结果。以“活动实践报告”的形式梳理活动思路、过程和方法，并进行个人总结，写明活动的收获、不足以及下次活动的建议。

环节八：“我给家乡提建议”。给政府部门提出改善水质的建设性意见。

4. 利用正午太阳高度角和地方时测算本地经纬度地理实践课程设计①

（1）实践活动主题

正午太阳高度角和地方时的测算及应用是“地球运动”章节中的重点，同时也是难点。该部分知识较为抽象，加之学生缺少必要的物理和立体几何知识，单纯依靠传统授课方式进行教学，学生难以理解。开展地理实践活动，引导学生在真实的地理环境中，实际动手操作测量正午太阳高度角，测算地方时，并填写实践报告，一方面可以提升学生的行动意识和行动能力，更好地在真实的情境中观察、感悟、理解地理知识；另一方面可以培养学生的团结合作意识，增强社会责任感，还可以极大地调动学生的学习积极性和课堂参与性，激发学生认真学习地理知识、探索周边地理环境的热情。

（2）实践活动地点

选择视野开阔、无遮挡的平地，如学校操场。

① 赵朋．高中地理实践活动设计与实施研究——以河北省邢台市为例 [D]．北京：北京师范大学，2019．

（3）实践活动时间

活动时间为2017年9月23日（秋分日）中午12点前后，活动过程大约为半小时。

（4）实践活动准备

操作过程主要涉及长度测量、方位确定以及数据计算，对高中学生来说操作难度不大，但需要学生理解并灵活运用地球运动的相关原理。

①理论知识准备（活动前已完成）：地球自转和公转的基础知识、太阳高度角和地方时的计算方法。

②准备物品：1米标杆、指南针、卡尺、量角器、电子表、粉笔、笔记本和计算器等。

③人员安排：学生64人，分为8小组，每组8人；指导教师4人，每人负责2小组学生。

（5）实践活动目标

①通过实际测量和观测的方法，学生掌握太阳高度随时间产生的角度和方位的变化规律，影子长度和方位的变化规律，理解地方时的概念，能区分地方时与区时。

②理解并能进行太阳高度角和地方时的计算。

③利用太阳高度角和地方时原理解决实际生活中的问题。

④通过操作过程，提升观察、动手能力及团队合作精神。

⑤激发学习地理的兴趣，培养严谨的科学态度。

（6）实践活动内容

①定点定向。选取水平地面，将标杆固定。利用罗盘确定东南西北四个方位，并在地面标识。

②测量杆影长度及方位。12点前后取不同时间点多次定点记录（分别记录每次的时间、并在地面标识影长、方位），以便后期对比。重点注意记录当杆影指向正北方位时（即地方时12时）和手表指示12时（北京时间12时）时两个特殊时间的影子长度、方位、北京时间，为经纬度计算记录数据。

③数据统计与计算。

对比多次测量的杆影长度数据，得出以下结论：太阳高度在地方时12时达到最大值，即正午太阳高度，此时太阳位于正南天空；杆影在此时最短，大约0.75米，位于正北方向；杆影最短时的时间并非手表12时（北京时间），而是12时24分（邢台地方时间）。

利用杆长和影长，计算正午太阳高度角。

利用正午太阳高度，计算学校的纬度。

利用记录的最短杆影出现的时间，计算学校所在的经度。

④整理场地，并准备实践报告和总结。

（7）实践活动结果计算

第一步是确定方向。因为借助了罗盘，所以学生很容易确定并标识四个方位。

第二步是通过两个时间确定经度。杆影正北时的时间比较好确定，但是不同学生在读取时间和测量杆影长度上存在误差，但相差不大，大致时间在 12：24，杆影约 0.75 米。

第三步是将杆影代入相关公式，计算出邢台市的纬度。

（8）总结与反思

正午太阳高度角和地方时的测算及应用是高中地理学习的难点，学生在理解和运用这部分知识上存在很大的困难。传统的教学方式仅能使学生理解基本的理论知识，学生很难实现学以致用。通过实践活动，学生自主采集数据，可以明确邢台地方时与北京时间之间的时差，全面理解地方时的概念；通过多次测量杆影长度，对比发现地方时 12 时杆影最短，正午太阳高度角最大，为后续教学夯实基础；相比于传统的教学方式，学生在真实的情境中观察地理环境、理解地理知识，所达到的教学效果更好，学生对知识的记忆更深刻。

5. 地理野外课程设计案例——邢台大峡谷地质地貌考察

（1）实践活动主题

该实践活动基于《地壳物质组成与物质循环》和《地球表面形态》两章节的内容，这部分知识是自然地理学习的基础，但是学生对这部分知识了解甚少。单纯依靠课堂讲解和示意图解读，学生学习效果相对较差。通过实际观察和绘制地质构造图，搜集并识别主要的岩石，能够强化学生对相关地理知识的感性认识，提高学生运用户外考察、模拟实验等方法研究、分析地理实际问题的能力，更能够加深学生对知识的理解和应用。

（2）实践活动地点

邢台大峡谷，位于邢台市区以西，属太行山系，由于独特的地理位置和复杂的构造作用，形成了气势恢宏的峡谷地貌。它由 24 条峡谷组成，其中 1 000 米以上的达 8 条，其石英砂岩峡谷群和典型的嶂石砂岩地貌在太行山乃至全国山岳中独树一帜，有“太行奇峡”之称。

（3）实践活动时间

邢台大峡谷的地形地势特点比较容易观察，难度不大。同时距离市区较近，有公交和长途汽车直达，非常方便。实践活动时间选择在 10 月 1 日左右，活动大概持续一天时间。

（4）实践活动准备

①理论知识准备（课上完成）：常见的岩石类型，主要的地质构造，常见的地貌，塑造地表形态的因素。

②物品准备：指南针，GPS，小刀，地质锤，笔，记录本，相机，放大镜。

③人员准备：学生共 64 人，分为 8 组，每组 8 人。

④前期动员与安全教育：因为活动地点为野外的山区，所以除了要求学生带上活动必需的物品、食物和水之外，还应要求学生必须服从安排，以小组为单位活动，不能擅自行动；注意路途中的安全，严禁随意攀爬较高较陡的山；一旦出现任何问题，应及时向带队教师反映；注意不要乱扔杂物，爱护好地质公园的环境。

（5）实践活动目标

①学生能够通过沉积岩的特点识别区分沉积岩，并能了解其代表性岩石——砂岩。

②观察褶皱构造特征，能够识别褶皱，分析其形成原因，并绘制地质构造示意图。

③观察流水地貌，分析流水对地形的塑造作用；分析峡谷和瀑布的成因。

④认识不同的植物，观察不同海拔植被和景观的特点，对山地垂直分异有初步了解，为以后学习自然地理环境的差异性进行铺垫。

⑤通过实践，提升学生的观察、合作、探究能力。

⑥提高对地理知识的理解和应用能力，学会用地理原理解释自然现象，增强学习地理的兴趣。

⑦培养学生对自然、对家乡的热爱之情。

（6）实践活动内容

①结合教师对三大岩石的讲解，学生以小组为单位，在观察点观察沉积岩，采集砂岩标本。

②结合教师对褶皱的讲解，学生以小组为单位，在观察点进行观察，识别褶皱构造，拍照记录，推测其成因，并绘制示意图。

③结合教师对流水地貌的讲解，学生以小组为单位观察流水地貌，找出上、中、下游不同河段河床和沉积物的差异，并分析原因。观察峡谷地形和瀑布，分析其成因。

④在教师带领和介绍下，学生观察、认识植物，观察山地垂直分异，尝试分析原因。

⑤整理随身物品，完成实践报告。

（7）实践活动结果

邢台大峡谷主要构成岩石为红色砂岩，学生近距离观察到砂岩的颗粒；远距离观察到沉积岩的层理构造和褶皱构造。在瀑布附近，学生观察到流水冲刷而形成的侵蚀地貌和峡谷；在河流下游，学生观察到流水沉积形成的分选性明显的沉积物质。

（8）总结与反思

“地壳物质组成与物质循环”和“地球表面形态”两章节的知识与学生日常生活联系不太紧密，且相对抽象，依靠传统的课堂教学无法直观、生动地帮助学生把握该部分知识。通过开展地理实践活动，学生在真实的地理环境中观测岩石、地质构造等地质现象，结合教师现场讲解，深化了学生对于相关知识的理解；同时，学生独立制作完成的实践报告为编写校本地理教材提供了丰富的基础材料。本次地理实践活动为野外的实践活动，学生的参与度和积极性非常高，在整个实践活动开展过程中，学生自由组队，自主完成观察、记录以及填制报告等方面的实践活动任务，提升了学习地理课程的兴趣，增强了团体协作意识。同时，这次活动也激发了学生热爱家乡的感情，培育了学生的爱国主义情怀，实现了对学生人地协调观、综合思维、区域认知以及地理实践力等地理学科核心素养的协同培养。值得注意的是，由于野外考察活动的特殊性，教师需切实做好安全预防措施，严格要求学生遵守纪律。同时，在时间安排方面，教师应尽量选择天气良好、少自然灾害的季节，并结合教学进度确定具体的野外考察时间。

第三节　数字化课程资源的开发

一、《普通高中地理课程标准（2017 年版 2020 年修订）》中的相关要求

加强数字化地理课程资源建设，逐步建设专门的地理学科数字化课程资源，如地理信息系统（GIS）、全球卫星导航系统（GNSS）(北斗或 GPS）、遥感辅助教学系统（RS），数字气象站平台系统，天文望远镜遥控观测平台系统，野外实践（水、土、气、岩）采集分析与显示系统等。研发地理课程情景资源库、课程实例或案例。

二、数字化课程情境资源

1. 溢油污染影响模拟

地理信息技术可用来模拟溢油事故情境，有助于更客观、全面地分析与评价海洋保护区遭受溢油污染的风险。在渤海湾溢油污染模拟中，研究人员利用地理信息技术模拟了石油在 12 小时、24 小时、36 小时、48 小时、60 小时和 72 小时的时间内油污到达的地点和扩散线路，并推测出油污的影响范围（图 6–18）。

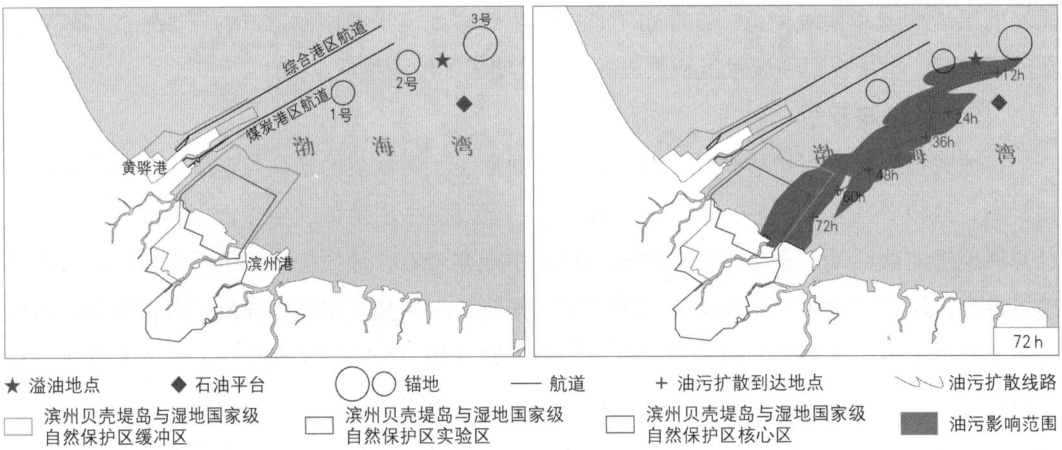

图 6–18　溢油污染影响模拟结果

2. 大兴安岭那吉林场火灾遥感监测

2017 年 5 月 17 日到 5 月 20 日大兴安岭那吉林场发生火灾。遥感卫星影像上分时分地地显示了起火点的位置。由于火具有高温属性，因此即便在有云雾遮挡的情况下，我们依然能够运用遥感技术发现起火点（图 6–19）。

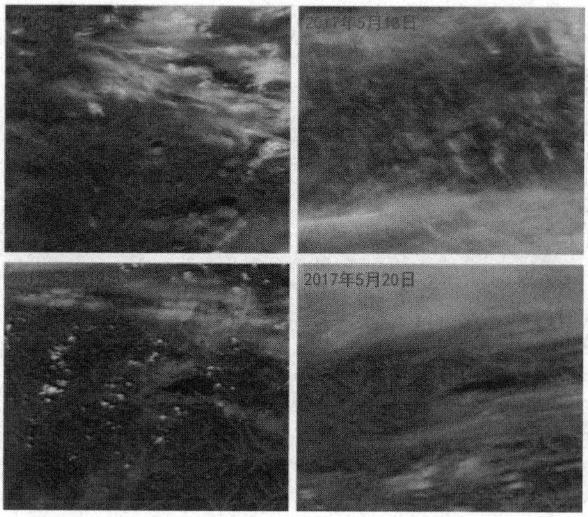

图 6–19　大兴安岭那吉林场火灾遥感卫星影像

3. 地理信息技术在四川九寨沟防震减灾中的应用

2017 年 8 月 8 日 21 时 19 分，四川省九寨沟县发生 7.0 级地震，震源深度 20 千米，造成巨大损失。九寨沟县漳扎镇周边及景区发现多处滑坡及潜在滑坡体，九寨黄龙机场到漳扎镇的 544 国道沿线发现 5 处滑坡；九寨沟景区盆景滩以上、火花海以下形成了堰塞湖。在此次地震灾害中，从震前的预警到震后一系列的应急响应，地理信息技术发挥了巨大的辅助决策作用。

（1）全球导航卫星系统的应用

地震发生后，通信中断、道路堵塞，根据应急指挥中心的三维地理信息软件，能确定装有全球导航卫星系统的失踪车辆的具体位置，并提供三维地形图，为成功营救提供重要的辅助决策信息。另外，车载全球导航卫星系统可以有效调度救灾车辆，减轻交通负担。

（2）遥感的应用

在地震灾区通信、交通被严重破坏的情况下，通过使用航空遥感技术和卫星遥感技术，可以及时为抗震救灾指挥部提供大量灾区遥感图像（图 6–20）。通过实时监测灾情，把握动态，为科学评估灾情提供支持，为防灾抗灾、抢险救灾提供重要的决策依据。

①及时提供重要城镇和主要居民点的类型、不同分辨率的卫星和航空遥感数据及分析信息，为各级抗震救灾指挥系统了解灾情、部署救援行动提供重要且及时的信息。

②准确确定水系和河道的阻塞状况，监测预报滑坡、堰塞湖等次生灾害。配合堰塞湖的疏导工程，不断监测堰塞湖特别是堰塞坝的分布及其准确位置，分析堰塞湖动态变化。

③及时准确地掌握交通状况，帮助相关部门迅速地实施救援工作。

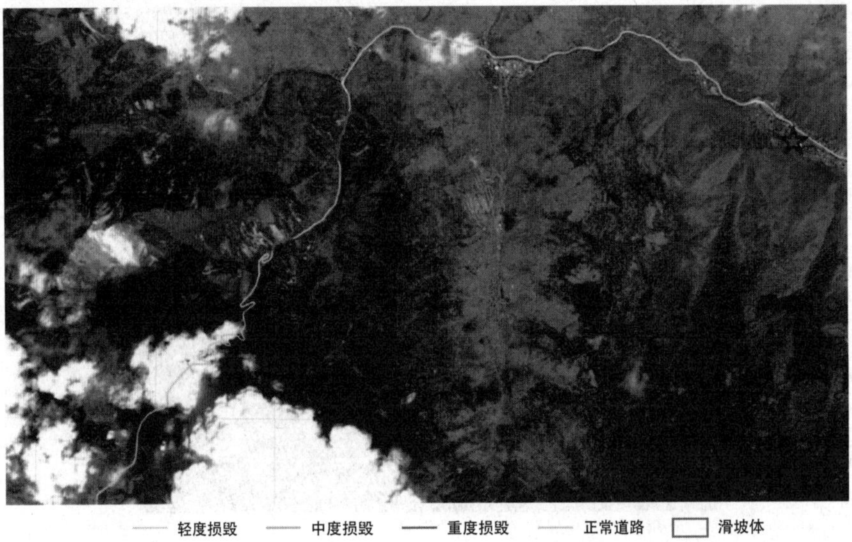

图 6–20　九寨沟 544 国道沿线滑坡及道路损毁遥感监测

（3）地理信息系统的应用

为了配合灾后重建总体规划工作，国家基础地理信息中心一直密切跟踪有关方面的应用，并根据需求积极提供基础地理信息服务。具体说来，在地震中，地理信息系统在以下的五个方面发挥了重要作用，这五个方面分别是：①地震监测、预警；②应急指挥与管理；③移动和车载制图；④以地图的方式保证公众信息畅通（包括灾害影响到的地区、灾害的扩大范围和潜在影响、撤离线路、避难场所，以及食物和水的所在地）；⑤资源跟踪和管理。

第四节　地理实践基地的建设

一、《普通高中地理课程标准（2017 年版 2020 年修订）》中的相关要求

通过挂牌、共建、共同开发等措施进行实践基地的建设。校外实践基地包括地理野外实习基地、公共图书馆、气象台、天文馆、地质馆、海洋馆、科技馆、展览馆、少年宫、博物馆、植物园、动物园、主题公园以及有关政府部门、科研单位、大专院校、工厂、农村等。

各地可以根据实际情况，制定本地区高中地理课程资源配备标准，推动地方课程资源建设。

二、地理野外实习基地的建设

青岛三十九中为了学生能充分开展地质地貌学习与研究，将青岛崂山区开发为地貌实习基地。通过开展项目式教学，让学生认识并观察海岸地貌的特征与类型，为学习地貌形成的内外力因素奠定基础。

1. 青岛海岸地貌识别地理实践课程设计

“‘一山一海识地貌’（海岸地貌）项目教学计划书”案例

一、项目介绍

1. 学生情况分析

参加本项目的是高一的学生，他们对地理学习的积极性很高，对地理学科有浓厚的兴趣，但是对于野外实习的方法不熟悉、技术路线不清楚，缺乏用地理原理来分析、指导实践的体验，需要教师提前进行相应的培训工作。

2. 项目内容分析

此次活动主要涉及区域地理和自然地理学科领域，内容主要涉及青岛市前海一线具体的区域位置、青岛市的典型海岸地貌等。学生在初中阶段接触过“地貌”一词，但是不能系统全面地理解这一概念，需要教师提前加以解释；对于常见的地貌，学生有一定了解，但是不能很好地进行归类，所以对于常见地貌的类型，教师应提前告知。对于常见地貌的一般特征，在课堂上讲解很难达到效果，所以主要采用学生实地考察的方法，让学生在实践中进行学习和总结。当然，在这个过程中，可能会产生一些新的问题，这需要教师进行及时的答疑解惑。

自古以来，海岸带是人类活动的地区，青岛市海岸线长 800 多千米，这里遍布各种人类活动，包括交通、旅游、养殖等。掌握海岸的演变过程，预测海岸的变化趋势，了解海岸环境的现状，对港口建设、围垦、养殖、旅游和海岸能源等自然资源的合理开发利用都有着十分重要的意义。

所以本项目将课程标准中必修第一册的“野外观察或运用视频、图像，识别 3 ~ 4 种地貌，说明其景观的主要特点”与必修第二册的“解释协调人地关系和可持续发展的主要途径”进行了有机融合。

3. 项目开展的方式和方法

野外考察、实地调查走访、小组讨论交流、资料查阅等。

4. 项目资源准备

照相机、手机、电子地图等。

二、项目目标

（1）地貌的类型有哪些？你知道青岛有哪些典型的海岸地貌？

（2）关于海岸地貌的特征，需要从哪些方面进行描述？

（3）系统阐述海岸地貌的形成过程。

（4）青岛沿海海岸地貌景观的现状是什么样的？你有什么意见或建议？

三、项目实施过程

第一阶段：项目准备阶段

基础知识准备。对“地貌”一词进行解释，对课程标准解读中提到的流水地貌、风力地貌、海岸地貌、山岳地貌和冰川地貌等进行简要说明，主要是简单介绍导致地貌形成的不同的内外力作用。在讲解时，要弱化内力作用与外力作用的系统讲解，主要针对褶皱、断层的形成，以及五种外力作用的表现进行简要分析。

野外考察介绍。对青岛前海一线进行简要介绍，对海岸地貌进行简要介绍；对青岛前海一线的主要区域名称进行简要介绍，对青岛前海一线岬湾相间的特点进行简单介绍；对野外考察需要注意的问题进行说明。

其他工作。因为出去考察的时间为假期，所以按照学生的家庭住址、个人意愿等情况进行分组，并在家长群中推送告家长书，以确保学生的人身安全。同时提供给学生一些相关的网站、杂志等，帮助学生更好地理解地貌、海岸地貌等的基本内容。

第二阶段：野外实践阶段

野外实践可参考“一山一海识地貌”项目计划表进行开展。

第三阶段：师生课堂交流阶段

师生的课堂交流可参考“一山一海识地貌”教学设计表进行。

第四阶段：学生汇报阶段

学生针对项目计划单中提出的任务，根据师生交流阶段的内容，以小组为单位提交项目报告（纸质版）。

第五阶段：总结评价阶段

教师、学生根据学生在课外实践、课堂参与、项目报告的编写过程中的综合表现以及最终项目报告的质量进行综合评价。

“一山一海识地貌”项目计划表

<table>
<tr><td>人员</td><td>高一学生</td><td>计划单设计者</td><td>胡学娇、赵绍梅</td><td rowspan="2">涉及的课程标准</td><td rowspan="2">必修第一册：野外观察或运用视频、图像，识别 3 ～ 4 种地貌，说明其景观的主要特点
必修第二册：解释协调人地关系和可持续发展的主要途径</td></tr>
<tr><td>时间</td><td>高一年级上学期</td><td>主要地点</td><td>石老人海水浴场、第二海水浴场</td></tr>
<tr><td rowspan="4">核心素养的落实</td><td>地理实践力</td><td colspan="4">通过地貌的实地考察，提升学生的地理实践力</td></tr>
<tr><td>综合思维</td><td colspan="4">通过对海岸地貌的观察、分析、理解、判断以及具体问题的解决，提升学生的综合思维素养</td></tr>
<tr><td>区域认知</td><td colspan="4">通过对石老人海水浴场、第二海水浴场进行实地考察，了解本区域海岸地貌及前海一线地区的区域概况，并对前海一线地区的发展进行正确评价，提升学生的区域认知素养</td></tr>
<tr><td>人地协调观</td><td colspan="4">通过对青岛沿海海蚀地貌景观的现状调查，分析人类与海岸地貌之间的关系，树立人地协调观</td></tr>
</table>

续表

<table>
<tr><td rowspan="6">实施过程</td><td>环节</td><td colspan="2">提出问题</td><td>制定计划</td></tr>
<tr><td>具体问题</td><td colspan="2">青岛常见的地貌景观及其主要特点等相关内容</td><td>根据小组的考察内容制定计划</td></tr>
<tr><td>问题拆解</td><td colspan="2">①什么是地貌？你所知道的地貌类型有哪些？你能说出它们的特点吗？
②海蚀地貌的类型有哪些？你知道青岛前海一线有哪些典型的海蚀地貌？选定一处典型海蚀地貌，尝试分析一下
③关于海蚀地貌的特征，需要从哪些方面进行描述？请选定一处海岸地貌，对其特点进行描述
④分析海蚀地貌的成因，并选定一处海蚀地貌，系统阐述该海蚀地貌的形成过程
⑤你所考察的海蚀地貌景观对人类活动产生了哪些影响？人类活动对海蚀地貌又有何影响？你有什么意见、建议或者想法？
⑥海积地貌的类型有哪些？你知道青岛前海一线地区有哪些典型的海积地貌？选定一处典型海蚀地貌，尝试分析一下
⑦关于海积地貌的特征，需要从哪些方面进行描述？请选定一处海积地貌，对其特点进行描述
⑧分析海积地貌的成因，并选定一处海积地貌，系统阐述海积地貌的形成过程
⑨你所考察的海积地貌景观对人类活动产生了哪些影响？人类活动对海积地貌又有何影响？你有什么意见、建议或者想法？</td><td>①实地考察的具体时间、地点、人员
②从出发地到考察地点的往返路线、乘坐的交通工具、往返的时间
③软件、硬件准备（包括照相机、手机、笔、笔记本、衣物、相关药品等）
④小组成员的任务分工（组长、副组长协调组员完成）</td></tr>
<tr><td>环节</td><td>实地考察</td><td>室内资料整理</td><td>项目报告形成</td></tr>
<tr><td>具体问题</td><td>根据具体任务开展工作</td><td>资料整理</td><td>按照小组内分工，完成项目报告初稿</td></tr>
<tr><td>问题拆解</td><td>①进行全区的初步考察，了解全区概况
②根据“提出问题”环节中提出的问题，选择重点和典型的地貌进行观测并记录
③从野外获取的资料和在考察过程中新产生的问题必须及时整理、小结和讨论</td><td>①将全部资料进行复核、综合分析和归纳整理，对野外采集的各种岩石、沙子等标本进行清理和鉴定
②对野外的照片进行放大或剪接，并加以简要的文字说明</td><td>项目报告主要从以下几个方面来撰写：
①绪言：包括任务来源、目的、要求、地理位置、范围、面积、人员组成、主要资料及成果
②核心内容：以“青岛常见的海岸地貌景观及其主要特点、原因、形成过程及与人类的相互关系”等相关内容为核心，撰写项目报告
③结束语：可以将本次活动的相关感想和体会进行概括总结</td></tr>
</table>

“一山一海识地貌”教学设计

<table>
<tr><td colspan="2">课题名称</td><td colspan="8">“一山一海识地貌”（海岸地貌）——以石老人海水浴场、第二海水浴场为例</td></tr>
<tr><td colspan="2">学情分析</td><td colspan="8">学生对青岛石老人海水浴场和第二海水浴场进行了实地考察，对海岸地貌有了初步认识，通过相关资料的查阅，对海岸地貌的形成原因有了进一步的了解，但是对海岸地貌的具体形成过程不能全面分析，不能使用相关的专业术语进行描述。对于海岸地貌的发展趋势和海岸环境，学生有了自己的认识，但缺乏与其他小组同学的交流。学生已经以小组为单位提交了项目报告书</td></tr>
<tr><td colspan="2">教学目标</td><td colspan="8">1. 小组代表展示在野外考察中拍摄到的海蚀地貌和海积地貌图片，以及从互联网上下载的图片及其名称。通过展示总结，引导学生讨论，引导学生说出海岸地貌的类型和主要特征
2. 小组代表展示在野外考察、资料查阅以及师生交流过程中获得的相关内容。通过展示总结，引导学生讨论，引导学生说明海蚀地貌和海积地貌的形成过程，并落实在学案上
3. 小组代表展示在野外考察和资料查阅过程中掌握的石老人现状。引导学生推测石老人海蚀柱发展趋势，并引导其针对这种趋势提出自己的观点，并对学生的想法进行简单点评
4. 小组代表通过对石老人海水浴场和第二海水浴场环境的实地调查（调查问卷的结果），明确目前海水浴场存在的环境问题，并提出相应的措施</td></tr>
<tr><td colspan="2">教学重点和难点</td><td colspan="8">教学重点：能够引导学生说出海岸地貌的主要类型和主要特征；能够引导学生说明海蚀地貌和海积地貌的形成过程
教学难点：通过展示，能够引导学生说明海蚀地貌和海积地貌的形成过程</td></tr>
<tr><td rowspan="3">教学过程</td><td>教学环节</td><td>视频引入，创设情境</td><td colspan="3">环节一：青岛常见的海岸地貌类型及主要特征</td><td colspan="2">环节二：海岸地貌的形成过程</td><td>环节三：石老人的前世今生和海水浴场的环境调查</td><td>环节四：试题演练 知识提升</td></tr>
<tr><td>学生活动</td><td>观看根据海边实地考察的照片制作的电子视频</td><td>二浴一组小组代表展示在前海一线拍摄的海岸地貌和名称，包括海蚀崖、海蚀洞、海蚀平台、海蚀柱、海滩等</td><td>学生将海岸地貌的类型落实在学案上</td><td>学生讨论，根据教师提供的资料以及实践考察的所见、所得，描述海岸地貌的特征</td><td>小组代表根据他们在课下，通过上网搜索、查阅文献以及向老师的咨询等途径获得的有关资料，尝试分析海蚀崖、海蚀平台、海蚀洞、海蚀柱、海滩等的形成过程</td><td>学生在学案上总结海岸地貌的形成过程</td><td>小组代表展示关于石老人的现状以及问题。引发学生关于石老人是否应进行人为保护和干预的探讨</td><td rowspan="2">下图为世界某著名的滨海旅游胜地。读图回答问题。

（1）说出图示地区的海岸特点，简析其形成的外力作用。
（2）简述该地保护海岸带环境可采取的主要措施</td></tr>
<tr><td>教师活动</td><td>播放学生根据海边实地考察的照片制作的电子视频</td><td>若学生不能完全展示出海岸地貌的类型，教师应引导其他学生说出他们知道的海岸地貌的类型</td><td>引导学生概括常见海岸地貌的类型</td><td>学生不能完全说出海岸地貌的基本特征。课下查阅的资料可能也不能解决这个问题。教师可以通过展示典型海岸地貌的图片，引导学生进行讨论总结</td><td>描述海岸地貌的形成过程对于学生来说有一定难度，在学生展示完成后，会留时间给其他学生向展示学生提出问题，由展示学生或者教师进行答疑解惑</td><td>学生展示完成后，要求学生通过思维导图或者以图画的形式将海岸地貌的形成过程总结到学案上</td><td>教师组织学生对展示同学提出的问题进行讨论，并对学生观点及时进行点评</td></tr>
</table>

续表

教学过程	设计意图	通过该视频，将学生的记忆引回到考察现场，使本节课与考察实践活动有机地结合起来，使整个项目活动连贯有序	学生通过海边的实践考察，提升了地理实践力，通过小组汇报的形式展示在实践中的收获，将地理实践与课程标准知识相结合，将地理实践落到实处	将知识总结到学案上，有利于基础知识的落实	在总结不同海岸地貌特征的时候，不是直接给出，而是在学生认识了海岸地貌的基础上，给出学生相关资料，引导学生说出，这样做更符合学生的认知规律，也培养了学生获取、解读信息和描述事物的能力	让学生通过各种方式去概括海岸地貌的形成过程，锻炼了其解决问题的能力，让学生在课堂中展示他们的查询结果，提升了学生学习主体性地位，也锻炼了其语言表达能力和逻辑思维能力。通过对海岸地貌形成过程的分析，能够提升学生阐释地理事物的能力，在一定程度上也能提升学生的综合思维核心素养，让学生提出自己的疑问，通过生生交流和师生交流，解决上课过程中产生的问题，能够提高学生学习的积极性和主动性	将海岸地貌的形成过程进行书面总结，提升学生的书面表达能力，同时也落实了第二个教学目标	通过这个环节，让学生畅所欲言，阐释自己的观点，同时在这个过程中培养学生的正确的人地协调观	通过题目测试巩固所学知识并检测学生的学习效果
板书设计	常见的海岸地貌及主要特征 1. 海蚀地貌：海蚀崖、海蚀洞、海蚀平台、海蚀柱、海蚀拱桥和海蚀天窗等 2. 海积地貌：海滩等 3. 海蚀地貌（海岬）：由基岩组成，水深坡陡 4. 海滩（海湾）：由沉积物组成，水浅坡缓 常见海岸地貌的形成过程 1. 海蚀地貌（海岬）：海水侵蚀 2. 海滩（海湾）：海水搬运和海水沉积 海岸地貌的开发利用与保护 1. 海蚀地貌的开发利用方向：旅游资源　保护：减少人为破坏 2. 海滩的开发利用方向：海水浴场　保护：加强环境保护								

2. 青岛崂山仰口地貌识别地理实践课程设计

"'一山一海识地貌'（崂山仰口）项目教学计划书"案例

一、项目介绍

1. 学生情况分析

参加本项目的是高一学生，他们对地理学习的积极性很高，对地理学科有浓厚的兴趣，但是对于野外实习的方法不熟悉、技术路线不清楚，缺乏用地理原理来分析、指导实践的体验，需要教师提前做相应的培训工作。

2. 项目内容分析

此次活动涉及区域地理和自然地理学科领域，内容主要涉及青岛崂山仰口地区山岳地貌、花岗岩地貌、冰川地貌等。学生在初中阶段接触过"地貌"一词，但是不能系统、全面地理解这一概念，需要教师提前加以解释；对于常见的地貌，学生有一定了解，可是不能很好地进行归类，因此对于常见地貌的类型应提前告知。对于常见地貌的一般特征，在课堂上讲解很难达到效果，所以主要采用学生自主研学（实地考察）的方法，让学生在实践中进行学习和总结。在这个过程中，可能会产生一些新的问题，这需要教师及时进行答疑解惑。

3. 项目开展的方式和方法

野外考察、实地调查走访、小组讨论交流、资料查阅等。

4. 项目资源准备

照相机、手机、电子地图、指南针和 GPS 等。

二、项目目标

1. 与项目相关的课程标准内容

新课程标准对本部分的要求：野外观察或运用视频、图像，识别 3 ~ 4 种地貌，说明其景观的主要特点。

2. 本项目具体目标

本项目拟引导学生通过对冰川地貌、花岗岩地貌、山岳地貌的观察、分析、理解、判断以及具体问题的解决，提升学生的综合思维素养。通过对崂山仰口地貌的实地考察，提升学生的地理实践力。

三、项目实施过程

1. 考察前准备阶段

召开崂山仰口地貌考察说明会，主要包括考察区域介绍、学生分组、野外实践注意事项、帮助学生补充考察必备知识等。

（1）具体分组

全班分为四大组，每个组约 10 人，最好 10 人一起行动，也可对 10 人再进行分工，然后分头行动。

（2）野外实践注意的问题

①安全第一，野外道路崎岖、环境恶劣，做好防护工作，穿运动鞋，亮色冲锋衣，带好手机和指南针等。

②备好食物、相关药品、记录本、笔等。

③实行队长负责制，团队合作，勿单独行动，每组必须请家长陪同。

2. 实地考察阶段

学生利用国庆节假期时间，分组实地考察，明确具体考察任务。

（1）基本任务

①选择至少一种户外助手类移动应用程序辅助考察，绘制考察路线中所观察景观的分布图（线路图与景观分布图）。

②选择考察过程中你们组认为最有特点的3幅地貌景观图进行解读，每幅配300字左右的解读。

③对仰口地区开发利用现状进行分析，通过实地考察为其发展提出具体建议。

④组内提前撰写考察任务书，撰写小组调查报告，制作调查汇报幻灯片。每位组员撰写考察感悟，考察小组成员合影，小组活动影像资料的分类、整理、提交。

（2）分组任务

①仰口一组（冰川地貌考察）：冰川遗迹地貌寻找（景观照片）、特征描述、解释形成过程、预测发展趋势（演变趋势）

②仰口二组（花岗岩地貌考察）：描述花岗岩的结构、构造、成分、颜色和矿物组成等特征，完成花岗岩的采样。

③仰口三组（山区河流地貌考察）：河床剖面图绘制、河谷形态描述。

④仰口四组（寒冻风化地貌考察）：探索大体积石块来源，寻找风蚀穴，解释“仙桃石”的成因，解释“觅天洞”的成因。

3. 学生梳理考察阶段

学生对实地考察的情况进行梳理，提出困惑，并分组提交考察视频、照片、成果展示幻灯片等资料。

4. 课堂展示及总结阶段

师生课堂展示交流可参考“一山一海识地貌（崂山仰口）”教学设计表进行。

“一山一海识地貌（崂山仰口）”教学设计表

<table>
<tr><td>学科</td><td>地理</td><td>年级</td><td>高一</td><td>教学形式</td><td>综合课</td></tr>
<tr><td>教师</td><td>赵绍梅</td><td>单位</td><td colspan="3">青岛39中</td></tr>
<tr><td>课题名称</td><td colspan="5">“一山一海识地貌”（崂山仰口）为例</td></tr>
</table>

续表

课标要求及分析	新一轮修订的高中地理课程标准中对地貌部分的要求是"野外观察或运用视频、图像，识别3～4种地貌，说明其景观的主要特点。"所以本项目设计的落脚点在地貌景观的识别及特征描述上，在此过程中激发学生对相关地貌成因的探究欲，但对地貌成因不进行过高要求
学情分析	所任教班级的学生已经对崂山仰口地区进行过野外考察，能够在野外认知相关地貌，但对景观判读的准确性不够，亟待在教师的引导下进行系统探究
教学目标	一、教学目标 本项目通过对崂山仰口地貌的实地考察，提升学生的地理实践力。拟引导学生通过对冰川地貌、花岗岩地貌、山岳地貌的观察、分析、理解、判断以及具体问题的解决，提升学生的综合思维素养 二、教学重点：以青岛崂山仰口地区为例，对山岳地貌、冰川地貌、花岗岩地貌的识别 三、教学难点：冰川地貌的识别及成因分析 四、教学准备 1. 多媒体课件 2. 学生野外考察照片、视频等成果
教学过程（简略设想）	一、导入 播放学生在国庆期间崂山仰口地貌考察的视频。在视频中展示学生考察剪影、收获等 二、考察区域概况 由于学生考察时间与课堂展示时间间隔较长，教师有必要引导学生对考察区域进行回顾 三、课堂探究 （1）识别山岳地貌 展示青岛崂山地区卫星影像图，引导学生依据崂山地区卫星影像图，概括崂山的总体地貌形态，并与泰山的地貌形态进行对比；引导学生识别褶皱山和断块山；最后引导学生总结出山岳地貌的特点 （2）识别冰川地貌 课件展示学生拍摄的崂山仰口的漂砾、缆车途经的U形谷、石河、飞来石等照片，引导学生识别冰川地貌，并能具体识别冰川侵蚀地貌、冰川堆积地貌 （3）识别花岗岩地貌 展示学生在考察过程中拍摄的崂山仰口地区花岗岩图片及教师曾经实地考察过的秦岭太白山、翠华山花岗岩图片，引导学生识别花岗岩地貌及其球状风化的特征并尝试解释成因；介绍花岗岩的特点，引导学生解释为何青岛建筑多以花岗岩作为石材 四、课后探究 在第二届中国第四纪冰川与环境变化研讨会上，与会专家认为崂山发育了中国东部最为典型、系统的第四纪冰川遗迹等国内乃至国际罕见地质遗迹，具有独特的科学价值、普及教育价值和美学观赏价值，完全具备申报国家地质公园和世界地质公园的条件。假如你是申报人员，你想着重就哪些地貌景观或地貌奇迹进行申报？以实地考察小组为单位，尝试撰写一份申报书

3. 云台山地理实践课程资源设计

为了更好地将河南省焦作市云台山开发成为学生野外实习基地，北京师范大学蔚东英副教授通过对云台山的地貌、水文、气候、土壤、植被、动物、竹林七贤文化、佛教文化、太极文化和“焦作现象”等进行考察研究，编写了适用于中小学开展综合实践活动课程的《云台山研学旅行》手册，将云台山开发建设成学生野外实习基地。

下面为《云台山研学旅行》节选的内容。

《云台山研学旅行》案例

第五讲

云台山的植物奥秘

导 读

云台山地处暖温带落叶阔叶林带，植被茂密，品种众多，自然生态完善齐全。其中，云台山茱萸峰植被繁茂，古树参天，有千年名树红豆杉，五角枫，森林覆盖率高达93%，有“天然氧吧”之称。本讲带领学生在游览云台山茱萸峰的过程中，观察各种植物的特征，学习如何分辨草本、灌木与乔木，如何判断植被类型，学习植被的垂直分异，并在游览中学习体验测量种群密度和郁闭度的基本方法，了解植物标本的制作过程并尝试制作。

课程目标

主要考察点　茱萸峰

- 能够识别植被的种类、特点
- 认识云台山主要植物的名称和特点
- 能够理解植被的垂直分异现象及原因
- 能够区分草本、灌木和乔木，能够区分松、柏、杉
- 学会测种群密度、测郁闭度的基本方法
- 培养敬畏、热爱大自然，爱护植物的意识

准备材料　云台山地图、相机、GPS、拉样方所需木棍、绳子、尺子、记录工具、标本夹、标本剪

云台山景区植被繁茂，在游览过程中可以看到不同的植被分布，其中茱萸峰的植被品种丰富。

想一想

你认为所处区域的植被特征与图5-1中的哪一张图片最为接近？其对应的气候类型是什么？是否与云台山的气候类型相符？

第五讲 云台山的植物奥秘

热带雨林、针叶林、常绿阔叶林（上排）
落叶阔叶林、稀树草原、高山草甸（下排）

森林的分层结构

茱萸峰上既有高大的红豆杉、五角枫，也有在脚下容易被忽略的萎陵菜、蒲公英，还有其他不同高度的植物。它们错落有序地生长，获取各自需要的阳光和养分，共同构成了当地完整的植被，它们可以分为乔木、灌木和草本植物。

森林植物的分层现象

想一想

森林的分层结构对植物的生长有什么意义？请观察周围的植物，说说哪些是乔木？哪些是灌木？哪些是草本？

测量茱萸峰的种群密度

茱萸峰上植被茂盛，种类繁多。若想要研究茱萸峰上某种植被的数量情况，可以采用样方法来测量其种群密度。

种群密度：种群是在一定时间内占据一定空间的同种生物的所有个体。例如，茱萸峰山麓处的全部狗尾草就是一个种群。种群在单位面积或单位体积中的个体数量就是种群密度。种群密度是种群最基本的数量特征。种群密度＝同种个体总数／总面积。

样方法：植物种群的密度测量适合采用样方法。在被调查种群的生存环境内，随机选取若干个一定面积的正方块，叫作样方。通过计数每个样方内的个体数，求得每个样方的种群密度，以所有样方种群密度的平均值作为该种群的种群密度。样方位置的选取应该随机或按照以下两种取样方法。

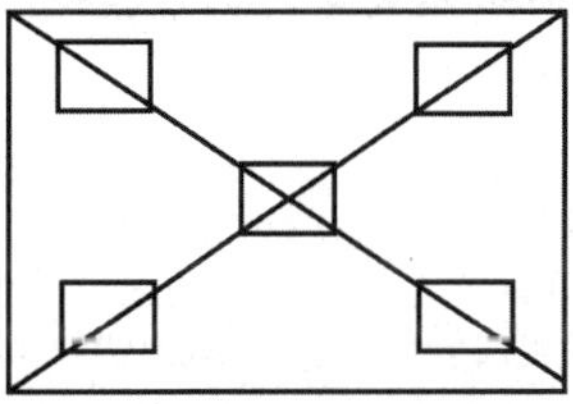

五点取样法示意

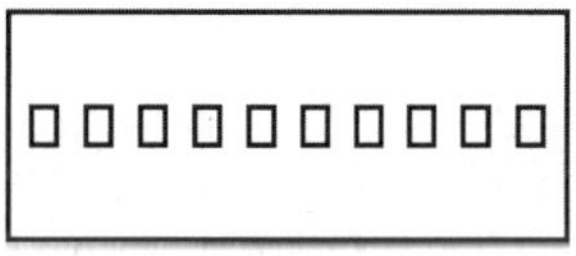

等距取样法示意

两种样方取样方法

1m×1m 样方测量草本植物的种群密度

因调查种群的体积不同，确定的每个样方的面积也应不同。

一般采用的样方面积为草本在 $1m^2$ 以上，灌木在 $10\ m^2$ 以上，乔木在 $100\ m^2$ 以上，也可以根据实际情况修改。

除了测量种群密度，对于乔木而言，还可以采用郁闭度来考察乔木对生活空间的利用程度。郁闭度是森林中乔木树冠遮蔽地面的程度。郁闭度的测定通常采用一种简单易行的样点测定法，即在调查范围内，均匀设置100个样点，在各样点位置上抬头垂直昂视，判断该样点是否被树冠覆盖，统计被覆盖的样点数，其计算公式为：郁闭度＝被树冠覆盖的样点数 ÷ 样点总数。这种方法可以形象地称为“猴子望天法”。郁闭度反映了林冠覆盖面积与地表面积的比例。

郁闭度样区
（左图郁闭度大于80%，右图小于80%）

活动

1. 测量草本植物密度——1m×1m 样方法

以 3-4 人为一组，在随机圈定的 1m × 1m 的样方内，辨认草本植物种类，并记录每种植被的具体植株数量，从而计算其种群密度。也可以根据兴趣测量灌木或乔木的种群密度。

2. 测量乔木郁闭度——猴子望天法

选定一片区域，尝试用猴子望天法估测此处的乔木郁闭度。可以多选择几个不同的区域，体会郁闭度的差异。

区分松、柏、杉

茱萸峰上的植物种类繁多，古树参天，可以看到松柏纲的多个植物种类，比如白皮松、侧柏、卷柏、红豆杉等。

这些松、柏、杉都属于植物分类中的松柏纲，因此共同点较多，有些难以区分。

松

松树绝大多数是高大乔木，极少数呈灌木状。其树冠蓬松不紧凑，“松”字正是其树冠特征的形象描述。松树最明显的特征是叶成针状，常 2 针、3 针或 5 针为一束。如油松、马尾松、黄山松的叶 2 针为一束，白皮松的叶 3 针为一束，红松、华山松、五针松的叶 5 针为一束。

柏

柏树是柏科植物的统称，为常绿乔木或灌木，包含侧柏、圆柏、扁柏、花柏等多个属。柏树树干端直，树形整齐，树皮常成较窄的长条片脱落，叶鳞形或刺形。

杉

杉树是杉科植物的统称，为常绿或落叶乔木，包含水杉、红杉等多个品种。杉树树皮裂成长条片脱落。叶互生，披针形、钻形、条形或螺旋状互生，稀交叉对生。

松、柏、杉都是重要的绿化和造林树种。

知识拓展

茱萸峰药王洞口有一棵著名的红豆杉，但红豆杉不属于杉科，而属于红豆杉科。红豆杉树皮呈褐色，裂成条片脱落，大枝开展，叶排列成两列，条形，微弯，种子生于杯状红色肉质的假种皮中。红豆杉可用于提取抗癌药物紫杉醇。

药王洞口的红豆杉

第五讲 云台山的植物奥秘

想一想

观察茱萸峰上的松、柏、杉类植物，说说它们分别属于松、柏、杉中的哪一类？

云台山特殊植物——太行花

太行花是中国的特有植物，分布在河南省北部等地，属蔷薇科，多年生草本，生长于海拔 1 100 ~ 1 200 米的阴坡山崖石壁上。太行花根茎粗壮，伸入石缝中有时达地上部分 4 ~ 5 倍，茎叶表面被稀疏柔毛。

云台山叠彩洞景区有一片著名的太行花壁，花开时节，在海拔 820 米的峭壁石缝中，一簇簇白色的太行花争相开放，蔚为壮观。

叠彩洞景区的太行花壁

想一想

1. 太行花的形态特征与它的生存环境有什么关系？
2. 还有哪些植物的表面被绒毛？它们生活在怎样的环境里？

知识储备

群落的垂直结构

群落的垂直结构，主要指群落分层现象。陆地群落的分层，与光的利用有关。层的分化主要决定于植物的生活型，因生活型决定了处于地面以上不同高度的植物或不同生活型的植物在空间上垂直排列的结果，水生群落则在水面以下不同深度分层排列。森林群落的林冠层吸收了大部分光辐射，向下光照强度逐渐减弱，依次发展为乔木层、灌木层、草本层。

乔木、灌木与草本

乔木是树身高大的树木，有独立的主干，树干和树冠有明显的区分。乔木通常为高六米至数十米的木本植物，如杨树、白桦、银杏等。

灌木是没有明显的主干、呈丛生状态比较矮小的多年生木本植物，如连翘、华北珍珠梅、小叶黄杨等。

草本植物的木质部较不发达或不发达，茎为“草质茎”，茎多汁、较柔软，如狗尾草、苍耳、萎陵菜等。

乔木、灌木、草本

练 习

1. 根据本章的学习和考察内容，填写云台山植被观察记录表。

云台山植被观察记录表		
记录时间：	植物名称	密度
地点名称： 海拔： 植被类型：		
地点名称： 海拔： 植被类型：		
地点名称： 海拔： 植被类型：		

2. 请总结考察线路沿途植被的变化特点，分析海拔会对植被类型产生哪些影响？

3. 制作简易植物标本。

准备材料：标本夹、报纸、标签、采集袋、针线、剪子、铲子

植物采集尽可能选取完整的根、叶、茎、花、果实。因为花和果实是鉴定植物的主要依据。尽量保持标本的完整性。采集矮小的草本植物，要连根掘出，如标本较高，可以分为上、中、下三段采集，使其分别带有根、叶、花（果实），而后合为一个标本。要注意采集在正常环境下生长的健壮植物，不采变态的、有病的植株，采集能代表植物特点的典型枝，不采徒长枝、萌芽枝、密集枝等。

植物采集后，先将花瓣整理好压放在报纸上，然后将茎、叶整理好，每片叶要展平。不能因为叶片过多而摘掉叶片，一部分叶要反放，使得压好的标本正反面均有叶片。如果茎、根过长超过标本夹的长度，可以将茎或根折压在纸上，然后在上面铺几层吸水草纸如报纸等，用标本夹压紧绑好。可以用针线将植物固定好。

植物标本不能放在太阳下晒，容易变色，压在标本夹内的标本每天要翻倒数次，每次换用干燥的吸水草纸，用过的纸可以在太阳下晒干以备下次翻倒时使用，标本夹压标本主要是靠吸水草纸将植物的水分吸干。压好的标本中花、茎、叶的颜色不变。

要给所采集的标本挂上标签，并注明所采集的地点、日期及采集人姓名，并记录植物的生长环境和形态特征，如陆地、水池、气味、颜色、花的形态等。

植物标本示例：

4. 经过本讲的学习，你有哪些收获与感想，请填写在教材附录 1 中。

第七章

中学地理教研组管理

一个团队只有组织好内部工作，才能得到良性发展，对于中学地理教研组来说，组内资源应当如何获得、配置及更新呢？如何让教师在教研组内得到专业发展和提升呢？本章以英国和中国为例，介绍中学地理教研组的建设模式以及在教研组事务管理中可能碰到的一些问题和挑战，进而为中国中学地理教研组的建设与管理提供建议。

第一节　教师教研团队建设——以名师团队为例

一、名师团队建设模式

名师团队、名师工作坊是当前教师队伍建设的热门话题，作为专业学习团队，已经成为我国促进教师专业发展的新模式。其主要建设模式是将一定范围内的学科名师汇聚成协作共进的学科团队，形成学科教师交流和共享平台。在团队建设中，应当有效发挥学科名师的带头引领作用，共同设立研究目标，完成研究任务，通过教师集体教研活动和深度反思，促进教师以团队的名义提高专业素养和能力，促进学科教学改进。

名师团队建设要有目标意识，要明确研究方向和研究主题。首先，研究主题要有前瞻性，要着眼于教师未来的发展。其次，研究主题要来源于教学实践，密切关注当前课程改革的方向，关注新时期学生发展的动向，不能脱离教学做科研。

名师团队无论是学科带头人还是团队成员，都应该是从事本学科的一线教师。名师团队成员的组成还要有层次性，要鼓励不同地区、不同层次的教师共同参与，通过参与活动，能够使这些成员在各自学校起到辐射带动作用，扩大影响力。同时，还可以聘请一些学科专家作为团队的顾问，对团队教学、科研等方面的问题进行指导。

名师团队的建设需要所有成员共同努力，每个成员都要积极地发表有关教学、科研等方面的观点与看法，形成团队交流、研讨的氛围，而不是学科专家的一言堂。针对教学、科研等方面的问题，应该各抒己见，允许有多种见解，在争论中探索教学、科研的方向。

二、名师团队教研活动

名师团队建设主要应以教师教研活动为主，以实际教学为基础，开展形式多样的专题研讨活动，促进教师专业发展。

坚持开展主题月教研活动，鼓励年轻教师积极实施教学改进活动，通过学科骨干教师和学科专家的不断指导，帮助年轻教师迅速积累课堂教学经验。教学改进活动应包括教学方案设计、教师备课、开展课堂教学活动、专家指导与教师反思、教学方案修改、再次开展课堂教学活动、专家指导及教师反思与总结，最终形成较为完整的教学案例成果，供其他教师借鉴参考。同时，在主题月教研活动中，还应补充专题课例研讨活动，以课例研究承载研究专题。专题课例研讨时，教师应进行集体备课和研讨。

坚持行动研究，开展基于课堂观察的精细化教研活动。教师教研活动不能脱离实际的教学问题，不能盲目研究高深的教育理论问题，应从教师所在的学校、教师队伍、学生以及教育教学的实践中发现问题，然后在教育教学实践中解决问题、寻找答案，并及时地将研究成果在教育教学行动中检验、实践和推广，共同促进教育教学的改进。这样的名师团队才是真正意义上的团队，才能带动和促进教师的专业水平的提升。

名师团队建设还应注重对教师科研能力的培养，让教师不仅能够提升课堂教学技能和方法，还能增强理论知识的积累和提高科研能力。坚持开展专题研训活动，以专题培训和讲座的形式，讲授教师如何撰写研修论文、如何使用微课教学等专题；开展名师讲坛、教师互研活动，通过理论与实践相结合，在教学实践中以老带新、以新促老，实现共同进步。

名师团队还应倡导教师进行自主学习，形成定期读书交流分享的良性循环。名师团队可以请学科专家推荐一些能够提高教师专业发展水平的理论书籍，鼓励教师多读书、读好书，增强自身理论功底，更新教育教学观念，拓宽视野，始终占领理论"制高点"，力争做学习型教师，并通过广泛阅读，撰写读书笔记和教育反思，不断提高教师的专业素养。名师团队还可以在学科专家的推荐下订阅一些专业期刊，组织团队成员阅读和学习，并通过定期交流与分享，实时把握学科理论前沿动态。

名师团队应积极督促并指导教师及时对深度反思进行成果表达。教师通常会在发现问题、解决问题的过程中会有一些思考，这种基于经验的教学问题反思具有很强的借鉴和推广意义，因此教师应及时认真总结，形成文字研究成果。在教学改进过程中也应对优化的教学设计进行积极宣传和成果推广，比如组织观摩教学等，并对教学过程进行实录。此外，名师团队应提倡课题研究，每一位教师都要有小课题研究，可以是针对课堂教学问题的研究、校本教材的研究、基于实际教学活动的研究等，并根据研究成果撰写论文，通过组织成果论证、专题汇报等活动不断扩大名师团队的影响力，吸引更多的教师关注并参与，形成名师团队内外互动的研究局面，使研究形式更加多元，研究成果不断涌现。

三、名师团队建设的意义

顾明远先生曾说："名校成就名师，名师支撑名校。"名师团队的建设能够帮助年轻教师尽快提升专业水平，提供给骨干教师更高的发展平台，进而帮助学校搭上名校的快车。

名师团队是名师风采的展示舞台，是特色教学的示范窗口。通过教育教学的成果展示，优秀的学科教师能够展示自己的教学风采，分享完整的优秀教学案例，供学科其他教师学习和借鉴。

名师团队是骨干教师的培养基地，是科研兴教的引领者。通过学科专家举办讲座培训、指导教师开展小课题研究，让更多的教师有机会提升专业理论水平和教育研究能力，包括论文写作和课题研究能力。培养一线教师发现问题、研究问题、解决问题的科研素养，对教师专业发展有引领作用。

名师团队是教师深度反思的平台，也是教师教研成果的展示平台。通过积极督促教师基于教育教学中的问题进行深度反思，针对问题的解决和优化过程进行总结和提炼，并形成果进行展示，不管是公开课的展示，还是科研论文的发表，都对教师的专业教学理论和实践技能的提升有促进作用。

第二节　地理学科团队的管理

一、地理教师应为学科的发展负责

1. 管理地理学科团队的重要性

无论在英国还是在中国，地理学科团队的管理者都需要面对公众深入的细察以及内部的监督和评论。账务问题自从 20 世纪 80 年代在教室中公开以来已经有了很大的发展，20 世纪 90 年代的教育法案规定了学校花费公众预算时必须承担的责任。地理学科团队必须用业已发表的测试和检测结果来说明团队所取得的成就，学校也必须说明他们的教学质量。除了室内的教学活动外，管理者还必须对一些公众和社会的评论进行回应。例如，在课堂上教师教授了一些不合理的知识并布置了一些额外的功课。很明显，一个管理者除了要做一个好的地理教师外，还必须在团队中尽职尽责。

英国国家课程的设置对未来地理教学管理也有很大的启示。在英国，接受地理教育作为一项普遍权利，在 11 ~ 14 年龄段（第三关键阶段）得到强制推行。而到了 14 ~ 16 年龄段（第四关键阶段），地理教育重要性降低，已经降级为一种选择，甚至对 GCSE（英国普通初级中学 10 年级和 11 年级的学习课程）和 16 岁后的成人教育没有提供这种选择。所以 14 ~ 16 年龄段（第四关键阶段）的地理教学对地理教师而言是一个很大的挑战。

英国学校的预算依赖于毕业生，所以学校领导会对那些学生数量较少，不满足师生比率政策所要求的最小教师数量原则的课程进行详细审查。如果课程不想被取消的话，学生数量就必须达到要求。即便如此，GCSE 地理课程还必须通过学生的选择，因为学生在其他课程中还有一两个选择，学校课程制定者认为这些课程是对国家课程的重要补充。

逐年增多的公众费用也使得父母和学生要在学校之间以及学校内部进行比较和选择。这在贯穿 11 岁到 16 岁的学校中不太明显，然而在一些系统中是非常明显的，如曼彻斯特规划中，学生在 14 岁时读中学，他们 9 岁时在选择高一级学校之前就要对学校和课程进行选择。这种选择基于以下三方面：他们对这个学科团队的了解程度、这个学科团队在 14 ~ 16 年龄段所做的工作以及它在团队这个“整体”中的表现。确保外界对团队的了解程度是团队领导的主要职责，除非团队里只有一个人，否则团队领导将和很多同事一起参加工作和管理。一个学科团队的生存和成功之道取决于团队领导通过学科团队里成员对地理学习的管理以及传递给潜在的学生的教学质量。

随着学校对市场力量（通过生源的竞争）认识的深入，学校已经意识到它不能远离当地家长和社区的关注。国家宣传已经使得当地社区，尤其是当前的以及潜在的学生家长很清楚地意识到他们正在为国家教育预算投入很多资金，而且这些资金通过当地学校管理处的安排被直接转入到当地学校预算中。通常支持学校的家长和学生开始像“消费者”一样在傍晚谈论一些敏感的问题，并且抱怨任何一个他们感到不合乎他们期待的教师。

如果学校和学科团队不能对外部这些关注进行回应的话，他们就要冒很大的风险。如果学生家长在一个关注教育的著名媒体上对于学校傲慢和自满态度表示怀疑，就会很快导致学校名声受到影响，并且使得学生和他们的朋友进入另一所学校。事实上，精美的宣传册并不能提高学校的声誉，吸引或者减少未来学生入学量的是现在的学生、家长以及当地社区关于这所学校的评论。

2. 管理地理学科团队的要求

所有的教师都需要养成共同庆祝成功以及共同关注缺点的习惯。学校的发展、学科的发展和教师自身的专业发展必须保持高度一致，如果学校要在竞争中立于不败之地，就需要每一个学科团队都对整体工作做出贡献，地理学科团队也必须接受这一现实，认同他们是其中的一员，而且学科团队里的每一个成员都负有一定责任。只有这样，教研员才能帮助学科教师和学校管理者构建一个理想的发展愿景，才能得到学校领导和基层教师的大力支持，才能达成学科发展的目标。一旦一个全校性的指导思想以及相关政策通过，就会对学科团队的工作起到一定意义的指导作用，所有的团队成员都要支持它。所以，教研员必须对每个教师的专业功底和职业精神了解清楚，本着与学校共发展的宗旨，与学校领导进行沟通协商，把团队发展规划包括一些过程性管理的思路告诉教研组长和学校领导，做到口径一致，方向一致。这样，教研员的学科发展目标才会被高度认可，教研员倡导的氛围才有可能逐步形成。所以从某种意义上说，学校的支持是教研员引领学科团队建设最好的保障。

地理学科团队的领导必须努力培养学科团队成员之间的合作精神以及负责任的态度。团队领导作用的关键一部分在于要意识到全校环境的迅速变化并且将情况传达给学科团队里的每一个成员，同时成功的学科团队有必要与其他学科团队一起分享成功的秘诀。学校的生存以及学校内部各个学科的生存，都依赖于强者帮助弱者。可以说，这是一直以来学科团队领导最重要的一个作用。

二、地理学科团队的管理风格和结构

对于学科团队领导称呼的变化能够反映其管理风格和结构。例如，在英国，地理学科团队领导一般被称为地理研究主任、地理系领导、课程协调者；在中国，地理学科团队领导则被称为地理教研组组长。其中，地理研究主任、地理系领导和地理教研组组长的称呼侧重于领导和分配团队工作，承担团队主要责任；课程协调者的称呼更侧重于将人们集合起来共同分担责任，而不是指导他们的工作。

在新课程改革背景下，中国教研员的工作越来越趋于综合性和多元性。教研员扮演着专家、勤杂、秘书、领导等多重角色，应对繁杂的日常事务，然而引领学科团队建设才是教研员工作的核心任务。很多资深教研员的成功经验是：教研员如果要拥有一支优秀的学科队伍必须做到“两手抓”，即分层培养好学科团队中的各类教师，同时精心营造好学科氛围。

作为学科团队的领导，应该考虑自己是否喜欢做一个“名誉领导”，或者自己的领导风格以及实际行为是否能够通过其他称呼得到更准确地表达、更容易促进学科团队的管理与建设。一个优秀的学科团队应该抽出一部分时间来讨论团队最为有效的管理风格和结构。

三、地理学科团队的职能分工

1. 学科团队的职能分工

虽然地理团队的建设可以由少数老师来完成，但是出台与所有人都相关的政策是非常重要的。因此，有必要将一个工作分解为几部分，由学科团队里的成员共同完成任务。这些额外的工作及责任可能不会有物质上的回报，希望获得管理经验或者想要在事业上有更好前途的教职工就要无偿地承担这些任务。

在英国，一个学科团队通常将团队成员的工作分解为两类，并根据不同的类别分工合作：课程管理：主要负责职员发展和服务培训；（2）资源管理：主要负责发展交流及公众关系。

在中国，学科团队的建设同样有职能分工。教研员不仅需要定位团队的发展方向，同时还需要帮助团队成员的个体发展进行自我定位，帮助团队内的教师进行职业规划，合理定位不同教师在团队中的分工角色，如指导备课组长、准确定位团队中的老教师、快速培养中青年教师等。

2. 地理学科团队的分工

图 7–1 表示的是英国一个无等级差别的团队中全体职员的配置结构，在该结构中的每一个组成部分均具有相应的责任和报酬。如果一位教师同时担任两个职务，那么他将得到更高的报酬，这是合理的。团队之间的每项事务都会为沟通校内或校外人员（如学生父母、资助团体及高层管理者等）提供经验。

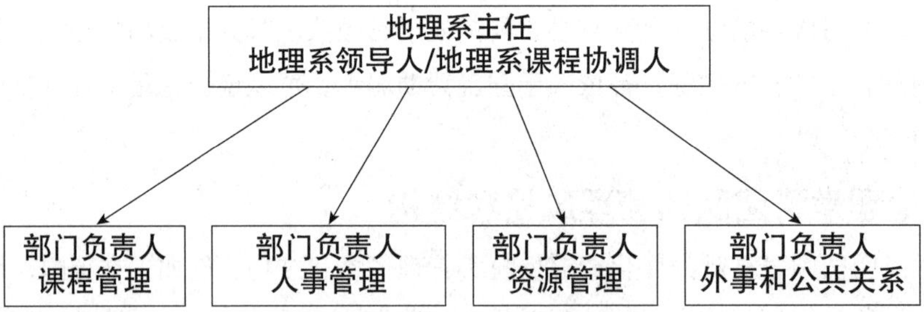

图 7–1　英国地理学科团队配置结构

尽管许多事务一般是由地理系主任处理，但是这种做法仍受到质疑。地理系主任的职责是保证事务被处理完而没有必要自己去处理。在中等规模的学校中，地理系的二级部门会有 3 ~ 4 名全职人员，还有一些来自其他系的人员通过参与部分工作来协助他们。此外，教师队伍中还有一部分人员负责一些与具有特殊需要的学生、图书馆、包括复印和信息技术的资源管理者等有关的工作。在筹备团队发展计划的时候，这是一个完整的队伍需要予以考虑的。

3. 其他学科团队分工对地理学科团队的启示

图 7–2 表示的是中国上海市中小学形成的跨领域跨区域共发展的小学语文网络课程开发团队结构。在团队建设的过程中，团队成员包括教研、教师培训和现代信息技术 3 个领域的专业人员，围绕“研修一体”“教材教法”“网络课程”3 个研究关键词，分工合作，协同发展。三方携手解决“团队发展计划”实施过程中遇到的问题，充分保障“团队发展计划”实施的时间和精力。此外，团队为了获得理论指导，开拓学术视野，邀请了高校学者加入，为团队的发展解决了专业引领者缺失的问题，使得课程开发不再只是从经验到经验的无效叠加，而是从理论上提升对话品质，扩大实践成果。后来，又跨区域建立了互帮互助的姐妹团队关系。始终围绕“需要”，从无意识的需要性合作逐渐走向有意识的机制性合作，取长补短，共享素材。至此，团队的建设又达到了新的高度，实现了资源的互通和智慧的交融，从单一线性逐渐走向多元网状。这种团队架构的转变既反映了课程开发的需要，又为日后团队形成平等协作的良好运作机制打下了基础。该团队结构为地理学科团队的建设提供了有益尝试。

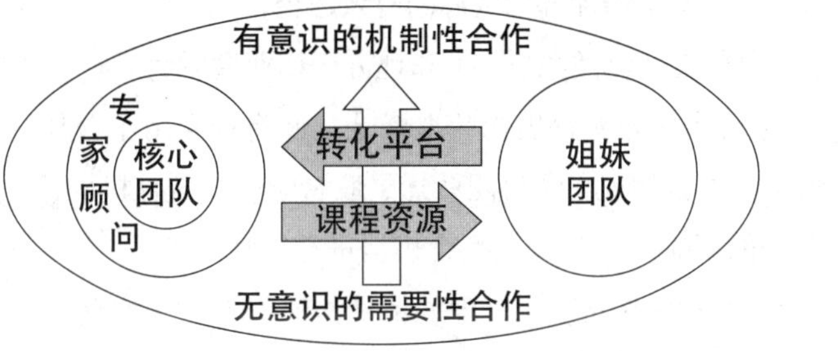

图 7–2　中国上海小学语文网络课程开发团队结构

四、地理学科团队的资源管理

1. 资源管理的重要性

如果学校教育资源不足，相关领导就有可能被认为失职。反之，部门领导也不太可能受到称赞。因此资源管理被大多数领导看作一种世俗的为了生计而奔波的任务。

上述有关资源管理者的描述是不全面的，这一角色的含义更广、更重要。资源管理者不仅对教科书、地图集、文具等负责，而且对部门教师队伍、非教学人员以及教室负责。此外，资源管理还包括管理学校中央控制资源的使用，如图书馆的书籍或计算机设备等，对部门管理工作和学校整体的管理工作有重要影响。

2. 资源管理中的问题与应对策略

所有部门都面临不同的挑战，而具体面临的挑战取决于部门所在地和历史条件。以下三个英国的实例可以印证上述观点。

（1）专门的地理教师团队将面临不同的资源问题，这些问题主要来自较边缘人文学科的教师和那些因此认为自己根本不是专业的教师组成的团队。

(2) 学科团队面临的另一挑战就是补充并修订国家地理课程标准。其主要的问题和困难是依赖于现有资源，判断教师是否对所教的新内容感到满意，其中一个重要的因素常常归于使用“正确的工具”。

(3) 实践表明员工教研室的分配是学校的一件大事。每位教师都不可能独占教研室。因此，公开的讨论和公平的方案对于保持团队的健康氛围至关重要。一般来说，团队领导必须为分配中的任何不当之处进行协商解决。

学科团队的常规收入最重要的来源就是学费，学费是根据复杂的公式分配给各个部门的。考察学校所采用的公式并研究其是否偏向使用课程是有必要的。一些地理团队的领导通过强调他们实际运作具有实效性而获得更多的利益。

在英国，学科团队除了学费以外，还有其他收入来源。但是，为了得到某些收入，学科团队可能不得不忍受漫长而琐碎的投标过程，如职业技术教育基金被平均分配给各个学校。当然，符合要求的学科团队都可以竞标，最终的竞标评估报告会提供给学校。虽然竞标需要经过漫长的等待审核的过程，但它却是增加部门资源的有效途径。

另外，英国的教师协会（或类似机构）和地方工商业通常为了特殊需求而提供资金。同时，一些学校团队已经开始从高等教育机构获取资金，并将资金用于合作开展初级教师培训，以求进步。中国的情况也同样如此，学科团队通过联合学校等教育机构设立诸多教学改进项目，在获取资金进行科研的同时，对学校或教育机构进行教师培训。

学科团队收入的合理使用依赖于合理的消费策略。在多数案例中，因为学生年年流动，所以几乎没有哪个学科团队有细致且有远见的消费策略。就消费策略而言，团队领导与其他成员共同商量消费计划，发挥资源的真正价值才是明智之举。

3. 资源的保管

保管好所拥有的资源显然是重要的，工作人员需要一项简单而有效的制度来保管和回收教科书、信息表、录像带、科研工作设备等。存储室必须安全，工作人员应该注意非消费品的短缺；教科书应该保存在储藏室内，并用塑料箱子搬运；使用过的信息表或学生咨询表也应当妥善保存。

第三节　地理学科团队的评估与发展

一、学校和学科的发展计划

1. 学科发展计划的重要性

合理的学科发展计划可以保证学科建设的可持续发展。学科建设和发展是一个复杂的系统工程，其中学科团队的领导是学科发展的引领者、规划者，学科团队的成员则是学科建设的动力、核心和主体。学科的发展是一个逐渐积累、循序渐进的过程，因此需要有一份合理的学科发展计划。结合学科所处的实际情况，充分考虑多方面因素，由学科团队的全体成员精诚合作，共同探索适合学科发展的计划，并根据发展过程中出现的问题，及时进行调整，才能促进学科建设的可持续发展。

2. 制订学科发展计划时应该考虑的因素

在制订学科发展计划时，需要考虑多方面因素，其中必须要考虑六个因素：（1）社会主流价值观是什么，这所学校的价值何在？（2）将来发展的短期和长期目标是什么？（3）这些目标如何实现？（4）这些目标什么时候实现？（5）如何对实现目标过程中取得的进展进行监控，以便于人们都清楚所获得的进展？（6）我们的优势何在？下一步应该怎么做？

3. 学科发展计划案例

学校和学科团队的发展计划是学校检查内容的重要组成部分，负面报告的作用也不能低估。负面报告通常表达了对学科发展计划以及其他文件的怀疑。从教育的观点来看，当课堂上观察得到的证据不能反映学科发展计划所要表达的目标时，负面报告是非常重要的参考依据。

（1）案例 1：将学校发展计划与学科发展计划相结合

表 7–1 列出了英国某学院发展计划示意。它很清楚地将总体目标和评估政策评论联系起来，并规定了工作的时间长短。

表 7–1　英国某学院发展计划示意

目标	要求	方法	花费	衡量标准	学院目标和学生发展计划的索引		负责人
					目标	学生发展计划	
通过提升学生的自信和自尊来提升系的学习质量	系里要有书面工作评估及报告制度	成立一个三人小组评估系的市场化策略及方式。要进行差价分析修正并且及时反馈给学生	计划和生产需要两个半天时间，花费 300 英镑	从每年 1 月 1 日起制定、通过并完成系发展计划。小组要实时监控计划对学生学习质量的影响	提升自尊、自信、自律以及发展成熟的、独立的思想	通过给学生书面作业积极、有建设性的反馈提升学生的自尊和自信	学院管理员

（2）案例 2：几个内容举例及学科发展规划的可能结构

学科团队领导的首要任务之一是与团队里其他成员一起探索出一个可以操作的、现实的团队发展计划。表 7–2 呈现了英国的一些案例。

团队的介绍：从总体上陈述了地理学科团队风气、目标以及课程存在的合理性。

团队的环境：地理学科团队的历史及未来背景描述，如教师数目、教室、学生分类政策以及现在或将来的课程配置。

表 7–2　英国地理学科团队发展规划

内容	教室内	教室外
第一节：课程管理 如第三、四关键阶段以及 16 岁后的学生课程结构、评估、记录和汇报	教学过程 评估市场化政策 分组政策	野外工作的日期及住所 野外工作小组规模
第二节：教师配置与发展 如通过系和学校内部活动或者通过外部教学和管理培训提高教师的技能	同事课堂观察 关系研究 内部适度练习	外部课程发展及管理技能 外部付费工作 审查人或仲裁人
第三节：资源管理 如管理和开发第三、四阶段及 16 岁后的学生学习过程中使用的资源	建议购买书籍 软件 表格填充及更新	与图书馆、信息中心、复印部门联系 计划课程活动 预订校内汽车以及外出参观
第四节：社区公众关系 如与当地及其他社区发展对双方都有利的关系以及在校内校外建立良好的形象 如与初中和高中在课程设置的联系性和发展方面取得关联，以及在不同的关键阶段传递信息	利用当地社区资源，如口头档案、反对意见等 关心当地问题 在自己的学校展示学生的工作	通过学校地理事件公共关系系统快速报道野外活动和竞赛中取得的成绩并在当地学校、银行和商店进行展览。 请以前毕业的学生进行会议报告。联合学校考察 将研究活动发布给当地实体，如交通部门

二、学科团队的自我评价

1. 自我评价的重要性

通过教育使个人获得最佳能力并被他人认可，是人们保持自尊、自信的基础。因为不满足于现状，所以专业人员年复一年坚持不懈地去改善和实施，努力使其更有实效性。有预见性的、乐观的人总有一种内在的好奇心想要了解他们在这项工作中能够做到什么程度，然而对自我工作水平漠不关心的教师很快就能发现：如果部门领导也不愿意谈这件事的话，相关家长和学生将变得非常急躁，并且希望领导为此采取一些措施。但是，自我评价通常基于公共考试的结果和（或）能够反映问题的志愿服务活动所追求的自我完善。为了进一步增强现行学校竞争体制的透明度，根据内需自我评价已经成为一项紧迫而必要的战略措施。

提高公众的责任心，使父母的选择、学生的数量与学校的预算三位一体，正式或非正式地向课程管理者施加压力，使其去评价部门或每一个教师的进展情况，进而评价教学质量。任何一个没有进取心，或是缺乏提高的动力，或是愤世嫉俗而缺乏提升工作水平的能力的教师，都会降低教学质量。只有每个部门通过自我评价去承诺学生和员工的利益，才能不断地进步。

官方监督和公众对学校和部门的评价能激励部门投入时间进行自我评价。认真专业的部门将有希望通过收集长期的自我评价来提高他们的工作水平。

2. 自我评价计划

在学科团队发展计划中，尤其是关于课程管理的那部分内容，评价组必须清楚地给出下一学年工作评价体系的目标。评价和判断只能根据采集的数据和信息预设评价目标。例如，除非能够同意团队领导每年至少两次在教室或教研室了解每位教师的工作情况，否则，在忙碌的学期工作期间安排这种观察和跟踪是不可能的。

在一个团队自我评价短期或长期活动计划之前，出版一本包括现行政策和发展计划的学科团队手册是非常重要的。为了完成团队计划和目标，每位教师都应该执行这些要求。

在英国发布的一份监督报告指出：某些中学的学科团队依旧存在着教师在不受监督的情况下进行专业化评估和评论学生成绩的现象。例如，用全校评价策略评估学生常规的课堂作业和家庭作业被认为是合理的。然而，如果学生的反馈是多种多样，而评价却是以周为单位的具有建设性的书面和口头评价，或者是那种惰性的、非专业的、逐字逐句的成绩评价。这两种评价形式都是令人难以接受的。

团队领导应该以了解同行正在采取的实践方式以及确定本校的评价策略为己任。即使上述这些极端情况有所妥协，评价组必须在某种程度上达成协议，并且不断向所有教育人员提供评价策略。

例如，英国的第四阶段关键课程的发展与滞留使得许多教师共同讨论规则、普通标准、成绩和评价计划，并提供了有价值的内部和外部改进的经验。为了通过整个团队推广学生评价规则，需要教师生动评价学生在地理学习上的情况，学生的表现也可以反映教师工作的质量。一旦新的规定出台，学科团队手册中的规定表明应该根据整年的发展计划进行修订。

学生有必要参与学科团队的自我评价。每门课程都应当准备与评价相关的学生手册，其中需要包括与课程相关的细节，应该明确声明如何和何时进行评价以及确定功课的设置、收集和回报策略。此外，学生手册还必须指导学生如何从学科团队获得所有资源。

以上这些活动需要花费大量的时间，不应该仓促行事。一旦预算被批准，就应该制定好团队发展计划。例如，英国学科团队的发展计划及手册在每年 6 月完成，为新学期做好准备。但实际上，考虑到学术年度和财政年度的不一致，同时为了减轻压力，以便于更有实效和更现实地加快进步的速度，英国许多学校已经在探索双年度学校发展计划了。

中国也已经有诸多学校开展了“以教学实践能力为目标，通过导师的专业引领、团队的实践反思和教学辩护、典型课例的实战研究，进一步提升课堂教学研究能力，提高课堂教学实践能力”① 的反思性学科团队建设方案，在反思中引领团队活动，塑造教学风格，不断激励团队成长，实现共同进步。

3. 教师评价与教学改进

评价一个学科团队的方法不止一种。首先应该对学科团队的最终目标有一个清晰的认识：那就是高质量教学。为了实现这个目标，教师必须掌握在课堂教学中与学生进行良好沟通、互动的教学经验。

除课堂教学外，还有一些活动会在很大程度上影响教学效果。对于英国的双学期制学校

① 易良斌．基于反思的学科团队建设实践研究——以杭州市第二轮名师工程初中数学实践基地为例 [J]．中学数学，2014，(10)：69–71．

来说，如果学校预算允许的话，专家组每学期应该至少召开一次（一整天或两个半天）教学工作总结会。教学工作总结会应该根据共享原则和资源有效利用原则，从课堂和科研两个方面讨论、总结学科团队的教学质量，并根据讨论结果重新修订工作计划，以求推出可以协调学期或学年的组织教学计划。好的经验共享是非常重要的，它能使教师的教学工作更见成效。如果该资源由一组人员共享，那么如何获取最佳效果的建议也将被共享。

教学质量评价必须包括评价准备阶段以及课堂教学和科研的投入。提高教学质量最有效的途径就是从一开始就与同事合作，这种同事不一定是部门领导。客观来讲，其他学科的同事更能关注与学科相关的外在表现。

除了交流教学方法之外，教学工作总结还应着眼于对学生学习质量的评价。然而，目前很少有学科团队能有足够时间去进行全面的学习质量评价。

在介绍英国国家课程之前，GCSE 的相关测试是唯一可以让教师们聚集在一起对内部测验评分制度和课程评价标准体系进行相互讨论的机会，这导致学生只有在这种情况下才能获得基于统一标准的客观的评价。一个团队必须建立起精确、一致且广为人知的评价标准，才能使评分可以在所有的教学组公平进行。

随着英国国家课程内容及每个学生达到 GCSE 级别的期望值的确立，学科团队必须规划围绕这个标准的不同测验方法，以便无论在何时何种测验中，学生及教师都能知道测验内容、测验方式以及学生应该达到的测验水平。因此，每一个专家及计划人员都应包括在他们的工作计划、研究手册或课程项目中，且每个组内要使用同样的一整套评价方法。

评价方法可以是口头测验、组内角色扮演、课外作业、短期测验、习题解答或与模型相关的早期测试问题。不同水平的学生使用经过认可的评分标准和模型评分标准进行评价的例子必须被纳入其中。评价报告的风格应一致，报告中的拼写、标点符号及句式的使用也应一致。

虽然这些一致性无法阻止教师们继续使用他们自己喜欢的评价风格，但是有一套统一客观的测验材料应用于评价学生，使相互间的比较成为可能。在初始的评分结束后，合作及结果处理是每个模型计划者工作的必备部分，他们可以对每个组的结果提出建议，将学生分配入高一些或低一些级别的教学小组，并对任何有关评价系统的精确性及一致性的问题给出反馈。

精确地评价学生的工作（特别是在正式测验中更受关注的书面工作）是对学生学习情况进行评价的基础。只有在此基础上，一个学科团队才能知道所有教学组的成绩如何。

在中国，目前也形成了比较完善的教师评价与教学改进体系，确立了“学习 + 诊断 + 改进”三合一的流程，集学习、诊断和改进为一体，在课程开发的过程中，教师通过合作与交流，实现集体诊断和自我改进（图 7–3）。同时，项目组结合课程领导集体诊断的功能，建立了反馈和改进机制。即每次由不同的成员做报告，其他成员听取报告后，也要对自己已经报告过的或下次将要进行报告的内容进行调整、改进和更新。一轮课程开发结束后，应尽量保证团队中的每个成员都有机会汇报。这样一来，以反馈督促个人改进的机制得以建立，能保证教师对课程开发的参与程度，并充分调动其积极性。[①]

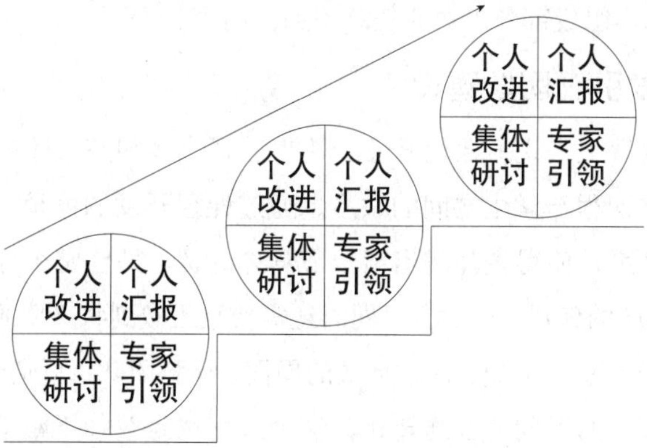

图 7-3　“学习 + 诊断 + 改进”流程

4. 学生参与团队评价

将学生纳入学科团队自身的评价系统是一种创举，这很值得试验并能有效地促进学生获取成功的方法，此外还能培养学生的责任感。将学生包含于评价学习质量的正式体系中，对学科团队进行评价，可能得到一个较为敏感的结果。尽管他们中的一些观察资料带有主观性或错误信息，但是将这些“消费者”包含在内是非常重要的。这就是为什么有规律的课堂对话和面试在教学和学习的评价中非常有用的原因。通过书面工作和其他课外作业，如口头作业，教师会发现较成功的学习方法，每个参加教学工作总结会的教学组成员均有义务如实描述学生对教师工作的评价。

将家长纳入评价体系中也可以加强传统的家长—学生—教师合作关系。家长的建设性意见可以帮助教师解决研究中的难题。

团队领导应该尽职尽责，积极组织团队评价工作，利用教学工作总结会的讨论结果起草团队未来发展计划。这种讨论有助于探索未来发展策略，确立团队发展方向和提升工作质量。

尽管增值工作对于学生的进步和未来的表现起到了有效的指导作用，但是团队自我评价不是简单的对考试结果的回顾。虽然团队评价工作面临的困难很大，但是其回报却相当可观。

三、地理学科团队如何取得更大的成绩

1. 最大限度提高学习质量

地理学科团队发展计划中最大的问题是要确保提供的学习是最高质量的。在实践中，计

① 袁晓东，薛峰，陈褫．小学语文研修一体网络课程开发与学科团队建设[J]．上海课程教学研究，2016，(2)：70-80．

划中的大部分内容将会是关于班级活动和支持这些活动的一些资源。地理的特征有助于区分课堂内的工作和课堂外的工作。这种区分的合理存在是为了强调地理教学中外界影响的重要性。这是地理教学的基本组成部分，而非任意添加的内容。

2. 通过课程开发引领团队建设

从教师专业发展内涵上来说，课程开发能使得教师个体和整个团队都直面教师专业发展的核心问题，即要建立课程与学生之间的联系。通过课程开发的途径，可以让教师更好地体验、建立、强化这种联系，使得教师跳出某一节具体的课，站在整个课程的高度认识课程和学生的联系，从而对团队的建设有所助益。同时还需要真正做到将“教师教研”和“教师培训”联结在一起，打破“研”“修”分离、活动低效的局面。学科团队可以通过课程开发，实现“教学研究”和“课程培训”两者间的互通转化，这个过程也是教师不断学习的过程，做到课程开发以“研”促“修”，以“修”助“研”，有效整合“研”“修”“学”。①

3. 不断修改团队发展计划

不断发展的地理教学队伍渴望获取进步。一个发展计划必须作为一个行动计划起作用。事实上评价团队工作质量的因素还有很多，如之前探讨的团队自我评价就是其中比较重要的因素之一。

第四节　针对我国地理教研组建设与管理的建议

高效的中学地理教研组管理对学生与教师的发展、学科建设以及学校建设都起到非常重要的作用，因此，本书作者介绍了英国地理学科团队的建设，总结了优秀的教研组管理经验，对中国的中学地理教研组的管理和发展提出四项建议。

① 教研组成员要明确职责分工，提前共同商讨出地理教研组管理方案，并根据每学期的教学质量和教学问题，不断反思、完善教研组的建设方案。

② 优化教研组的资源配置，充分利用学科收入，采取长远的消费策略，丰富教研组的资源，改进教学。

③ 完善教研组的自我评价体系，借鉴其他学科教研组的成功经验，重视学生的反馈意见，利用定期开展的教学评估进行反思和改进。

④ 明确国家的方针和学校的发展战略，做到思想与文化协同发展，将其与学科团队建设紧密结合。同时积极应对国家与公众的监督与检查，并善于利用国家和社会的支持，提升教师的主观幸福感，营造良好的学科氛围，共同促进学科发展。

① 袁晓东，薛峰，陈裖．小学语文研修一体网络课程开发与学科团队建设[J]．上海课程教学研究，2016，(2)：70–80．

GEOGRAPHY

第八章

中学地理教学改进研究

第一节　教学改进过程与评价模式

教学改进是教师教学用书的必要组成部分，本章以北京师范大学地理教育研究团队参与的山东省昌乐一中教学改进项目、山东省青岛三十九中教学改进项目、北京市通州区与房山区教学改进项目、北京市大兴区与昌平区部分中学教学改进项目为例，介绍不同教学模式下的教学改进活动，并提供了部分教学案例以供参考。

一、教学改进具体流程

从 2015 年至今，北京师范大学王民教授及其团队与上述地区的中学开展合作，进行教学改进研究，目前已形成了一套较完整的教学改进与评价模式。在项目实施前，首先要进行主题规划，并明确项目校和教研团队成员的任务。在确定教学主题、项目校任课教师和研究生助教之后，按计划实施教学改进活动，其具体流程如图 8–1 所示。

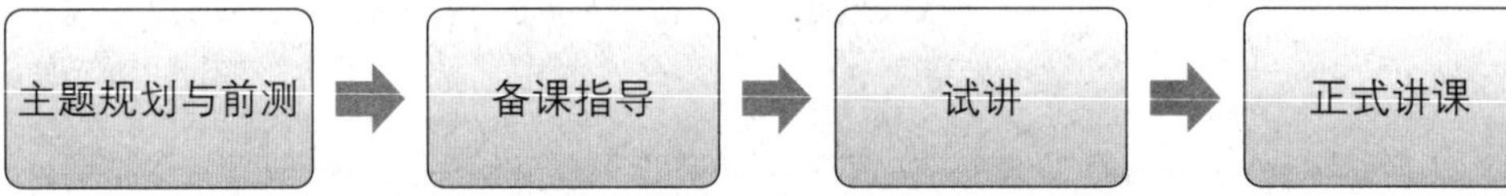

图 8–1　教学改进实施环节

教学改进实施环节包括主题规划与前测、备课指导、试讲和正式讲课四个环节。

（1）主题规划与前测。在主题规划阶段，根据学校教学的进度，与参与教学改进的教师确定教学改进的课程主题。在前测阶段，首先编制试题，试题由选择题和非选择题两部分组成；然后对试题进行学科能力和地理核心素养方面的编码和 RASCH 分析[①]。根据 RASCH 分析结果，得出学生在学科能力和地理核心素养方面的表现。

（2）备课指导。项目校教师对教学设计中的课标要求、目标确定、教学方法和手段选择、学情和教材、教学过程和板书设计及作业布置等方面进行逐一讲解，并提出教学设计中存在的困惑，然后指导专家对其教学设计及困惑进行指导。备课指导结束后，教师进行教学反思，总结自己的优点，并仔细回顾自己的不足之处，探讨原因和改进措施。

(3) 试讲。指导团队根据学生学科能力和地理核心素养方面的表现、教师的疑惑和自己在阅读过程中发现的问题，提出相应建议和改进措施。项目校教师根据指导意见或建议进行教学案例的修改与完善，并在确定的日期进行试讲，指导团队及其他教师进行听课。教师试讲之后，指导团队进行评课，对教学设计及实施提出意见或建议，其他教师也参与交流讨论。

① Rasch 模型是丹麦数学家和统计学家乔治 · 拉希（Georg Rasch）在项目反应理论的基础上提出的一个潜在特质模型。该模型的原理是通过学习者在题目上的作答情况来测量不可直接观察的、潜在的变量，这些潜在变量包括学生的知识掌握水平、认知水平、习惯、态度、兴趣等。

（4）正式讲课。项目校教师根据评课意见，对教学设计进行完善，实施正式讲课环节。正式讲课之后，指导专家进行评课、总结，项目校教师根据意见和建议，进一步修改和完善。

教学改进的环节结束后，项目校教师均需要完成教学反思。同时，在试讲和正式讲课的两个环节，指导教师和其他听课教师会根据项目组制定的评价量表，对授课教师进行评价；项目组也会对学生进行访谈和问卷调查（在时间允许的情况下，实施访谈；时间紧张时实施问卷调查），通过访谈和问卷调查了解情况、发现问题，并反馈给参与项目的教师，为下一步的教学活动提供建议。

二、项目团队的分工与协作

项目团队包括由王民教授领导的北京师范大学团队（简称北师大团队）、项目校教师团队、项目特邀教研员团队。

王民教授负责联系指导教师、安排助理、实践指导和理论解惑，现场听课，以及对改进后的正式讲课进行评价。助理由北京师范大学研究生担任，负责项目校学科能力和地理核心素养测试结果分析，并做基于学科能力和地理核心素养的教学改进的实施、评价工具的开发，数据资料的搜集、整理和分析，项目实施服务工作等。

项目校教师团队的工作有教学案例的设计与实施、活动场所的安排、设备的筹措等。

项目特邀教研员团队负责项目校教师各方面的指导，如课程标准分析、教学重难点的确定、教学方法的选择、多媒体的使用、学生活动的设计和学案的使用等，并针对相关内容提供建议和改进措施等，以此来提高学生的学科能力和促进教师的专业成长。

三、评价工具

教学改进项目实施的效果需要得到评价，不仅需要对教师进行评价，也需对学生进行诊断。而评价的实施需要借助一定的手段和工具。本次教学改进项目分别从任课教师、教研员、听课教师和学生四个方面进行评价。

1.“教学设计”的要求

教学改进项目的目的在于培养学生的地理学科能力。因此，在确定学生学科能力目标时，需做一些工作（如分析学生的学科能力现状，确定教学素材，选择教学方法与手段，教学活动的组织等），以实现相应的地理学科能力目标。此外，教学目标要以“通过……培养或提高……能力”的形式来描述。

2.课堂教学评价表

课堂教学评价表是指导教师和参与听课教师对授课教师进行的评价。该评价表由三部分组成：对学科能力目标的确定与实现的评价、课堂教学的总体评价和其他方面的评价。

表 8-1 展示了学科能力目标的确定与实施评价思路，即从教学素材的运用、教学方法的选择和学生活动的组织三个方面分别就达成效果、存在问题和改进措施方面进行评价。

表 8-1 学科能力目标的确定与实施评价表

学科能力目标及实施该目标的教学环节	评价（达成效果、存在问题、改进措施）		
	教学素材的运用	教学方法的选择	学生活动的组织
运用地图指出传统工业区的典型分布，说出具体区域中存在的问题，提高学生的实践应用能力			
运用案例分析鲁尔区的区域优势、衰落原因和整治措施，提高学生的学习理解能力和实践应用能力			
运用材料比较鲁尔区与辽中南工业基地的发展差异，归纳对传统工业区分析的一般思路，提高学生的学习理解能力和实践应用能力			
通过练习题提高学生的迁移创造能力			

表 8-2 采用量表形式对课堂教学进行整体评价，分别从教学目标、教学内容、教学过程与方法、教师素质、教学评价、学生表现、教学效果等方面进行总体性评价。该量表的评价指标很具体，评价的结果对于教学改进具有重要的参考价值。该量表采用五级评价：A—非常满意、B—满意、C— 一般、D—不满意和 E—非常不满意，并对其赋值分别为 5、4、3、2、1。

表 8-2 课堂教学整体评价表

评价指标	具体内容	A	B	C	D	E
教学目标	教学目标具体明确					
	教学目标符合教学实际，可操作性强					
教学内容	选材符合学生实际，难易度适当					
	教学内容容量、密度合理					
	教学内容编排有序，主线分明，重点突出					
	教学内容呈现形式多样，尊重学生的个性					
	教学内容具有层次性，可使不同水平的学生均得到发展					
教学过程与方法	创设情境，质疑、设问、揭示地理事物的内在联系					
	组织学生全面、深层次地参与教学活动					
	点拨富于启发性，引导学生思考，培养学生的地理思维					
	注重读图、用图的技能训练					
	师生互动交流积极，学习氛围融洽，充分发扬教学民主精神					
教师素质	教学语言准确、简明、生动，富于感染力					
	仪表端庄大方，举止从容，和蔼可亲					
	板图、板书设计合理、字迹工整					
	熟练并恰当地使用教学媒体					

表 8–2（续）

评价指标	具体内容	A	B	C	D	E
教学评价	评价具体、及时且富有激励作用					
	评价反馈关注学生的全面发展					
	评价反馈注重培养学生的地理思维					
学生表现	学生有序、有效地参与学习活动					
	学生积极参与学习过程，通过教师的指导与引导，能够发现问题、主动提出问题和讨论问题					
教学效果	教学结构完整，能够实现教学设计中的学习目标					
	学生在学习理解、实践应用、创新迁移等方面的能力得到发展					
	师生在教与学过程中体验快乐的情感和收获的喜悦					

注：请在右栏相应字母框内划“✓”。

A：非常满意　B：满意　C：一般　D：不满意　E：非常不满意

3. 教师反思表

教师的自我反思分别在备课、试讲和正式讲课三个环节进行。在每一环节中，教师需要对教学设计和教学过程的优缺点进行分析，思考自己的不足及其产生的原因，并提出改进措施。采用的教师反思表如表 8–3 所示。

表 8–3　教师反思表

优点		
不足	体现	
	原因	
	改进措施	
其他		

4. 学生问卷调查

学生问卷调查是从学生角度对课堂教学的一种评价。学生调查问卷主要从两方面来评价教师的课堂教学：一方面是提高学生的能力方面，或者是重点知识或难点知识以及学习效果等方面；另一方面是从学生角度来评价学习起来有困难的地方，以及自己印象最深的教学环节或最喜欢的教学环节等，可根据具体情况有所调整。学生问卷（示例）内容如下。

学生问卷

学校__________　班级__________　日期__________

1．在本节课上，您最喜欢教师讲的哪个环节？为什么？

2．您觉得教师本节课与试讲有什么不同？

3．结合自身的具体情况，说说本节课您有哪些收获（如巩固了哪些知识点）。

4．您认为本节课的学习，在哪些方面存在困难？请列举：___________。

5．经过本节课的学习，您熟悉了工业区位因素或传统工业区分析的一般思路和方法吗？如果不清楚，请您写出问题。

6．观看教师制作的微课后，您是否完全解决了自己的问题？如果未能完全解决，您有什么建议？

7．小组合作学习过程中，您认为学生是否真正参与进来了？存在哪些问题影响了小组合作学习的进展？

8．如果重新上这节课，您对教师的教学有什么要求和期待？

第二节　山东省昌乐一中翻转课堂教学改进

2015 年 12 月，北京师范大学与山东省昌乐一中开展了“促进学生学科核心素养和关键能力发展的翻转课堂教学研究”项目的合作研究，涉及语文、数学、英语、物理、化学、生物、历史、地理和政治 9 个学科。昌乐一中对翻转课堂教学有丰富的经验，适应学生的个性化发展，通过合作为高中课程改革提供一些典型的经验和案例，推进了我国基础教育的发展。

一、昌乐一中翻转课堂教学模式

翻转课堂是指教育者赋予学生更多的自由，把知识传授过程放在课堂外，让学生选择最适合自己的方式接受新知识；知识内化的过程放在课堂内，以便学生之间、师生之间进行沟通和交流。昌乐一中的翻转课堂模式可以概括为“二段、四步、十环节”，详见图 8–2。

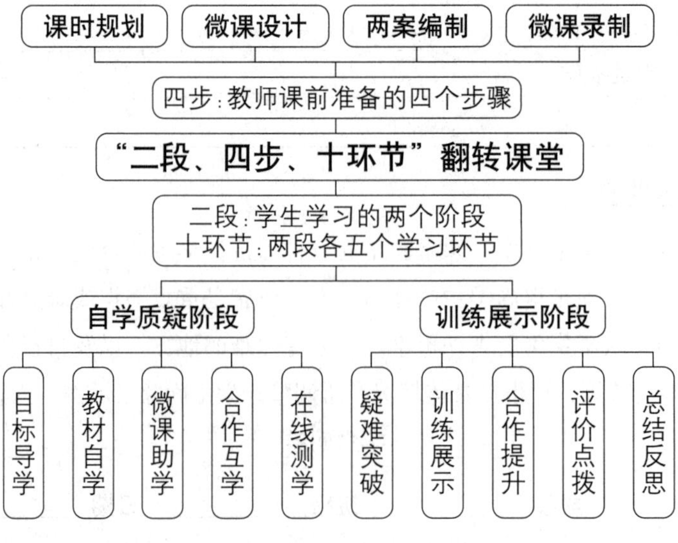

图 8–2　“二段、四步、十环节”模式的翻转课堂

二、昌乐一中教学改进情况

下面以2015—2016学年第二学期开展的昌乐一中翻转课堂教学改进活动为例，对教学改进的效果进行展示。

1. 学生地理学科能力的表现

地理学科能力分为学习理解、实践应用和创新迁移。在此次测试中，将学生的平均能力值设为0。能力值大于0说明该班级学生的地理学科能力高于所有学生的平均能力水平，且能力值的数值越大说明学生的地理学科能力表现越好；反之能力值小于0说明该班级学生的地理学科能力低于所有学生的平均能力水平，且能力值的数值越小说明学生的地理学科能力表现越差。通过前测（图8–3）得出，学习理解的平均能力值为0.41，实践应用的平均能力值为0.66，创新迁移的平均能力值为−1.00。所以从总体来看，学生的实践应用能力最好，学习理解能力有更多提升空间，创新迁移能力有待提高。其中，昌乐一中19班学生的学习理解能力值为0.46，实践应用能力值为0.71，创新迁移能力值为−0.94；昌乐一中20班学生的学习理解能力值为0.36，实践应用能力值为0.60，创新迁移能力值为−1.07。由此可以看出，无论是学习理解能力、实践应用能力还是创新迁移能力，19班的学生均好于20班的。

内容	学习理解	实践应用	创新迁移
19班	0.46	0.71	−0.94
20班	0.36	0.60	−1.07
平均	0.41	0.66	−1.00

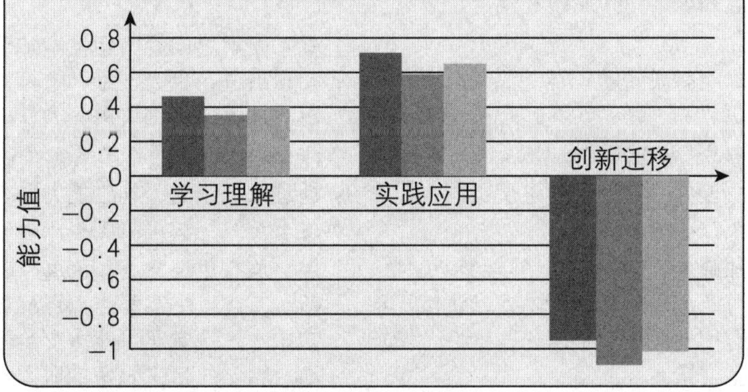

图8–3　地理学科能力表现（前测）

2. 基于学生问卷调查的评价

对《传统工业区》《工业区位因素》两节课的学生问卷调查结果显示（表8–4）：学生喜欢的环节有自学、讨论、训练展示、小组点评和教师点拨，因为这些环节可以使学生积极思考发现问题，交流思想，产生思想碰撞，开拓思维，解决困惑，提高学习效率。与以往相比，翻转课堂的内容讲得更细致透彻，学生的积极性和参与度得到提高，突出了学生的主体性地位。学生掌握了问题分析的一般思路和方法，但在地理术语的运用、对从材料中如何提取信息并进行深度挖掘和加工、与自己的生活实际进行深度结合、区分易混知识等方面存在一些困难。微课基本上解决了疑难点，但学生希望增加分析过程，对较难知识点进行更详细、透彻的讲解。学生喜欢讨论，但由于讨论时间不够、地理知识缺乏、学习进度不一致等因素，影响了小组讨论的顺利开展。学生对老师的要求和期待包括增加师生互动时间、补充课外知识、提高点评效率等。

表 8–4 《传统工业区》《工业区位因素》两节课的学生问卷调查（试讲和正式讲课）

内容	试讲	正式讲课
喜欢的环节	学生自由发挥，积极性高，补充知识点完善；训练展示，解决自己的疑难；疑难点拨；自学环节	解惑环节：应增加知识，解决困惑。同学点评：可听取他人想法，充分理解题目和知识点。训练展示：可增加师生互动，拓宽答题思路和发散思维；小组讨论，完善知识，可听取不同见解和思路；习题讲解，增强师生互动，方法指导，可提高学习效率
与以往不同点	增加了课内视频，加深对课的理解；增加了课外知识；课堂学习氛围活跃	语言生动，学生的积极性和参与度高，课堂氛围更活跃；内容更丰富，讲得更细致；课堂节奏把握更准确
收获	开拓了自己的思路，提高了分析材料的能力，了解区位分析的一般思路和方法；知道了如何结合材料和区位条件答题，答题的规范性和做题步骤	掌握了做题基本思路和方法，根据图文资料，找关键点，结合所学知识进行答题，信息和地理专业术语应用；学会了工业区位的知识和分析方法；解决自学中的困惑
存在的问题	不能很好地将图文资料与问题相结合；不能很好地与生活实际相结合；工业区位条件分析不全面，不透彻；存在易混知识点，如原料和动力	地理术语的运用；不能从材料中找到信息和关键点；无法对材料进行深度分析；答题的规范性和知识点的熟练运用。
微课能否解决问题	基本能解决问题	基本能解决问题，但需增加分析过程，对较难知识点进行更为详细和透彻的讲解，对于不理解的知识，详细讲解；微课时间不宜过长。
能否真正参与讨论	能参与，但时间分配不均，由于学生能力差异，致使学习进度不同、讨论积极性不高。	能参与，但有以下因素影响讨论：讨论时间短；地理知识缺乏；学生能力的差异，导致完成进度不一致；讨论氛围不浓等
要求与期待	增加师生互动，调动学生的积极性，尽可能关注所有学生；课堂讲解更细致透彻一些；和平常一样就好；增加课堂容量	保持原有讲课方式；把握好时间；课堂活跃些，新颖有趣；提高学生点评环节效率；增添课外知识；把课堂尽可能地交给学生，增加师生互动，给学生自主思考的时间

3. 基于听课教师的评价

《传统工业区》这节课共有 26 名听课教师参评。听课教师对教学目标、教学内容、教学过程与方法、教师素质、教学评价、学生表现和教学效果等方面进行了评价。该节课试讲平均分为 108.5，非常满意为 13.4 个 / 人，满意为 9.9 个 / 人；经过指导教师指导后正式讲课的平均分为 115.1，非常满意为 15.5 个 / 人，满意为 8.6 个 / 人，增加值分别为 6.6 分，2.1 个 / 人，−1.3 个 / 人。无论是从平均分还是非常满意人均个数来看都有很大提高，其中满意人均个数的减少一定程度上是由于非常满意人均个数的增加，取得了较好的教学改进效果，但在教学的分层设计等方面有待加强。

在教学素材的运用方面，教师恰当地运用了各种教学素材，达到了提高学生的地理学科能力和地理核心素养的目的；利用微视频解决学生的疑难点，激发了学生学习兴趣；通过辽中南工业基地、振兴东北战略和山东枣庄能源工业的图文资料，提升了学生的读图、提取信息、整理和分析资料的能力以及创新迁移的能力；通过阅读世界地图，使学生了解世界传统工业的分布，训练了学生读图能力；通过在线测试，了解了学生的掌握情况，调整了教学策略。

在教学方法的选择方面，为了落实教学目标，教师结合学生情况恰当运用多种教学方法。如采用直观教学增强信息直观性；引导学生自主学习培养良好的学习习惯；提供学法指导，突破重难点，提高学习效率；通过综合分析提高学生地理综合思维和区域认知素养；应用分析对比的方法提高学生的学习理解能力；开展启发式和探究式教学，启发学生深入思考，锻炼学生思维；运用教授法讲解学生合作之后仍难解决的问题，提高教学质量和教学效率。

在学生活动的组织方面，设计合理，学生活动组织有序、高效。通过组织学生观看视频，提高了直观性、利于难点突破；通过小组讨论、展示点评，便于发现自己及他人的问题，交流思想，产生思想的碰撞，开拓视野，整理思路，提高学习效率，提升学生的积极性，活跃课堂氛围；通过开展自主学习给予学生思考的时间和空间；通过组织学生整理、补充知识，从而内化知识，形成知识网络，形成规律。

对于本节课其他方面的评价还有课堂以讲授为主，学生学习主动性不高；应增加互动时间，充分发挥合作学习的作用；建议多加微视频，增加课堂容量；还需加强情感价值观的培养；应改善即时性评价和激励机制；精简知识，使疑难点拨成串状进行，主线更明晰，思路更清楚；应创设真实且贴近学生生活的情境，充分利用情境突破教学重难点；应合理安排反思、总结和疑难突破等方面的活动；学生自学质疑阶段应加入教师点拨，提高课堂效率。

“工业区位因素”这节课共有 22 名听课教师参评。听课教师对教学目标、教学内容、教学过程与方法、教师素质、教学评价、学生表现和教学效果等方面进行了评价。该节课试讲平均分为 105.4，非常满意为 12.4 个 / 人，满意为 10.9 个 / 人；经过指导教师的指导后，正式讲课的平均分为 114.9，非常满意为 15.3 个 / 人，满意为 8.8 个 / 人，与试讲相比，增加值分别为 9.5 分，2.9 个 / 人，−2.1 个 / 人，都存在不同程度的进步，取得较好的教学改进效果。但还需注意教学的分层设计，满足学生个性化的需求，协调学生的学和教师的教之间的关系；对学生训练展示的点评要及时；对学生可能有疑问的方面需重点准备，但也需整体把握等。

在教学素材的运用方面，教师运用的教学素材多样，有教科书中的案例、图表、文字材料，自制微课，编写的学案，视频、图片以及贴近学生生活实际的案例等。通过对各种形式的教学素材进行巧妙组合，很好地实现了教学目标。

在教学方法的选择方面，教师采用了自主学习、合作学习、对比分析、启发引导、观看视频、小组讨论、剖析案例、读图分析、讲练结合等多种方法，很好地实现了学生的学科能力和地理核心素养的培养，提高了学生参与的积极性，突破了重难点，实现了教学目标，提升了教学质量。

在学生活动的组织方面，学生通过开展自学、助学、互学、测学等养成了自学、互学的习惯，也发现了自身问题；同时教师通过在线测学及时了解学生的疑难点，为教师教学调整提供了依据。在教师的引导下，学生进行了展示、小组讨论和点评等活动，通过教师的引导点拨，使学生产生了思考外显，突破了重点和难点，化解了心中的疑惑；通过反思和总结，提高了学生学习的质量，也提高了学生信息提取应用的效率，同时使学生的学习理解、实践应用和创新迁移的能力得到提高。

对本节课其他方面的评价还有展示问题单一，缺乏对问题的整体把握；需要进行板书设计；缺失互动环节，应加强师生互动；应精选学案，不必面面俱到；应及时评价，并使用激励性语言，解答学生的疑难问题；应增加问题设置的开放性，培养学生综合分析和问题决策能力；应创设真实情境，激发学生兴趣，突破疑难点；应注重满足学生个性化的需要；需强调区位因素和区位条件的区别；教师应借助案例分析进行引导和归纳，使学生形成一个清晰的分析思路；需注意协调教师主导作用和学生主体地位的相互关系等。

4. 教学反思

教学反思是指教师对教育教学实践的再认识、再思考，并以此来总结经验教训，进一步提升教育教学水平。它是促进教师专业化成长的一种重要途径。相关教师在备课、试讲和正式讲课三个环节都要进行教学反思（如表 8-5、表 8-6、表 8-7、表 8-8 所示），及时纠正自己的不足，分析原因，提出自己的改进措施，以达到提高教育教学质量的目的。

表 8-5　昌乐一中高一《传统工业区》试讲的教学反思

优点		1. 案例选用典型，一案到底，作为线索贯穿整个点拨过程 2. 及时根据学生反馈信息进行点拨，善于发现学生的错误 3. 培养了学生的图文信息提取能力，规范了学生地理专业术语的使用
不足	体现	自学质疑效率不足
	原因	方法指导不够，课件制作不完善
	改进措施	加强自学能力指导
其他		1. 微课讲授调整思路，先设问，后指出分析方法，最后总结思路 2. 进一步规范点拨方法 3. 补充材料，拓展学生的思维

表 8-6　昌乐一中高一《传统工业区》正式讲课的教学反思

优点		1. 学生能主动阅读教科书，并注重学习关键词 2. 视频导入，提升学生兴趣 3. 一个线索贯穿始终，结构紧凑且有条理 4. 注重答疑、方法指导和思路总结
不足	体现	1. 学生阅读教科书费时较长 2. 学生参与度较低
	原因	1. 人文地理内容多 2. 基础知识在自学质疑环节已经学会

表 8–6（续）

不足	改进措施	1．标注关键词 2．将基础知识进行适当点拨
其他		1．观看微课费时较多，学生习惯见字就记，如何解决 2．90% 以上的学生没有完成对自学质疑环节知识体系构架的书写 3．教学目标需更加切实可行，老师花了很多时间修改，学生流于形式，甚至不看，怎么办 4．补充材料费时较多，又要及时更新，自己本身事情较多，该怎么办

表 8–7　昌乐一中高一《工业区位因素》试讲的教学反思

优点		1．疑难突破针对性强，通过发现问题，提供数据、材料，引导学生解决问题，突破疑难点 2．借助首钢案例，整合本节重难点，发现问题，解决问题，并通过练习题提升学生的地理思维
不足	体现	1．问题设计浅显易懂，要学生看教科书 2．学生点评，教师总结不灵活、不够游刃有余
	原因	1．没设情境来激发学生思考，借助教科书解决问题 2．自己不熟悉
	改进措施	1．改变教学观念，多搜集资料、整合信息 2．全面思考，整合形成系统思路
其他		1．难以找到符合要求的情境，让学生解决实际问题，体现地理价值 2．没设计出贯穿于自学质疑学案的情境 3．没设计出很好的开放性问题

表 8–8　昌乐一中高一《工业区位因素》正式讲课的教学反思

优点		1．更加注重引导学生的思考，而非照搬教科书，使学生有更多的时间进行思考、内化和运用 2．学生思考更加深入，拓展了学生的思维，如 H 点位于城市下游，有可能污染其他城市 3．在训练展示课上，注重引导学生的发散思维
不足	体现	1．讲课节奏快，语言不流畅 2．学生自学和训练展示用时较多
	原因	1．录课设备故障，延误上课时间 2．思考量大，用时较多
	改进措施	1．进一步深化，熟练 2．平时多注重发展学生的地理思维
其他		最好展示学生构建的知识体系，找出疑难点；为学生提供材料、创设情境突破疑难点；使学生学习生活中的地理，解决生活中的地理问题；拓展学生的地理思维

第三节　山东省青岛三十九中项目式教学改进

2017 年 7 月，北京师范大学与山东省青岛市教育局、青岛三十九中开展了“基于项目式教学促进学生核心素养发展的课程整合及课堂教学改进实践研究”项目的合作研究，进一步尝试以项目学习的方式探索教学改革的有效形式，并把项目式学习作为素养教学的高级形态，作为学科核心素养后期推动的一项重要内容。

一、青岛三十九中项目式教学模式

青岛三十九中项目式教学是基于地理学科核心素养与关键能力系统的教学改进活动。青岛三十九中项目式教学模式（图 8–4）是一种全员化、常态化、规范化与多元化的研究性学习模式。师生共同参与项目，教师既是学生的指导者，指导学生的项目开题、开展与解题，同时又是项目的参与者，通过对自身教学方面进行不断反思与改进，让多元化、个性化的课程内容与研究性学习相结合，将课程的理论与实践相结合，让学生能够运用已经学过的知识开展实践活动，并在实践中掌握新知识，提升学生的地理学科核心素养。通过项目式教学模式，形成以地理学科核心素养、地理学科能力发展为导向的，基于课程标准、围绕核心知识内容的，基于专家指导的，关注学生和教师发展的项目式课程，将原来小组式的、分散式的课外研究性学习转变为面向全班学生的常态化教学模式。

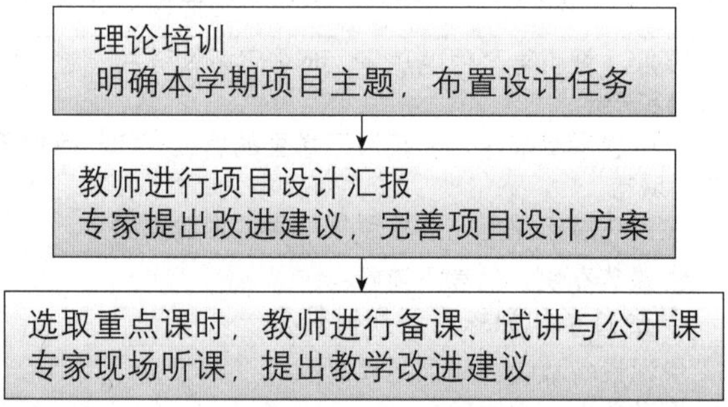

图 8–4　青岛三十九中项目式教学模式

二、青岛三十九中项目式教学改进情况

下面以胡学娇老师和赵绍梅老师的“‘南茶北引’及其可持续发展——以青岛为例”项目式教学为例，介绍青岛三十九中项目式教学的改进与评价情况。

1. 基于听课教师的评价

项目式教学充分体现出了以学生为主、以教师为辅的新理念。教师给出具体的探究任务，学生带着问题自主搜集资料、外出调查、发现问题、提出问题并解决问题。在教师的指导下，学生能有针对性地进行探究实践，在短时间内把理论知识应用到实践活动中。同时，项目式教学充分灵活地利用了地理的学科特色，将课堂延伸到室外，让学生走进大自然，开拓学生的视野。从识别地貌类型到观察地貌与人类的关系，使学生思考人地之间应如何协调发展，锻炼了学生的地理实践力，同时培养了学生的人地协调观，落实了培育地理学科核心素养的任务。对于项目式教学，教师需要在项目开始提出具体任务，引导学生进行户外考察，如果教师无法随行，应尽可能地利用手机等设备与学生进行互动，以便于学生提问并进行引导。

项目式教学中的项目任务应以落实课程标准要求为根本，通过学生完成任务后的教师评价，强调学生的实际获得。同时学生在完成项目任务过程中，小组成员以 4 ～ 6 人为宜，且分配给各组的任务应相同或有重叠部分，这样便于对照。学生在完成任务过程中，教师要提供给学生完成任务所需任务单；同时，教师要参与过程，一是适时指导，二是保障安全。在项目式教学的评价方面，要做到课程标准与项目任务一致，项目任务与评价一致，评价与反馈检测一致。

项目式教学主要是让学生在参与项目的过程中发现问题、解决问题，能够真正做到学有所得。学生在展示小组成果的过程中，老师应善于发现学生汇报中的亮点，对于有价值的生成性问题要积极引导学生进行讨论，让学生带着观点讨论，才能学有所得。项目式教学不同于传统的教学模式，学生是项目式学习的主要参与者和实施者，要让学生有主人翁意识，自主探究并提出问题，再通过教师引导得出结论。

2. 教学反思

在项目式教学前的准备过程中，学生通过野外考察提升的能力（观察能力、空间感知能力、人际交往能力、任务分工与组织管理能力和逻辑思维能力和语言表达能力等）都是传统课堂教学难以提供的。真实的自然环境既锻炼了学生的观察和发现能力，又让教师在面对更多课堂生成性的问题时不断地提升自己的个人教育教学能力，进而适应未来核心素养下的教育新模式。

地理学科的项目式教学模式目前还在探索中，通过专家的点评与指导可以认识到：项目式教学要突出学科本质，项目式教学是开放的，学生提问思考要具有开放性，不能死板。在项目进行过程中，一定会有一些问题是解决不了的，教师应鼓励学生们发表自己的看法。

3. 项目式教学设计

青岛三十九中项目式教学设计案例如下所示。

“南茶北引”及其可持续发展
——以青岛为例

一、项目研究内容简介

本项目主要通过“南茶北引”工程引导学生深入理解茶树生长的基本条件，并以江北茶区的青岛地区为例，引导学生通过对茶树的生长及可持续发展的分析，增强对此区域的认知。学生对崂山茶做大做强的问题及对策的探究可增强其社会责任感。

二、项目任务分解

1. 项目任务一：了解“南茶北引”的背景知识及茶树种植的相关知识

2. 项目任务二：实地考察

考察地点：青岛市崂山区沙子口街道大河东村。

具体考察任务：

（1）访谈当地茶农及崂山茶相关销售人员，了解崂山茶在种植与销售过程中面临的问题；

（2）采集不同茶园的土壤样本，测定出茶园土壤的酸碱度（利用学校的海洋化学实验室或中科院海洋所实验室）。

3. 项目任务三：崂山茶未来发展方向的规划

查阅已有的资料，了解崂山茶发展现状，尝试设计崂山茶品牌建设与可持续发展的新思路。

4. 项目任务四：项目成果展示与总结

分小组完成总结汇报：一组负责测定土壤酸碱度，二组负责了解崂山茶在种植与销售过程中面临的问题；三组尝试设计崂山茶品牌建设与可持续发展的新思路。

三、项目式教学成果展示

青岛三十九中项目式教学成果展示见下面案例。

"南茶北引"及其可持续发展
——以青岛为例

一、课题基本信息

本课题为地理学科高二年级综合课，课时45分钟。课题名称为"南茶北引"及其可持续发展——以青岛为例。

二、课程标准要求

结合实例，从地理环境整体性和区域关联的角度，比较不同区域发展的异同，说明因地制宜对于区域发展的重要意义。

三、学情分析

1. 学生已有知识的分析：学生已经完成自然地理基础的学习，对于比较分析我国宏观区域的自然地理条件已有一定基础。

2. 学生现有认知能力的分析：高二学生通过高一年级上学期地理知识和技能的培养，具备了基本获取和解读地理信息的能力。在此基础上，学生要进一步调动已学中学地理知识，并选择、运用其他相关学科的基本技能解决地理问题，进而用科学的语言、正确的逻辑关系描述地理问题的过程与结果。

四、教学目标

1. 通过查阅资料，说出茶叶种植所需的基本条件，能在地图上画出中国四大茶区的分布。

2. 通过对青岛目前茶树种植区土壤酸碱度的测定及自然地理要素的分析，分析青岛茶树种植的自然地理区位，能在青岛市地图上画出茶树种植的主要区域；

3. 根据与茶农及相关从业人员的实地访谈，总结青岛崂山茶发展面临的困境，尝试提出青岛崂山茶做大做强的可持续发展对策。

五、教学重点和难点

1. 教学重点：青岛茶树种植的自然地理区位分析；青岛崂山茶的可持续发展面临的问题及对策。

2. 教学难点：青岛崂山茶的可持续发展分析。

六、教法和学法

多媒体教学、项目式探究学习、地理实践考察学习

七、教学设计

具体内容的教学设计见下表。

“南茶北引”及其可持续发展——以青岛为例

教学环节	教学过程	学生活动	教师活动	设计意图
课堂导入	【导入】“南茶北引”的背景视频 陆羽在《茶经》中写道：“茶者，南方之嘉木也。”自古茶树多生长在气候湿润多雨的南方，不宜在干旱少雨的北方种植，西方科学家也曾提出“北纬30°以北地区不能种茶”的说法。20世纪50年代，有民间农业科技人员提出“南茶北引”的设想，认为山东省青岛市崂山区三面临海，气候温和湿润，适宜种植茶叶。至此“南茶北引”工程拉开序幕	观看视频	教师引导学生简要回顾“南茶北引”的历程	利用视频导入，在营造轻松学习氛围的同时，将学生的学习注意力迅速集中起来，引发学生进行更多思考，使学生近距离接触“南茶北引”工程
课堂互动	环节一：从茶树生长所需的基本条件看中国茶区分布 材料1：茶树是喜酸性土壤的作物；适宜生长在温度为10～35℃、年降水量在800毫米以上、空气湿度较大、坡度和缓、排水条件良好的地区 材料2：中国1月平均气温分布图、中国年降水量分布图、中国地形图、中国土壤酸碱度分布图 【问题探究一】思考：结合茶树的生长习性分析中国茶叶产区主要分布的区域？ 【小结】中国四大茶区分布图 环节二：青岛地区适宜生长茶树的自然条件及青岛地区茶区的分布 【问题探究二】青岛地区适宜生长茶树的自然条件有哪些？ 1. 引导学生思考的方法：综合考虑地形、气候、土壤、水文等要素 2. 小组实践考察成果展示——土壤酸碱度测定结果展示：小组成员在实地考察过程中采集不同茶园的土壤样本，测定出茶园土壤的酸碱度（利用学校的海洋化学实验室或中科院海洋所实验室）	学生根据材料总结归纳	组织引导学生完成交流和研讨	学生利用茶树生长习性，充分利用各种类型的地图，尝试推测出中国茶区分布图

续表

教学环节	教学过程	学生活动	教师活动	设计意图
课堂互动	【测定土壤酸碱度的方法】 实验材料：酸碱度测试仪、托盘天平、量筒、玻棒、滤纸、蒸馏水（或纯净水）、干净的玻璃烧杯或塑料杯 实验方法及步骤： 1. 取样：从 3 个不同的基质采样点各取 1 份土样，每份土样 50 ～ 100 克 2. 称量：用托盘天平称量每份土样，以 3 份土样同为 50 ～ 100 克为宜。称量好后，分别倒入 3 个烧杯中 3. 加水：水土质量之比为 2 ∶ 1，用量筒量取蒸馏水，分别倒入已装好基质样本的烧杯中 4. 搅拌及静置：用玻棒按顺时针的方向搅拌 1 分钟，然后静置 30 分钟 5. 测值：测量已静置 30 分钟的样本的 pH 值，记录所得数据 【小结】青岛地区适宜生长茶树的自然地理区位分析 【课堂微项目活动】利用青岛市地形图及青岛市行政轮廓图绘制出青岛地区茶树的大致分布区域	学生参与探究、分析、展示	利用青岛市地形图及青岛市行政轮廓图绘制出青岛地区茶树的大致分布区域	1. 宏观分析青岛地区适宜种植茶树的自然条件 2. 结合青岛市的实际情况，合理布局茶树的分布区域
	环节三：青岛崂山茶生产及发展的优势与面临的问题 1. 相关小组展示访谈成果：根据访谈成果总结崂山茶生产与发展面临的优势与问题 2. 其他小组同学进行补充	学生访谈及资料查阅成果展示	引导学生高效地进行成果展示及补充	学生通过实地调研的第一手资料可反映崂山茶生产面临的问题，再加入其他小组同学的补充
	环节四——探寻崂山茶可持续发展的路径 材料 3：据了解，随着“互联网 + 茶”的概念日益深入人心，互联网茶叶信息平台和各类电商平台不断涌现 材料 4：第六产业是第一、二、三产业相加（1+2+3）或相乘（1×2×3），正好都等于 6，故名“第六产业”，即不仅种植农作物（第一产业），而且从事农产品加工（第二产业），还从事销售农产品及其加工产品、农家乐和旅游观光等（第三产业），实现农业多元化经营，以获得更多的增值价值，为农业和农村的可持续发展开辟光明前景 【项目成果展示】相关小组设计崂山茶品牌建设与可持续发展的新思路 【问题探究】根据材料 3 和材料 4，结合所学知识提出促进崂山茶走出青岛、走向世界的措施	相关小组展示所设计的崂山茶品牌建设与可持续发展的新思路，其他小组进行补充	展示、分析材料 3、材料 4，引导学生提出更多关于崂山茶可持续发展的途径	通过让学生提出崂山茶可持续发展的措施，增强学生的社会责任感
课堂总结	由教师对本节课的探究过程进行总结：青岛茶树种植的区位分析、崂山茶生产与发展的优势及困境、崂山茶可持续发展的对策			
课后探究	分组设计崂山茶文化品牌宣传册			
板书设计	“南茶北引”及其可持续发展 1. 中国四大茶区　　3. 优势及问题 2. 青岛茶区分布　　4. 可持续发展对策			

第四节 北京市未来教育高精尖项目——通州区和房山区教学改进

一、高精尖项目——通州区和房山区教学模式

北京师范大学未来教育高精尖创新中心与通州区和房山区教委、教师研修中心开展合作，利用“互联网＋大数据”的思路，开发智慧平台，组织学科专家和教师团队开发微测题、微课，并上传至智慧平台让通州区和房山区的师生共享，提升通州区和房山区的学科教学质量，提高教师的精准教学能力，让计算机辅助教学成为课堂教学的常态，提升学生的学习兴趣和教育获得感，进而增强学校的教育竞争力，助力通州区和房山区学校中高考改革从理念走向实践。

高精尖项目在通州区与房山区的教学改进活动是基于智慧平台的微测题、微课及学生成绩大数据进行的，学生可以在智慧平台上完成教师布置的作业、测试等内容，智慧平台会记录学生的使用情况和作业、测试的完成情况，教师可以随时获取所有学生的数据，并根据不同学生的情况进行课堂与课后反馈。学校的期中、期末测试试卷与成绩都会及时显示在智慧平台上，并生成成绩报告和学生学习情况报告（相关统计结果详见图 8–5 和图 8–6），教师可以根据学生对不同知识点的掌握情况为学生推荐平台上相应知识点的微课，让学生进行二次学习。在课堂上，教师也会根据教学内容的需要，布置学生在智慧平台上进行课前预习、课堂上的小测试、课后的复习等，随时掌握学生的学习情况，为学生推荐个性化学习资源，助力学生快速进步。

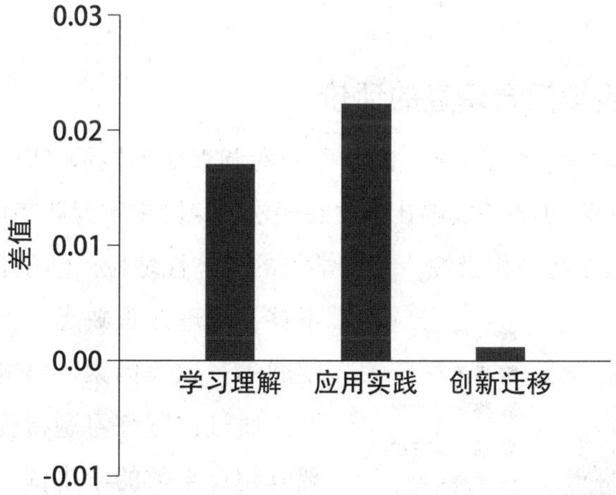

图 8–5 通州区八年级学生地理学科全区学生学科能力发展情况

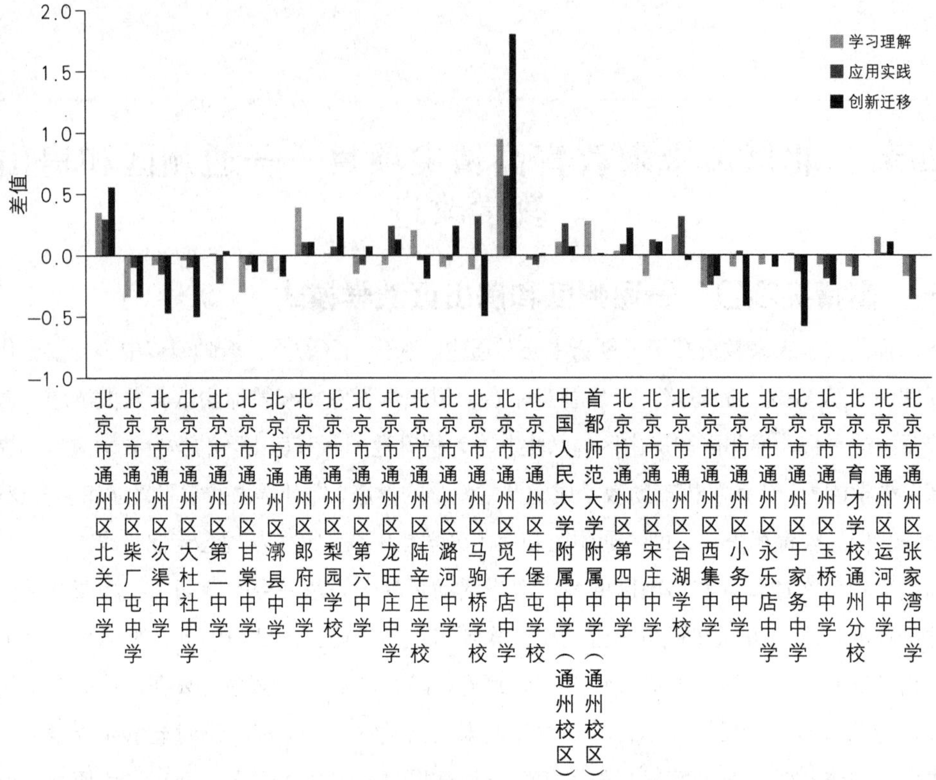

图 8–6　通州区八年级学生地理学科各校学生学科能力发展情况

二、高精尖项目——通州区和房山区教学改进情况

下面以中国人民大学附属中学（通州校区）教师的“世界的气候”一节为例，介绍其教学改进与评价情况。

1. 基于学生访谈与问卷调查的评价

针对“教师讲课环节受欢迎程度”的学生问卷调查结果显示（图 8–7），学生最喜欢的环节是课堂游戏互动环节，小游戏能够让学生在轻松的氛围中掌握新知识，更易于理解新知识，同时可以充分调动学生参与的积极性，突出学生的主体性地位。学生喜欢讨论，但存在时间不够、地理知识缺乏、因能力差异致使学习进度的不一致等因素，影响了小组讨论的顺利开展。通过设置练习题检验学生的回答情况，发现有超过半数的学生都基本掌握本节课的知识要点（图 8–8），当然还需要进一步的巩固和加强。学生对老师的要求和期待有增加师生互动时间，补充课外知识，课堂活跃、新颖有趣，提高点评效率等。

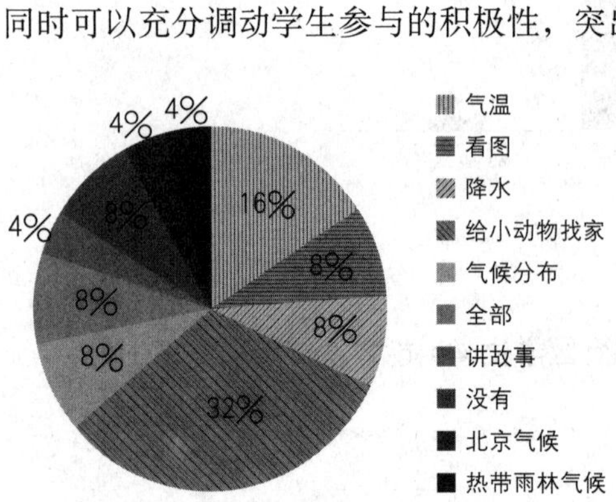

图 8–7　教师讲课环节受欢迎程度

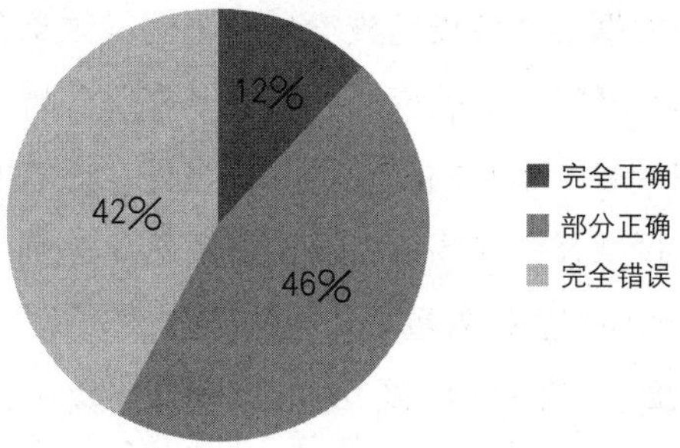

图 8–8 关于“你认为北京的气候与热带雨林气候的差异体现在哪里？”的作答情况

2. 教学反思

表 8–9 为某教师“世界的气候”一节的教学反思示例。

表 8–9 某教师“世界的气候”一节的教学反思示例

<table>
<tr><td>优点</td><td colspan="3">1. 课程标准分析准确，难度适中，对教学重点、难点把握精准
2. 教学设计衔接紧密，导入部分很有创意
3. 教学内容材料丰富，符合初中生的认知水平
4. 教学活动设计合理，问题细致且有针对性，能较好地帮助学生完成教学任务</td></tr>
<tr><td rowspan="5">不足</td><td>内容</td><td>体现</td><td>改进措施</td></tr>
<tr><td>气温曲线与降水量柱状图的讲解</td><td>本节课程标准中没有重点要求学生掌握气候直方图的使用方法，课程标准在上节内容中有要求</td><td>调整气候直方图的讲解顺序，将其放到下节课中</td></tr>
<tr><td>气候类型特点的描述</td><td>气候类型的特点描述有固定的词可能会限制学生的思维，影响学生对新知识的学习，有直接呈现答案和灌输式教学的嫌疑</td><td>本节课不讲气候的特点，让学生在描述气候直方图的基础上教师进行总结，帮助学生用精简的语言和词语进行描述</td></tr>
<tr><td>世界气候类型的分布规律描述</td><td>教学过程中要重点传授学生描述气候分布的方法，而不需要将所有的气候类型分布区都讲全</td><td>选择 1 ～ 2 个典型的气候类型，重点讲解其分布规律，让学生掌握描述的三种方法，活学活用，达到学以致用的目的</td></tr>
<tr><td>世界气候类型的分类</td><td>学生在看气候类型名称的时候可能会根据名称进行初步分类，但是讲解分类是为了能够帮助学生更好地理解不同气候类型之间的特征差异，本节课不讲特征，所以不需要讲分类</td><td>分类的部分可以弱化，放到下节课，本节课重点突出气候的地区差异和世界气候类型的分布即可</td></tr>
</table>

第五节 北京市大兴区和昌平区教学改进

一、大兴区和昌平区教学改进模式

由北京师范大学地理学科专家王民教授带领的北师大团队、项目校教师团队、区教研员团队、项目特邀教研员团队共同组成了北京市各区域的教学改进项目团队。北师大团队负责与项目其他成员交流学科能力框架及各项目校学科能力测试结果分析，并从事基于学科能力教学改进的实施、评价工具的开发、数据资料的搜集及整理分析、项目实施的协调安排等。项目校教师团队除了需要完成教学案例的设计与实施之外，还需要完成活动场所及设备的服务，如教师集体备课场所、授课及评课场所、录课服务等。学科专家及教研员团队组成项目的核心指导人员在项目的各个环节发挥着重要作用。

在教学改进过程中，形成了“2+2+4+2”的指导机制。第一个“2”是指两个理论基础，即地理学科核心素养（如图 8–9 所示）和地理学科关键能力（如图 8–10 所示）；第二个“2”是指线上、线下教学改进两种途径双管齐下；“4”是指主题规划、备课、试讲、正式讲课 4 个指导环节；最后一个“2”是指两套评价体系（如图 8–11 所示），即指导专家评价和学生问卷双重评价。由于该项目是北京市大兴区、昌平区等多个区域共同实施的，为了给北京市各区域教研员及教师团队提供更多的交流与学习机会，在地理学科的教学改进中实施了多区联动模式，进行了跨区指导，并共同协作完成。在 2018—2019 学年中，地理学科的教学改进专家团队去往大兴一中 11 次、昌平回龙观育新学校 5 次，共完成对 8 位老师 8 课时的教学改进指导任务，备课、试讲、正式讲课、评课总时长达 60 学时；指导了多名教师及教研员，指导时长累计 40 余学时（不计线上指导时长）。

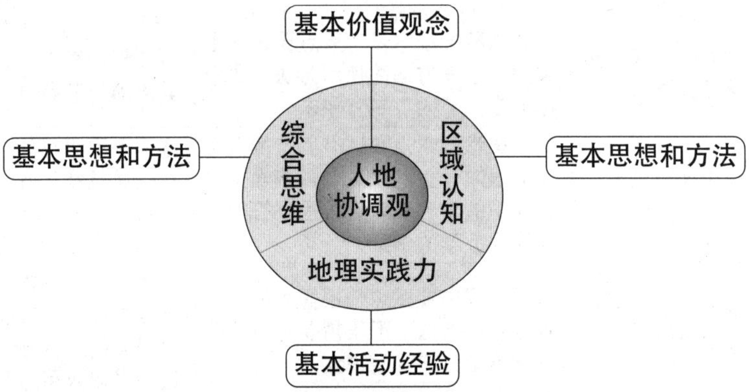

图 8–9　地理学科核心素养构成示意

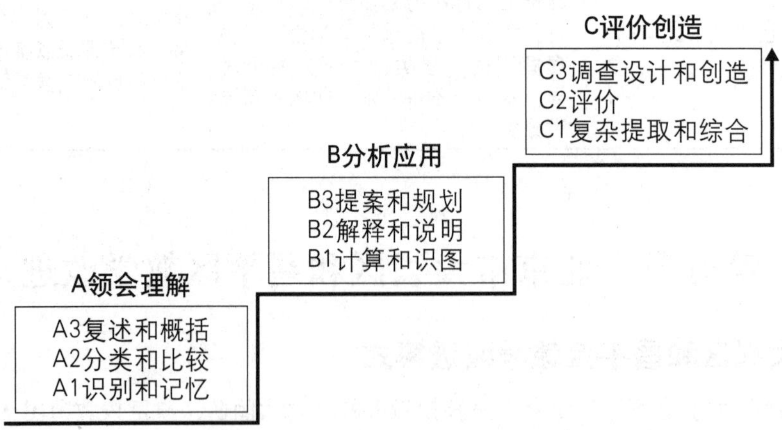

图 8–10　地理学科关键能力构成

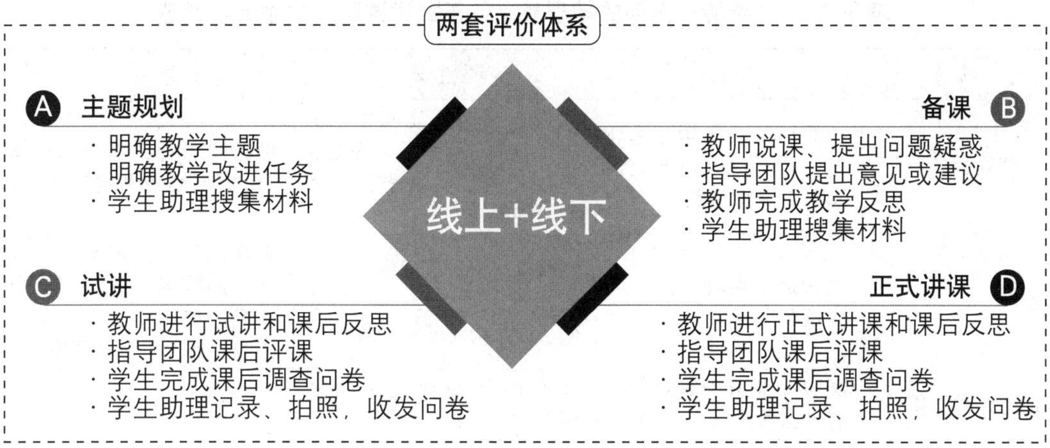

图 8–11　地理学科教学改进的两套评价体系

二、大兴区和昌平区教学改进情况

1. 大兴一中教学改进情况

（1）基于学生问卷调查的评价

在“秦岭—淮河的地理意义”一课中，试讲环节结束后，通过对参与试讲环节的学生进行问卷调查发现：学生们认为这节课的收获很多，包括对秦岭—淮河的位置和地理意义等，但是对于产生温差的原因的理解还有些困难（表 8–10）。通过教学改进，在教师正式讲课之后，通过对参与正式讲课环节的学生进行问卷调查发现：学生表示对这节课所学知识都有了深入了解和认识，包括秦岭—淮河的位置、地理意义及产生南北差异的原因等（表 8–11）。

表 8–10　“秦岭—淮河的地理意义”试讲环节学生问卷调查

项目	学生 1	学生 2	学生 3
最喜欢的环节	让我们自己找秦岭—淮河的地理位置，因为可以小组活动	南北方不同的风俗习惯，因为这让我了解了南北方的差异	我最喜欢老师说的秦岭—淮河的地理位置
收获	知道了南北方的差异，秦岭—淮河的地理位置	知道了秦岭—淮河的地理意义	让我知道了秦岭—淮河更多的知识
还存在哪些困难	看不太明白地图	温差如何形成	不明白秦岭—淮河的分界线
对老师的教学有什么期待	以后多加一些小组活动	进度更快	讲细一些
对本节课还有哪些其他方面的创意和想法	无	无	无

表 8–11 “秦岭—淮河的地理意义”正式讲课环节学生问卷调查

项目	学生 1	学生 2	学生 3
最喜欢的环节	小组讨论及同学分享环节，因为这个环节让课堂氛围更加活跃	我最喜欢老师让同学上去画秦岭—淮河位置，因为这可以让我们更注重秦岭和淮河的位置	最喜欢老师讲解秦岭—淮河的地理位置和地理意义
收获	我知道了秦岭—淮河的地理意义	我收获了一次巩固秦岭—淮河知识点的机会，也让我突破了理解南北差异的困难	再次巩固了对秦岭—淮河一线的理解；知道了自然环境影响人类活动，而人类活动要适应自然环境
还存在哪些困难	秦岭—淮河一线对我国有什么贡献以及影响	我有时不懂南北差异的原因	无
对老师的教学有什么期待	可以多叫一些同学分享自己的成果	我希望老师可以给我们更多回答问题的机会	希望细致讲解降水量
对本节课还有哪些方面的创意和想法	可以选两名同学分别扮演秦岭和淮河，两个人进行对话，来介绍自己	可以让同学互动，画出自己小组认为的秦岭—淮河的地理位置，这样可以使同学印象更深刻	老师讲得很好，希望多一些小组之间的活动与评比

通过对试讲前收集项目校教师教案、学案和课件等材料的分析，研究者根据具体的教案内容设计了试讲和正式讲课后的测试题学生问卷，以对比学生对知识的理解和解决问题能力的差异情况。通过对试讲后的测试题学生问卷进行分析发现（如表 8–12 所示），42 位同学中有 4 位能画出秦岭—淮河的大致位置，在描述绘制依据的时候，大多数同学可以说出秦岭—淮河一线的省份。通过对正式讲课后的测试题学生问卷进行分析发现，大部分学生可以描绘出秦岭—淮河的大致位置，并根据描述在大致区间内画出秦岭—淮河的位置，没有特别明显的区域认知错误。通过两次授课效果的对比可发现，参与正式讲课的学生的理解和掌握情况明显好于试讲，说明教学改进效果良好。

表 8–12 “秦岭—淮河的地理意义”部分测试题学生问卷分析

测试题内容	试讲	正式讲课
秦岭—淮河一线南北两侧有明显差异的原因	3 位同学从气候不同的原因入手进行思考；17 位同学在小组讨论中没有发表自己的观点。可以看出来在探讨区域之间差异的原因时，学生还需要更加深入的思考和追问	每位同学都参与讨论并发表了自己的观点，从秦岭—淮河的地理位置、阻挡北方冷空气等根本原因入手分析造成秦岭—淮河一线两侧产生气候差异的原因，以及由此导致的南北方在自然景观和人文景观等方面的不同现象
造成秦岭—淮河一线两侧南北差异的自然地理要素	这题主要考查的是学生对“自然地理要素”的认识，并通过自然地理要素分析南北方产生差异的原因。一半学生能答出自然地理要素其中的 1 ~ 3 种	大部分同学能够综合分析自然地理要素之间的相互影响，甚至是具备了高中地理要求的核心素养中的区域认知和综合思维

表 8–12（续）

测试题内容	试讲	正式讲课
秦岭—淮河的地理意义	大部分同学能答出秦岭—淮河是南北方的分界线的地理意义	3/4 的同学可以答出秦岭—淮河的地理意义中的 1 ~ 3 个，如南北方分界线、800 毫米等降水量线、冬季 0℃ 等温线

在“洪涝灾害——以长江中下游地区为例”一课中，通过对试讲和正式讲课的学生进行测试题学生问卷调查，整理出了关于问题“分析某区域易发生洪涝灾害的原因”和“分析人类活动和自然灾害的关系”的学生答题情况，结果如表 8–13、图 8–12 和图 8–13 所示。

表 8–13 “分析某区域易发生洪涝灾害的原因”的测试题学生问卷分析

实施环节	学生问卷分析	学生作品展示
试讲	强调人为原因导致自然原因，从而造成洪涝灾害或者没有画出完整的流程图，没有清晰的思考过程	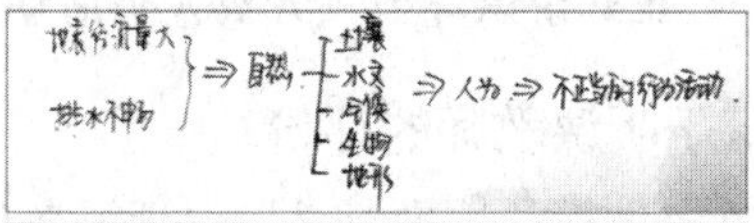 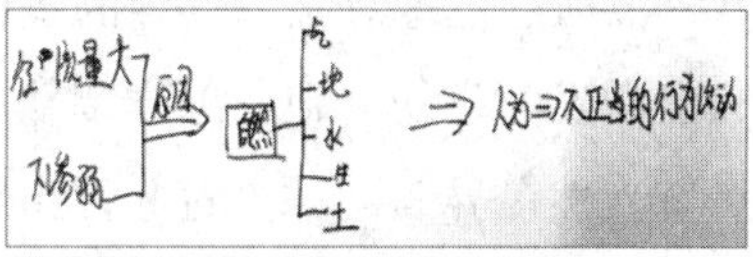 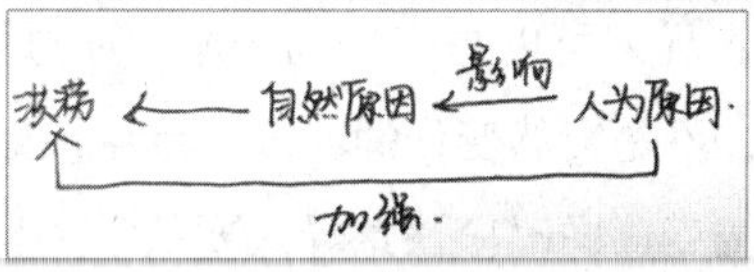
正式讲课	对洪涝灾害的自然原因和人为原因之间的关系有清晰的认识，结构图有条理，能体现出学生已经掌握了分析某地区洪涝灾害发生原因的分析思路	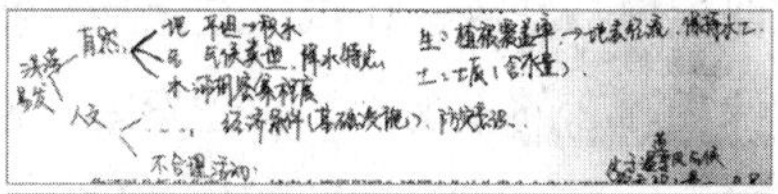 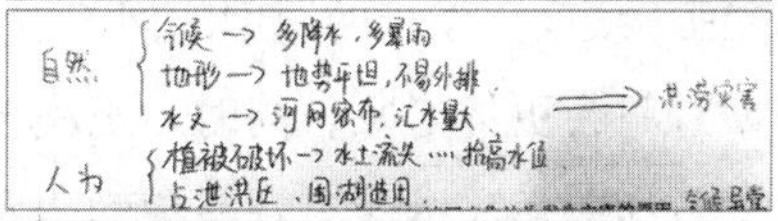 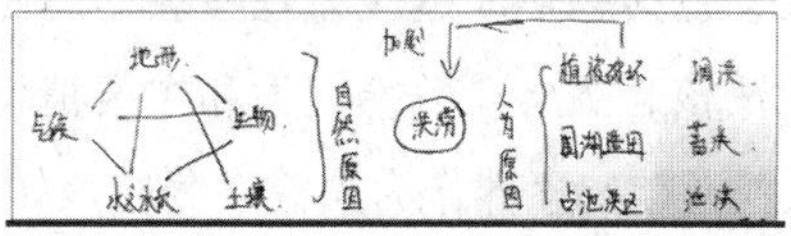

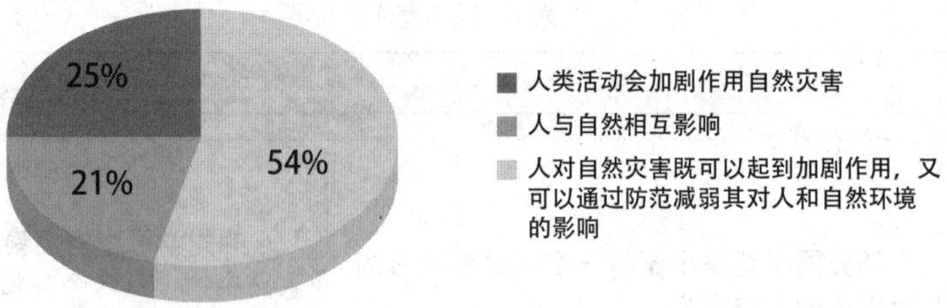

图 8–12　试讲环节“分析人类活动和自然灾害的关系”的测试题学生答题情况

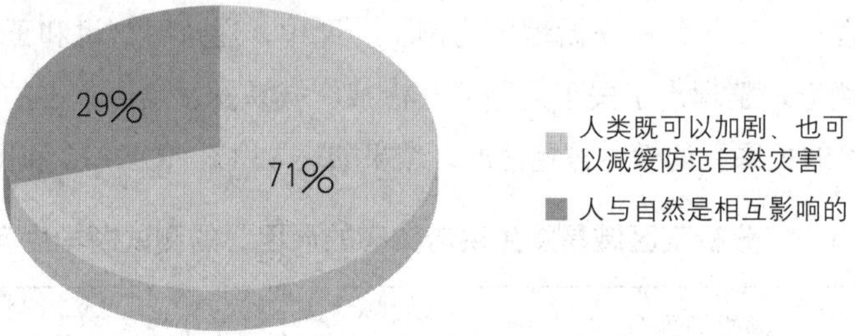

图 8–13　正式讲课环节“分析人类活动和自然灾害的关系”的测试题学生答题情况

（2）基于听课教师的评价

在“秦岭—淮河的地理意义”一课的备课过程中，授课教师提出了教学过程中的疑惑，包括引入怎么能激发学生的兴趣、怎样调动小组中每位成员的积极性、要不要分析秦岭—淮河两侧为什么有自然差异等问题。对此，指导教师提出了教学改进建议，包括板书设计要反映教学过程；导入可以是有一列火车，通过景观的变化来判断山在哪儿；南北方差异的表现是过渡性的，不是突然变化的；教学重点、难点太多了，教学目标再精炼一下；要注意方法、核心素养的培养，同时应注意导入要从学生身边生活入手。

通过备课指导与修改，在试讲结束后，指导教师分别对本节课的优点进行了肯定，同时也指出本节课仍存在的不足，如描述秦岭—淮河的地理位置要注意尺度，不用深究具体的纬度；秦岭—淮河一线产生差异的原因的问法需要聚焦，有学生想到太阳直射点；在板书问题上，秦岭—淮河横着写会更加形象。同时，王民教授也从地理核心素养的培养角度对本节课提出了修改建议，包括教学改进应该注重教学思路、教学方法、教学材料等内容的改进；在教学过程中要关注核心概念、关键能力和主要情境；在素养层面，应注意区分高级素养、关键素养和少数素养，核心素养作为关键素养应该如何在课堂上培养和落实等内容。

在正式讲课结束后，指导教师都对本节课的教学成果进行了肯定，指出本节课体现出了授课教师扎实的教学基本功，课堂氛围和谐；在教学方法的使用上，通过对图像的分析让学生自己摸索出地理学习的方法——图像叠加；同时通过感知差异、理解差异、巩固验证等过程逐步深化了学生认识；学生的读图画图过程体现了人地协调观核心素养的落实。

（3）教学反思

授课教师根据指导教师反馈的意见，进行了教学反思并不断完善教学设计，使教学改进效果较为明显（表 8–14）。

表 8–14 “秦岭—淮河的地理意义”教学反思

体现	原因	改进措施
秦岭—淮河的地理位置描述	操作不具体，指令不准确	使指令更明确
教学方式	演绎法不适合七年级学生	使用归纳法
语言表达的准确性	不够准确	表达准确
内容	自然要素与人文要素的联系不需要深入讲解	放到后面区域学习中细致讲解
准备	不充分	积极改正
分界线的体现	不是死记硬背	体会区域内部的一致性和不同区域的差异性

2. 昌平区回龙观育新学校教学改进情况

昌平区回龙观育新学校的教学改进项目采用了“两课联构”的模式，即针对两个具有一定联系的教学课题，初、高中联合备课，建立概念进阶，注重学生的发展。虽然在教学的学段上具有跨越性，但知识层面上具有关联性、连续性，因此符合学生在学习核心概念时的进阶原则，即遵循一系列由简单到复杂的思路，由低学段到高学段持续发展的概念序列。

下面以“首都北京”和“京津冀协同发展的地理背景”两课为例，展示两课联构的教学改进情况。

（1）基于学生问卷调查的评价

在“首都北京”一课中，通过试讲和正式讲课后针对学生的两次问卷调查（如表 8–15 所示）发现：试讲过程中，学生们能够对北京的水资源情况有深入了解，明白节约用水的意义，培养了学生的人地协调观，但是教学内容的讲解仍然较为浅显。正式讲课后，学生能够在了解北京水资源情况的基础上，掌握有关北京的自然地理特征部分的知识点，在学习内容的深度上有所进步，但是仍然存在师生互动较少的问题，需要继续改进。

表 8–15 “首都北京”一课学生问卷调查情况

项目	试讲	正式讲课
最喜欢的环节	小组讨论互动 写学案	小组互动讨论
收获	了解了北京的水资源情况 懂得了节约用水	掌握了有关北京自然地理特征的知识点

表 8–15（续）

项目	试讲	正式讲课
困难	节水有什么成效 北京成为首都的原因是什么 如何改善北京的环境	北京缺水的原因 影响首都北京和古都北京设立的原因还有哪些，自然因素里有没有对两者不好的因素？
要求和期待	多一些有趣的互动 讲解更细致	多让一些同学回答问题 提供更多的资料和数据
建设性意见	进行有关节水、用水的实验 播放视频或使用道具	多设计一些国外首都与中国首都的对比

（2）基于听课教师的评价

在“首都北京”和“京津冀协同发展的地理背景”两课的备课、试讲、正式讲课的过程中，指导老师都分别提出了本节课存在的不足及教学修改建议。例如“首都北京”一课（表 8–16），指导教师在试讲结束后指出教学内容与课程标准不贴合；教学环节略显浅显，与学情不符合；学生积极性不高，课堂师生的互动有待提升；幻灯片指引性作用低，排版简单。对于“京津冀协同发展的地理背景”一课（表 8–17），指导教师也指出了该节课存在的不足，包括该节课中铺垫好的地理背景没有很好的落到实处，京津冀三地的差异和共性没有分析出来；京津冀三地各有优势，也各有劣势，教学内容缺少劣势的部分；学生总结了京津冀三地的优势，但不够简练。

表 8–16　“首都北京”一课的指导教师意见

实施环节	指导教师意见
备课	1. 课堂的导入应当与后续课程内容相关，需串联整个课堂 2. 详讲：北京的水，让学生“算水账” 略讲：授课教师准备的其他材料内容，学生了解即可 3. 课程逻辑：北京城市建设的成就→北京规划→发展中积蓄的问题→未来发展方向 4. 结合北京未来的发展方向，联系“京津冀协同发展的地理背景”
试讲	1. 更改教学设计，建议从城市职能、在城市建设中取得的成就两方面进行教学 2. 可用视频导入，将城市建设成就通过视频中的画面展现，既让学生有直观感受，又激发学生的兴趣 3. 学案活动要增强思辨性，让学生能在活动中有更多思考
正式讲课	1. 课程标准中讲的是“首都北京”，要关注“首都”的意义 2. 从“为什么将北京定为首都”的角度进行教学 3. 建议将“自然地理环境对首都的影响”改为“自然地理环境对城市的影响” 4. 需要补充城市职能的内容，在此将北京的水资源作为要点之一进行讲解。 5. 城市建设成就部分，找材料展示即可。建议补充北京大兴国际机场、通州城市副中心建设等相关内容 6. 北京的南水北调与北京的河流无关

表 8–17　“京津冀协同发展的地理背景”一课的指导教师意见

实施环节	指导教师意见
备课	1．教科书内容选择性使用，重点放在课程标准要求上 2．京津冀三地的优势要求学生自主概括，并写在黑板上 升华主题：从国家大事到国家大势，从京津冀协同发展到国家各项重大战略
试讲	1．学生自主在板书上概括总结京津冀三地的差异和共性，教师进行总结 2．适当增加京津冀三地的劣势分析 3．教师可在板书一旁针对学生的概括提炼关键词、关键点；提供给学生的笔的颜色选深色系，避免使用亮色系，便于后排同学看清楚
正式讲课	1．教科书分析：本节课自然地理与人文地理的综合 2．课程标准分析 ①地理背景是指对地理事物或现象发生、发展与变化起重要作用的客观因素，是综合性的 ②学业质量水平要求为水平二，要求教师教学内容要“广”且不“深”。本节课“说明”即可 3．时间有所富余，可在自然地理方面增加植被、土壤、矿产等内容 4．强化交通一体化、产业一体化（具体产业、地点展示）的讲解 5．强调雄安在京津冀协同发展中的作用

（3）教学反思与教学设计修改

“首都北京”一课在教学改进过程中，根据指导教师提出的修改建议，授课教师不断修改聚焦本节课的教学目标：备课时确定教学目标为“北京的建设成就”，从“北京的城市问题”聚焦到“城市问题中的水资源问题”，进而谈“北京的城市建设成就”；试讲和正式讲课时则将教学目标从“北京的城市建设成就”转换为“北京的自然地理特征”，进一步贴合课程标准，同时对教学设计中的导入和教学系统性方面、教学课件的制作方面都进行了改良，增强了教学课件的美观性及其对学生思考问题的指引性（图 8–14，图 8–15）。

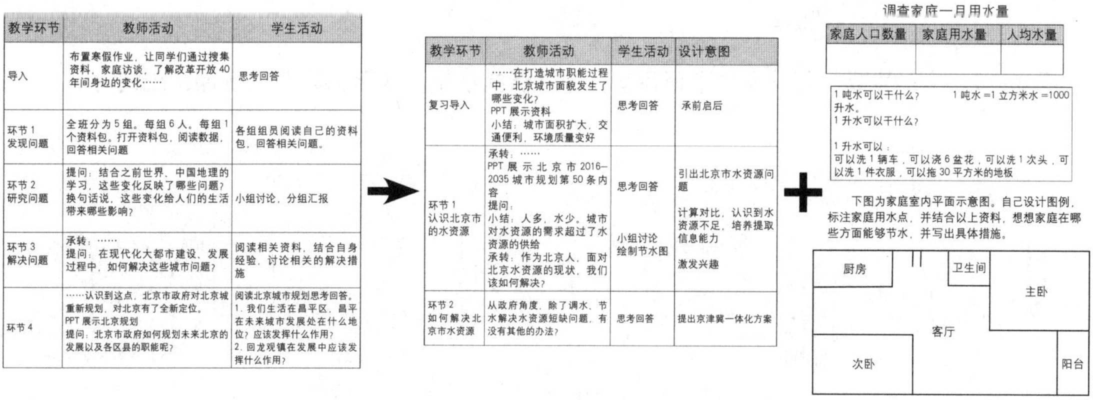

教学环节	教师活动	学生活动
导入	布置寒假作业，让同学们通过搜集资料，家庭访谈，了解改革开放 40 年间身边的变化……	思考回答
环节 1 发现问题	全班分为 5 组。每组 6 人。每组 1 个资料包。打开资料包，阅读数据，回答相关问题	各组组员阅读自己的资料包，回答相关问题。
环节 2 研究问题	提问：结合之前世界、中国地理的学习，这些变化反映了哪些问题？换句话说，这些变化给人们的生活带来哪些影响？	小组讨论，分组汇报
环节 3 解决问题	承转：…… 提问：在现代化大都市建设、发展过程中，如何解决这些城市问题？	阅读相关资料，结合自身经验，讨论相关的解决措施
环节 4	……认识到这点，北京市政府对北京城重新规划，对北京有了全新定位。 PPT 展示北京规划 提问：北京市政府如何规划未来北京的发展以及各区县的职能呢？	阅读北京城市规划思考回答。 1. 我们生活在昌平区，昌平在未来城市发展处在什么地位？应该发挥什么作用？ 2. 回龙观镇在发展中应该发挥什么作用？

教学环节	教师活动	学生活动	设计意图
复习导入	……在打造城市职能过程中，北京城市面貌发生了哪些变化？ PPT 展示资料 小结：城市面积扩大，交通便利，环境质量变好	思考回答	承前启后
环节 1 认识北京市的水资源	承转：…… PPT 展示北京市 2016—2035 城市规划第 50 条内容 提问： 小结：人多，水少。城市对水资源的需求超过了水资源的供给 承转：作为北京人，面对北京水资源的现状，我们该如何解决？	思考回答 小组讨论 绘制节水图	引出北京市水资源问题 计算对比，认识到水资源不足，培养提取信息能力 激发兴趣
环节 2 如何解决北京市水资源	从政府角度，除了调水、节水解决水资源短缺问题，有没有其他的办法？	思考回答	提出京津冀一体化方案

调查家庭一月用水量

家庭人口数量	家庭用水量	人均水量

1 吨水可以干什么？　　1 吨水 =1 立方米水 =1000 升水。
1 升水可以干什么？

1 升水可以：
可以洗 1 辆车，可以浇 6 盆花，可以洗 1 次头，可以洗 1 件衣服，可以拖 30 平方米的地板

下图为家庭室内平面示意图。自己设计图例，标注家庭用水点，并结合以上资料，想想家庭在哪些方面能够节水，并写出具体措施。

图 8–14　“首都北京”备课环节指导后的教学设计修改

教学环节	教师活动	学生活动
复习导入	……在打造城市职能过程中，北京城市面貌发生了哪些变化？ PPT 展示资料 小结：城市面积扩大，交通便利，环境质量变好	思考回答
环节 1 认识北京市的水资源	承转：…… PPT 展示北京市 2016—2035 城市规划第 50 条内容 提问： 小结：人多，水少。城市对水资源的需求超过了水资源的供给 承转：作为北京人，面对北京水资源的现状，我们该如何解决？	思考回答 小组讨论 绘制节水图
环节 2 如何解决北京市水资源	从政府角度，除了调水、节水解决水资源短缺问题，有没有其他的办法？	思考回答

教学环节	教师活动	学生活动
导入	PPT 播放北京宣传视频 提问： …… 不论是古都北京，还是首都北京，人们在这里建都，首先需要考虑什么呢？ PPT 展示中国行政区划图 提问：说出北京的地理位置 ……	思考回答 地理位置 自然环境 读图回答
北京成为古都的自然条件优势	承转：…… 小结 地形特征：…… 为古都提供的有利条件：…… 河流：…… 为古都提供的有利条件：…… 气候：……	全班分小组讨论： 地形组： 河流组： 气候组： 根据提供的资料完成学案内容。小组汇报展示
北京的城市职能	承转：…… 提问：最能体现政治中心的标志是哪些？ 承转：……拥有最高学术水平，最强科研实力，众多科研院所，文化教育事业发达，是全国的文化中心，在此基础上，北京着力打造第三个城市职能 …… 总结：承转：……	

第一组：阅读以下内容，完成下列表格。

自然条件	归纳特征	古代建都的有利条件	现代建都的有利条件
地形	1. 以什么类型为主 2. 主要地形类型分布 3. 判断地势高低		

图 8–15　“首都北京”试讲环节指导后的教学设计修改

“京津冀协同发展的地理背景”一课在教学改进过程中，授课教师根据指导老师提出的问题和修改建议，反复修改教学设计，在教学目标、教学内容、环节设计和方法上都进行了改进，同时增加了学生课堂参与环节，将学生讨论总结的内容作为课堂教学的重要环节，课堂内容由教师总结转变为学生总结、教师提升，不仅提高了学生的课堂参与程度，同时促进了学生对问题的思考和探究（图 8–16、图 8–17）。

教学过程			
教学环节	教师活动	学生活动	设计意图
协同发展的成就 小结	过渡：党中央确定京津冀协同发展战略的五年来，取得了突出的成绩 PPT：成绩单 小结：京津冀协同发展使三地经济结构不断优化调整，北京市“高精尖”经济结构逐步构建，天津市先进制造业和现代服务业快速发展，河北省产业结构调整步伐加快，生态环境保持向好态势。除此之外，在教育、医疗等公共服务方面也大力加强合作，我们有理由相信，京津冀地区一定会发展成为以首都为核心的世界级城市群，区域整体协同发展改革引领区、全国创新驱动经济增长新引擎和生态修复环境改善示范区。作为北京市民，我们更加关注北京的变化。（蔡奇城乡环境建设动员大会）我们相信北京一定会拥有清新的城乡环境，新时代大国首都新形象，我们为是一名中国人，一名北京人而自豪，同时也要尽到一名北京市民应尽的义务。	理解	培养家国情怀

教学过程			
教学环节	教师活动	学生活动	设计意图
小结	京津冀协同发展是我国重大发展战略，是国家“大事”，除此还有“粤港澳大湾区建设”“一带一路”，这些也是国家发展“大势”。世界范围内也有很多区域性合作的例子，例如，“欧盟”“北美自由贸易区”等，一个区域想要发展，必须是开放的，包容的，这也是经济全球化下“大势”，不论是区域协同还是全球协同，最终目标一定是“共商、共建、共享”	思考 笔记	树立家国情怀

图 8–16　“京津冀协同发展的地理背景”中“课堂小结”环节的改进（备课、正式讲课）

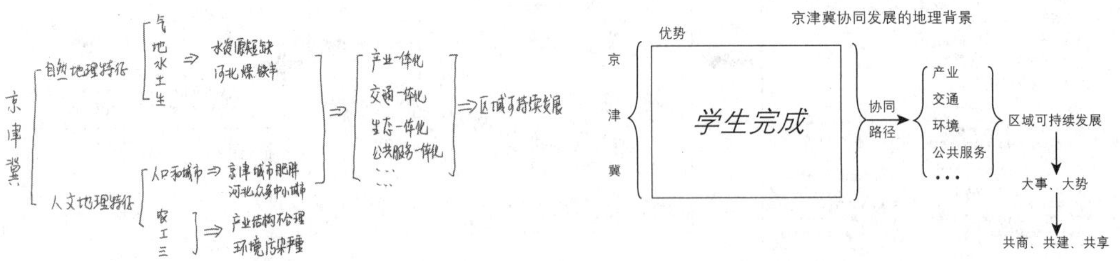

图 8–17　“京津冀协同发展的地理背景”中板书设计的改进（备课、正式讲课）

GEOGRAPHY

第九章

从地理教研论文看地理研究与写作

教研论文是评价教师教学和教研水平的重要指标。为了全面推进地理课程改革，促进广大地理教师教学、教研、教改活动的深入进行，中国地理学会每年举办一次全国优秀中学地理教研论文奖评选活动。本书针对 2013—2018 年六年期间参与评比的地理教研论文进行统计和分析，介绍了地理教研论文获奖情况及其特点，重点分析了其中存在的问题，并提出了相应的改进措施。

第一节　2013—2018 年全国优秀地理教研论文评选活动的获奖情况

2013—2018 年共有 1 025 篇地理教研论文获奖，统计结果如表 9–1 所示。从表 9–1 可以清晰地看到，每年参评的论文数量为 300 ~ 400 篇，达到了一定的规模。历年参评的教研论文总数有所下降，但 2018 年参评的教研论文总数略有增加。教研论文的获奖率在 2016—2017 年偏低，参评的地理教研论文水平有所下降。2018 年获奖率有所提升，参评的地理教研论文的水平有所提升。

表 9–1　2013—2018 年地理教研论文获奖情况

年份	获奖情况			
	一等奖／篇	二等奖／篇	参评论文总量／篇	获奖率／%
2013	45	55	205	48.8
2014	47	58	208	50.5
2015	38	53	177	51.4
2016	25	46	161	44.1
2017	15	28	118	36.4
2018	30	45	156	48.1

全国优秀地理教研论文评选活动的征文范围主要有六大方面：1. 国际上和我国的地理课程改革研究；2. 地理课程标准研究及各类新教材的试用、实验研究，地理课程资源开发；3. 现代信息技术与地理课程整合，网络教学、多媒体教学及教学资源研发；4. 新课程与考试方案研究，地理高考、地理中考、地理奥林匹克竞赛研究；5. 地理教师的专业成长研究；6. 新教学方式探索（探究式教学、案例教学、有效教学等），学生地理学习研究，学生全面发展研究。

根据征文范围的六个方面，笔者将每一年获奖的教研论文分为六类进行了统计，对比分析了 2013—2018 年六类获奖教研论文的数量分布情况，统计结果如表 9–2 所示。

表 9–2 2013—2018 年获奖地理教研论文分类统计

获奖等级	获奖数量					
	第 1 类／篇	第 2 类／篇	第 3 类／篇	第 4 类／篇	第 5 类／篇	第 6 类／篇
一等奖	6	23	14	15	7	135
二等奖	6	30	31	14	6	198
总数	12	53	45	29	13	333

第 1 类即“国际上和我国地理课程改革研究”，该类地理教研论文在近三届获奖论文中所占比重最小，并且这 12 篇文章基本都是以国际和国内的地理课程改革为背景来研究如何进行地理教学，以及如何解决教学中所遇到的问题，研究的理论高度有待进一步提升。

第 2 类即“地理课程标准研究及各类新教材的试用、实验研究，地理课程资源开发”，通过对 53 篇论文的阅读分析得出，教材研究方面涉及具体的教材，更有对校本课程的研究，研究范围比较广泛。研究角度主要包括优化教材结构，对教材自身照片、图像系统等的研究，不同版本教材之间的对比研究。实验研究方面结合生活实际情况和地域特色，实验的目的不仅限于提高课堂效率，更加关注培养学生的人文素养。

第 3 类即“现代信息技术与地理课程整合，网络教学、多媒体教学及教学资源研发”，不仅仅局限于传统的多媒体技术与地理教学的结合，也将现代化的信息技术引入到地理教学中来。

第 4 类即“新课程与考试方案研究，地理高考、地理中考、地理奥林匹克竞赛研究”，论文研究方向不仅关注中考、高考的备考策略与考题分析，会考以及学业水平测试也越来越受到重视，并有关于全国中学生地理奥赛野外考察题的文章。

第 5 类即“地理教师的专业成长研究”，通过阅读获奖的 13 篇文章，可以发现一线地理教师越来越重视自己的专业发展，并开始采用量化的方式进行教学反思。

第 6 类即“新教学方式探索（探究式教学、案例教学、有效教学等），学生地理学习研究，学生全面发展研究”，该类地理教研论文在近三届获奖论文中所占比重最大。在教师的“教”的方面注重教学方式的探索，有意识地突破学科瓶颈，例如，注重与生物、历史学科之间的融合；在地理教育中有意识地渗透德育，让地理教育更加贴近生活，并将地理教育融入生命教育。在学生的“学”的方面注重对学生兴趣、思维能力、学习能力、读图能力等方面的培养。

第二节 2013—2018 年参评的地理教研论文中存在的问题

通过对 2013—2018 年参评的地理教研论文进行调查分析，发现一些问题。

（1）教研论文缺乏教师自己的研究。教育研究也被称为“教育科学研究”，是指运用科学的方法，对学科教育现象与事实进行探索，从而发现和认识学科教育、教学现象之间、事实之间的内在的、本质的联系和规律，并用于指导教育、教学实践。有的教研论文在形式上虽然有自己的研究过程，但是得到结论却是众所周知的，这样的研究就走了一个形式。有的教研论文确实有自己的研究过程，却以教学设计的形式呈现出来，将教研论文写成了教学日记、教学反思，表述过于口语化，不符合教研论文的写作规范，且结论部分不能简洁、客观、明确地表达作者的观点和建议，升华主题，不具有指导意义和参考价值。

(2) 教研论文选题不当。有些教研论文选题过大，没有足够的事实材料、数据等作为支撑，导致最后的结论泛泛而谈、虎头蛇尾，如《如何落实初中地理有效课堂教学》，这是一个很复杂的问题，针对不同的内容所需要的方法是不一样的；再如《新课程背景下高中地理考试命题的走向与分析》，“走向”是很难把握的，受政治、经济、文化等多种因素的综合制约，选题过大不利于对问题进行针对性的研究。有些教研论文选题没有创新性，缺乏对于前人研究的整体把握，没有真正具有创新性的内容，没有提出自己独特的观点，大量内容重复前人的工作。有些教研论文题目过于标新立异，如《魔灯让地理课堂更有魔力》，其语言表面上与众不同，但是不能简洁明了地表现所要研究的问题。有些教研论文的选题不在征文范围内，如《翠微峰景区开发初探》，不符合投稿要求。

(3) 教研论文格式不符合规范，论文引用不符合规范。教研论文结构设计不合理，段落层次不分明，如《自生活中的地理现象入手——利用探究活动实现地理课堂高效教学》中材料堆砌、条理不清。相当一部分教研论文没有列出参考文献，有的虽然列出了参考文献但格式不符合规范。有些教研论文的标点符号运用不当，错字、别字屡见不鲜。

(4) 教研论文抄袭现象较多。存在一稿多投的现象，即已经在期刊上发表的文章再次参与本次评比活动；有接近一半的教研论文存在不同程度的抄袭现象，有些教研论文全文抄袭别人的作品，有些教研论文是将不同的文章剪切整合而成。

第三节　提高地理教研论文质量的对策

一、教师提高教育研究水平

教育研究是以教育作为研究对象，研究如何培养人的活动。教育研究是教师教学的重要环节，教师的职责就是在教育理论的指导下从事教育实践。目前，教育理论与教育实践严重脱节，绝大多数的教育实践工作者的研究意识淡薄，对教育研究的认识不足，所以培养教师的教育研究热情是十分必要的。

强化教育研究意识，有助于提高教师的自我发展水平，教师的自我发展水平也直接决定了教育改革的成败。教师的“自我发展”包含价值观、专业能力、职业精神、自我意识等方面的发展，教师要形成自己独具特色的教学风格、建立自己的科学教育理论，就要对教学活动进行深入研究，从中不断提升自己的教学水平和科研能力。

进行教育研究有助于提升教学质量。教师从日常的教学活动中发现问题、分析问题到解决问题的过程，实际上是对教学的反思与深加工的过程，也是用科学的理论来指导实践，再从实践中深化理论的过程。对于教师而言，以研究的方式从事教学的效果要远胜于仅凭经验从事教学。

二、加强学校资源建设和有效培训

良好的文化环境和学术氛围有助于创造性思想的产生，从而提高地理教研论文的质量。为此，学校应该为教师创设良好的硬件环境及软件环境。校方应配置教师进行教育研究所需要的网络资源、仪器、书籍、文献等，建立相应的教育研究实验室，为教师提供良好的教育研究环境；创造教师教育研究所需要的学校文化气氛，积极鼓励教师进行教育研究，定期开展交流讨论活动，使教师之间展开合作学习，养成积极的学术研究氛围。

对地理教师进行专门的论文训练和指导，聘请高等师范院校的学科专家来校指导教师的教育研究，通过与专家进行交流，解决教师在研究中存在的问题，优化课堂教学，提高教学质量。利用寒暑假组织教师到高校进行观摩，对教师进行针对性与系统性的培训，培养有感而发、自主创作的良好风气，杜绝抄袭、剽窃的不良风气，使之快速成长为专家型教师，而非只凭经验教学的“教书匠”。

三、健全教研论文监管制度

学校应采取相应的奖励措施。校级层面应该设立专门的教研论文管理人员，为提升教研论文的质量提供组织保证。学校和教研部门应对影响论文质量的各个环节进行监控。选题的范围、内容和难易要适当，要遵循教研论文选题的基本原则。为了避免低水平题目的重复出现，相关部门可以建立相应的教研论文数据库，供教师参考。

附录

附录 1　初中地理教科书配套教师教学用书使用情况调查

尊敬的老师：

您好！与教科书配套的教师教学用书的编写是为帮助教师进一步理解并使用教科书，进而为教学提供指导。为客观了解目前初中地理教师教学用书的使用现状，我们特进行此次调查，请您根据自己的真实想法，独立地填写这份文件，并将相应的答案填写在横线处。谢谢！调查的结果仅供研究之用，任何关于个人和学校的信息将不会被透露。真诚地感谢您的合作。

一、个人基本信息

1．性别：　　A．男　　B．女

2．教龄：　　A．师范生，未入职　　B．五年以内　　C．五至十年　　D．十年以上

3．所使用的教科书版本：　　A．人教版　　B．中图版　　C．其他版本

4．任教学校与年级：________________________________

二、配套教师教学用书使用情况调查

（一）教师教学用书基本情况调查

1．您对现行的配套教师教学用书满意程度如何？

A．非常满意　　B．满意　　C．不太满意　　D．很不满意

2．您认为现行教师教学用书能满足一线教师教学的实际需要吗？

A．满足所有需要　　B．满足大部分需要

C．满足少部分需要　　D．不能满足需要

3．您认为现行教师教学用书对一线教师在选择教学方法、改进教学设计、开拓教师视野、认清发展趋势等方面有帮助吗？

A．非常有帮助　　B．有较大帮助　　C．有一点帮助　　D．没有任何帮助

4．您认为现行教师教学用书中描述的教学目标明确具体吗？

A．既明确又具体　　B．虽然明确，但不够具体

C．虽然具体，但不够明确　　D．不够明确具体

5．您认为一线教师最需要哪种类型的案例？

A．整节课案例　　B．教学重点或难点的片段案例　　C．课堂实录案例

D．课堂教学设计的“教案”案例　　E．课堂教学设计“思路”案例

6．您认为下列哪种形式的案例最有利于帮助您理解案例设计者的本意？

A．讲稿式　　B．流程式　　C．图表式　　D．其他

7．您认为现行教师教学用书中所提供的教学参考资料和各种信息有什么作用？

A．有利于促进教师对教科书进行二次开发　　B．有利于解决知识上的疑点

C．有利于帮助教师利用现有的教学资源　　D．没有任何作用

8．您认为现行教师教学用书具有以下作用吗？ （在符合的选项里打 “√”）

表 1

内容	认可情况			
	非常有作用	有较大作用	有一点作用	没有任何作用
对教学实践有指导作用				
对帮助教师理解教科书，解读课程标准，不偏离素质教育的方向等方面有作用				
对指导一线教师学会在实际教学中如何引导学生进行研究、探究以及合作学习等学习方式有作用				
对促进一线教师教学方法和教学模式方面的改进有作用				

9．您认为教师教学用书是否需要有以下内容？（在符合的选项里打 “√”）

表 2

内容	认可情况			
	非常需要	需要	无所谓	不需要
指出教学重点和难点				
给出解决难点的建议				
分析教科书结构，指出每节在教科书中的地位				
提供教学设计的建议				
提供学生活动建议				
提供教学设计的案例				
提供学习方法建议				

10．您认为现行教师教学用书中提供的内容是否符合教师需要？（在符合的选项里打“√”）

表 3

内容	认可情况			
	非常符合	比较符合	不太符合	根本不符合
提供的案例符合一线教师的需要				
提供的教学参考资料和信息符合教学实际需要				
提供的各种评价方法适合在教学实践中使用				

（二）教师教学用书使用情况调查

1．您在平时备课过程中使用教师教学用书吗？

A．经常使用　　B．有时使用　　C．偶尔使用　　D．从不使用

如果选择 A 或 B，请回答 1-1 题；如果选择 C 或 D，请回答 1-2 题。

1–1．您使用教师教学用书的原因是（　　）。（多选）

A．能帮助我转变教学观念　　B．能帮助我明确教学的目标

C．能帮助我理解教科书的体系结构　　D．能帮助我拓宽教学设计的思路

E．能帮助我理解知识上的疑难点　　F．能帮助我提高教学效果

1–2．您不使用教师教学用书的原因是（　　）。（多选）

A．不能帮助我转变教学观念　　B．不能帮助我明确教学的目标

C．不能帮助我理解教科书的体系结构　　D．不能帮助我拓宽教学设计的思路

E．不能帮助我理解知识上的疑难点　　F．不能帮助我提高教学效果

2．您认为现行教师教学用书能否促进教学方式的改变？

A．能　　B．不能

如果选择 A，请回答 2–1 题；如果选择 B，请回答 2–2 题。

2–1．您认为现行教师教学用书能促进教学方式改变的主要原因是（　　）。（多选）

A．提供了改变教学方式具体的案例

B．具体说明了新的教学方式应在什么时候用

C．具体说明了新的教学方式适用于什么样的教学内容

D．能结合案例具体说明新理念在教学中如何实施

E．考虑了实施的可行性

F．其他

2–2．您认为现行教师教学用书不能促进教学方式改变的主要原因是（　　）。（多选）

A．没有提供具体的案例

B．没有具体说明新的教学方式应在什么时候用

C．没有具体说明新的教学方式适用于什么样的教学内容

D．没有将理念和案例结合在一起讲，所以难以理解

E．没有考虑实施的可行性

F．其他

3．下表用于调查您备课时对教师教学用书各部分使用的频繁程度。(在符合的选项里打“✓”)

表 4

内容	使用程度				
	每次都使用	经常使用	有时使用	偶尔使用	从不使用
教学目标					
教学内容分析					
教学实施方法与建议					
学生活动建议					
教学参考资料					
配套光盘					

4．下表用于调查您对教师教学用书各部分的满意程度。（在符合的选项里打“√”）

表 5

内容	满意情况				
	非常满意	比较满意	一般	不太满意	非常不满意
教学目标					
教学内容分析					
教学实施方法与建议					
学生活动建议					
教学参考资料					
配套光盘					

5．从您的教学实际需求来看，现行教师教学用书中还缺乏哪几个层次的目标？

A．每册书的目标　B．单元目标　C．每章目标

D．每节目标　E．课时目标　F．活动目标

6．您认为教师教学用书中还需要增加哪些内容？

A．“教案”案例　B．教学理论

C．教学评价方法　D．完备的多媒体素材库

E．课堂实录片段　F．________________（请将其他意见填写在横线上）

7．您认为现行教师教学用书中哪个层次的知识结构及分析还不能满足您的备课需求？

A．各册书知识结构及关系分析　B．各单元知识结构及关系分析

C．各章知识结构及关系分析　D．各节知识结构及关系分析

E．各目标知识结构及关系分析

8．您经常使用配套光盘里的哪些内容？

A．教学幻灯片　B．教学图片　C．课堂片段实录　D．从不使用

9．您还希望配套光盘中有哪些内容？

A．幻灯片　B．教学实录

C．素材库（图片、动画、短片和教学片段等）　D．网页

E．以上几种类型的组合　F．其他

10．您认为下列哪一种教师教学用书组织方式更好？

A．系统性的组织方式（如中图版）　B．以教科书为中心的组织方式（如人教版）

C．资料包式　D．其他

E．很少使用过其他版本的教师教学用书，无从比较

三、开放题

您最希望能获得的教学辅助资料及其呈现方式是________________________________

____。

附录 2　高中地理教科书配套教师教学用书使用情况调查

尊敬的老师：

您好！为了不断改进高中地理教科书配套教师教学用书，满足广大教师教学的需要，我们特进行此次调查。请您回答下面的问题，在所选的答案上划“√”（部分题目为多选）。谢谢！

一、个人基本信息

1．性别：　A．男　B．女

2．教龄：　A．师范生，未入职　B．三年以内　C．三至八年　D．八年以上

3．职称：　A．三级　B．二级　C．一级　D．高级　E．特级　F．暂无职称

4．所使用教科书的版本：　A．人教版　B．中图版　C．其他

二、配套教师教学用书使用情况调查

1．总的来说，您对现行教师教学用书满意程度如何？

A．非常满意　B．满意　C．一般　D．不太满意　E．很不满意

2．表 1 用于调查您对教师教学用书各部分的满意程度。（在符合的选项里打“√”）

表 1

内容	满意情况				
	非常满意	比较满意	一般	不太满意	非常不满意
教学目标					
教学内容分析					
教学实施方法与建议					
学生活动建议					
复习题参考答案					
教学参考资料					
配套光盘					

3．您认为教师教学用书中还需要增加哪些内容？

A．“教案”案例　B．解释建议的教学方法的理论基础　C．教学评价方法

D．完备的多媒体素材库　E．课堂实录片段　F．＿＿＿＿＿＿＿＿＿＿

4．您在平时备课过程中使用教师教学用书吗？

A．每次都使用　B．经常使用　C．有时使用　D．偶尔使用　E．从不使用

如果选择 A 、B 或 C，请回答 4−1 题，如果选择 D 或 E，请回答 4−2 题。

4−1．您使用教师教学用书的原因有哪些？

A．能帮助我转变教学观念　B．能帮助我明确教学的目标

C．能帮助我理解教科书的体系结构　　D．能够帮我拓宽教学设计的思路

E．能帮助我理解知识上的疑难点　　F．能帮助我改善教学效果

4–2．您不使用教师教学用书的原因有哪些？

A．不能帮助我转变教学观念　　B．不能帮助我明确教学的目标

C．不能帮助我理解教科书的体系结构　　D．不能帮助我拓宽教学设计的思路

E．不能帮助我理解知识上的疑难点　　F．不能帮助我改善教学效果

5．表 2 用于调查您备课时对教师教学用书各部分使用的频繁程度。（在符合的选项里打“✓”）

表 2

内容	使用情况				
	每次都使用	经常使用	有时使用	偶尔使用	从不使用
教学目标					
教学内容分析					
教学实施方法与建议					
学生活动建议					
复习题参考答案					
教学参考资料					
配套光盘					

6．表 3 用于调查现行教师教学用书对您教学活动中的以下方面所发挥的作用。（在符合的选项里打“✓”）

表 3

内容	认可情况				
	非常有作用	有较大作用	比较有作用	有一点作用	没有任何作用
指导教学实践					
促进教学改革					
在实际教学中贯彻新的教学理念					
开拓教师的视野，把握地理教育的发展趋势					
提供发挥自己聪明才智的以及深入探讨问题的空间					
补充和更新地理专业知识					
促进教学方式的转变					

7．在“促进教学方式的转变”一栏，若选择“非常有作用”“有较大作用”“比较有作用”，请回答 7–1 题；若选择“有一点作用”或“没有任何作用”，请回答 7–2 题。

7–1．您认为现行教师教学用书能促进教学方式改变的主要原因有哪些？

A．提供了改变教学方式具体的案例

B．具体说明了新的教学方式应在什么时候用

C．具体说明了新的教学方式适用于什么样的教学内容

D．能结合案例具体说明新理念在教学中如何实施

E．考虑了实施的可行性

F．其他____________________________

7–2．您认为现行教师教学用书不能促进教学方式改变的主要原因有哪些？

A．没有提供具体的案例

B．没有具体说明新的教学方式应在什么时候用

C．没有具体说明新的教学方式适用于什么样的教学内容

D．没有理念和案例结合在一起讲，故难以理解

E．没有考虑实施的可行性

F．其他____________________________

8．从您的教学实际需要看，现行教师教学用书中还缺少哪个层次的目标？

A．每册书的目标　　B．单元目标　　C．每章目标

D．每节目标　　E．课时目标　　F．活动目标

9．您认为现行教师教学用书中描述各类目标的动词明确具体吗？（填入选项）

知识方面的目标（　　）　能力目标（　　）　情感、态度和价值观方面的目标（　　）

A．既明确又具体　　B．虽然明确，但不具体

C．虽然具体，但不明确　　D．既不明确又不具体

10．表 4 用于调查教师教学用书内容的需求情况。（在符合的选项里打“√”）

表 4

内容	需求情况			
	非常需要	需要	无所谓	不需要
您认为是否需要教师教学用书指出教学重点和难点？				
您认为是否需要教师教学用书对确定重点和难点的依据进行说明？				
您认为是否需要教师教学用书给出解决难点的建议？				
您认为是否需要分析教科书的结构，指出每一节在教科书中的地位？				
您认为在教师教学用书中有必要提供教学设计的建议吗？				
您认为在教师教学用书中有必要提供学生活动建议吗？				

表 4（续）

内容	需求情况			
	非常需要	需要	无所谓	不需要
您认为在教师教学用书中有必要提供教学设计的案例吗？				
您认为教师教学用书有必要解释建议教学方法的理论基础吗？				
您认为教师教学用书中有必要给出学习方法建议吗？				

11．您对现行教师教学用书难点解决建议的满意程度如何？

A．非常满意　　B．比较满意

C．一般　　D．比较不满意

E．很不满意　　F．我使用的教师教学用书没有相关内容

12．您认为现行教师教学用书中哪个层次的知识结构分析还不能满足您的教学需要？

A．各册书知识结构及关系分析　　B．各单元知识结构及关系分析

C．各章知识结构及关系分析　　D．各节知识结构及关系分析

E．各目标知识结构及关系分析

13．您需要在教师教学用书中对哪些教学内容进行具体说明？

A．知识教学点　B．能力教学点　C．情感教学点　D．三方面都需要

14．您所使用的教师教学用书中对每一节的知识教学点、能力教学点和情感教学点进行了具体说明吗？

A．全都进行了说明　　B．大部分进行了说明

C．小部分进行了说明　　D．一点都没说明

15．表 5 用于调查教师教学用书的作用情况。（在符合的选项中打“√”）

表 5

内容	作用情况			
	会限制思路	会阻碍教师的发挥和创新	帮助把握课程标准要求	帮助教师拓宽思路
您认为学生活动设计的建议对一线教师的教学实践有什么作用？				
您认为教学设计建议对一线教师的教学实践有什么作用？				
您认为“教案”案例对一线教师的教学实践有什么作用？				

16．您认为一线教师最需要哪种类型的案例？

A．整节课案例　B．教学重点或难点的片段案例　C．课堂实录案例

D．课堂教学设计的“教案”案例　E．课堂教学设计“思路”案例

17．您认为下列哪种形式的案例最有利于帮助您理解案例设计者的本意？

A．讲稿式　B．流程式　C．图表式　D．其他

18．您认为现行教师教学用书中，关于学生学习方法的训练策略指导方面内容的现状有没有实际指导作用？

A．有，并且有很大的实际指导作用　　B．有，但实际指导作用很小

C．有，但无实际指导作用　　D．一点没有

19．您认为现行教师教学用书中所提供的教学参考资料和各种信息有什么作用？

A．有利于促进一线教师对教科书进行二次开发　　B．有利于解决知识上的疑点

C．有利于帮助教师弄清如何利用现有的教学资源　　D．没有任何作用　　E 其他

20．您认为现行教师教学用书中所提供的教学参考资料和信息符合实际需要吗？

A．非常符合　　B．比较符合　　C．不太符合　　D．根本不符合

21．您经常使用配套教师教学用书中光盘里哪些内容？

A．教学幻灯片　　B．教学图片　　C．短片

D．Flash 动画　　E．从不使用光盘中的资料

22．您希望配套光盘中增加哪些资料？

____

23．您希望配套光盘的资料为哪种类型？

A．幻灯片　　B．教学实录

C．素材库（图片、动画、短片和教学片段等）　D．网页

E．其他　　F．以上几种类型的组合

24．您认为下列哪一种教师教学用书组织方式更好？

A．系统性的组织方式（如中图版）　　B．以教科书为中心的组织方式（如人教版）

C．资料包式　　D．其他

E．很少使用过其他版本的教师教学用书，无从比较

后 记

本书终于要出版了，这是我计划的“中学地理教科书研究丛书”其中的一本，这个系列从计划编写到今天出版，已经有10多年了。如果从我开始研究中学地理教科书算起，已经近40年了。

当我坐在电脑前写这个后记时，眼前浮现出一幕幕清晰的场景，把这些场景串起来，正好说明了写这本书，确切地说，是写这个系列丛书的原因和背景。

一、1982年发表介绍美国中学地理教科书的文章

1981年，我当时在北京师范大学地理系学习，高如珊老师给我们地理系77级同学上“地理教学法”课。为了让我们了解国际地理教科书发展的动态，高老师给我们班布置翻译美国中学地理教科书《世界地理》及作业册(1979年出版)的任务。当时全班同学分工合作，齐心协力完成了任务。

1982年2月，我毕业留校任教，从事地理教学法方向的教学和研究工作，那些翻译材料的整理工作也就落在我身上了。当时很少接触国外的教科书，看到美国的中学地理教科书和作业册，耳目一新，大开眼界。整理研究后，我写了一篇介绍文章，题目为《一本编排新颖的地理教科书——介绍美国最近出版的〈世界地理〉》，发表在《中学地理教学参考》杂志1982年第6期，这是我发表的第一篇专业研究文章。从此我也开始了对中学地理教科书的研究。

二、1982—1984年去北京师范大学附属中学兼课，认真研读中学地理教科书

为了做好地理教学法教学研究，需要熟悉了解中学地理教学，系领导安排我到北京师范大学附属中学实习教课，向当时在北京师范大学附属中学任教的著名特级教师王树声、秘际韩老师以及宣武区地理教研员李志媛老师学习。从1982年9月到1984年1月，在这一年半的时间里，我每星期有两节课，但为上一节课常常一去就是一天，骑自行车从北三环到南二环，穿城而过。为了备好课，我认真研读了高中地理教科书，也仔细研究了北京师范大学地理系于1981年编写的实验教材《地学》(编者有宋春青、武吉华、李之保、邬翊光、郭瑞涛等)。当时写的教案，不是提纲要点，而是把上课要说的每一句话都写下来。

当时正值我国改革开放初期，那是一个奋发进取、积极向上的年代。那时候的中学地理教学，材料很少，条件简陋，但老师们热情很高，积极探索。在王树声、秘际韩两位特级教师的带领下，师大附中的地理教学水平高，课堂活跃，方法灵活，注重启发，积极开发新的教具，在北京市乃至全国地理教学领域都起到引领的作用。通过认真研读、仔细分析高中地理教科书，体验地理课堂教学，研究地理教科书的使用情况，加深了我对地理教科书和教学的认识，也为后来我编写地理教科书打下了基础。

三、1986—1993年参加编制九年义务教育初中地理教学大纲与编写“五四”制初中地理教科书

1986年4月12日，第六届全国人民代表大会第四次会议通过了《中华人民共和国义务教育法》，并于1986年7月1日起施行。同年也开始了九年义务教育初中地理教学大纲的编写。当时，初中地理课程分为三种模式：一是编写适合全国大多数地区的地理教学大纲，由人民教育出版社地理室（陈尔寿、徐岩等）、北京师范大学地理系（郭瑞涛、冯嘉萍、王民等）和北京教育学院（郭正权、李志媛等）等单位编写，并在全国进行实验；二是由上海市编写的地理教学大纲，并在上海市进行实验；三是由浙江省编写综合课的教学大纲（其中包括地理），并在浙江省进行实验。

编写全国地理教学大纲的三个单位在各自完成大纲初稿的基础上，经多次讨论，形成了

九年制义务教育《全日制初级中学地理教学大纲（初审稿）》，由国家教委于 1988 年颁发。根据这个教学大纲（初审稿），国家教委实行“一纲多本”的方针，规划了几套不同学制、不同层次的教科书，具体是：人民教育出版社编写“六三”制（小学六年、初中三年）初中地理教科书、北京师范大学地理系编写“五四”制（小学五年、初中四年）初中地理教科书、广东省编写适用于沿海地区的初中地理教科书、四川省编写适用于内陆地区的初中地理教科书，并陆续在全国各地进行实验。当时，使用“五四”制教科书的主要有山东诸城等地。

经过实验，国家教委组织对初中地理教学大纲进行了多次修改后，于 1992 年正式颁布了《全日制初级中学地理教学大纲（试用）》。北京师范大学地理系编写的“五四”制教科书（主编冯嘉萍、金陵、王民）1992 年经国家教委审查通过，从 1993 年秋季开始在全国试用。

我参加了九年制义务教育地理教学大纲编制、“五四”制初中地理教科书编写的全过程，历时 7 年。在这 7 年中，我学到了很多东西，也遇到了很多问题，促使我对中学地理课程和教科书进行深入思考和研究。

四、1994—2000 年参加编制普通高中地理教学大纲与编写北京版高中地理教科书

1994 年，国家教委开始组织与九年义务教育初中地理教学大纲相衔接的普通高中地理教学大纲的编制，我是大纲编制组的成员。根据国家教委制定的高中课程方案，高中三个年级均开设地理课。高一是必修课（每周 3 课时），面向全体学生，高二（每周 1 课时）、高三（每周 2 课时）是限定性选修课，即文科学生必修。国家教委提出，高中地理课程的制定，要从我国国情和 21 世纪初对人才的需求出发，要面向全体高中学生。

1996 年 5 月，国家教委颁布《全日制普通高级中学地理教学大纲（供试验用）》。高一、高二为系统地理，高三为区域地理。其中，高一学习地理环境的基础知识和人地关系；高二学习人文地理基础知识；高三学习中国地理区域知识。随后由人民教育出版社新编的地理教科书开始在天津、山西、江西进行实验。

北京市教委根据北京市的情况，在高中新大纲的基础上，增加了相关内容，编写北京市高中地理实验教材，聘我为主编，由中国地图出版社出版，并从 1999 年秋季开始，在北京师范大学附属中学等一些重点高中进行实验，后经过修改，于 2002 年经全国中小学教材审定委员会审查通过。我也第一次完整地编写了初中到高中的地理教科书，一共八本。

从 1986 至 2000 年，历时 15 年，我国完成了从初中到高中、从教学大纲编制到教科书编写出版、从实验到推广使用的整个过程，这标志着我国中学地理课程、教科书建设走上正轨。我有幸亲身参加了初中、高中地理教学大纲的编制和教科书编写，受益良多。经过针对诸多问题的思考与研究，我编写了《地理课程论》一书（广西教育出版社，2000 年），对地理课程与教科书进行了较为系统的研究。

五、中国—德国地理教科书合作项目

1991 年 11 月，当时的国家教委有关部门与德国乔治—埃格特国际教科书研究所签署了两国“关于教学计划、教科书交流与合作的议定书”，同时制订了“中国、德国关于历史、地理教科书的评审办法”。根据协议，双方交换了教科书。从那时起，我开始参与中国与德国合作项目，并对德国七本中学地理教科书中有关中国地理内容进行评审，撰写评审报告。

1993 年 6 月，由当时国家教委基础教育课程教材研究中心主任兼基础教育司副司长游铭钧带队，中国教科书代表团赴德，参加在德国不伦瑞克乔治—埃格特国际教科书研究所举行的第一次中国—德国教科书评审会议。我作为中国教科书代表团地理学科代表，在大会上作了“对德国中学地理教科书中有关中国地理内容的初步评价”的报告，德方代表作了“中国地理教科书中的德国”的报告。双方对对方地理教科书中介绍本国的内容进行了评审，各自指出对方地理教科书中介绍不准确甚至错误的地方。

1994 年 9 月，两国在北京召开了第二次中国—德国教科书会议，德方发表了“德国新版地理教科书中的中国”，我发表了“关于德国情况的调查报告”，这是我们 1993 年 10 月在北京市 9 所中学进行问卷调查的结果。通过进一步的研讨，中德双方同意，在尊重历史、尊重科学的原则下，对审查出的问题进行修订。从 1994 年开始，我便与德国维尔茨堡大学地理系博恩教授、德国乔治—埃格特国际教科书研究所亨瑞先生开始了长达 20 多年的深入合作。双方合作研究两国的地理教学大纲，经过充分讨论，尝试并开辟出一个新的思路，即由一国的地理学家为另一国的学生编写本国的地理，以此作为另一国编写相关内容的基础资料，这是国际地理教科书研究中的一个新发展，被当时德国乔治—埃格特国际教科书研究所所长贝歇尔教授称为国际上此类研究的首创。

经过三年多的合作，我与博恩教授合作编写完成了《中国—德国：地理教科书视野的扩展》一书，该书分别由德国汉诺威雄鸡出版社于 1997 年 10 月以德文出版，1998 年 8 月由中国地图出版社以中文出版。该书分为三部分，第一部分为欧洲地理（包括欧洲概况、欧洲的划分、欧洲在合作的道路上、欧盟的经济结构、欧洲的社会结构、欧洲的农村、欧洲的城市、欧洲的交通），第二部分为德国地理（包括德国的位置、德国自然地理与区域划分、德国的人口、德国的农业、德国的工业、城市、空间规划、被危害的环境），这两个部分由博恩教授编写完成。第三部分为中国地理，由我编写完成。中国地理部分包括中国概况、中国的地形和地势、中国的气候——受季风强烈影响的气候、中国自然地理三分区、中国的河流、中国的自然灾害及中国人民与自然的斗争、中国的人口和民族、中国的农业、中国的工业、中国的交通运输、中国的城市、中国的现代化与改革开放。该书的编写思路可以概括为：重视国家区域地理结构，重视该结构发展变化的过程，重视人的生活，补充日常生活案例，重视教给学生活生生的地理。

该书作为乔治—埃格特国际教科书研究所《国际教科书研究》第 90 卷出版，已经成为德国各州编写地理教科书有关“中国地理”内容的重要参考书，一些德国中学地理教科书引用了书中的材料，如德国康乃馨出版社 2005 年出版的《人类与环境》（Mensch und Raum Geographie Der asiatisch-pazifische Raum）中使用了《德国—中国：地理教科书视野的扩展》一书中的不少材料。

有比较才有鉴别。通过中德教科书项目，我看到两国地理教科书的差异，也为中国教科书研究提供了国际视野和新鲜素材。在 20 多年的合作中，我们发表了多项研究成果，也见证了中国地理教科书的迅速发展。

六、2000 年新一轮课程改革，编写中图版初中地理教科书

2000 年教育部开始新一轮的课程改革。我们递交了国家基础教育课程改革《初中、高中地理课程标准研究与编制》（王民撰写）项目书，经教育部基教司组织的专家委员会评审，以地理第一名中标。

2001 年 7 月，《全日制义务教育地理课程标准（实验稿）》颁布。立项申请通过后，我开始主编初中地理教科书，由中国地图出版社出版（简称中图版地理教科书），2003 年完成初中地理教科书（4 册）编写，送审一次通过。

在这套教科书中，我们设计了课文—探究双系列的编写架构，即有课文系列（包括章、节、节下标题和作业题等）和探究系列（包括课题、探索、检查进度等）。两个系列结合：在每章开始，设计一个课题，贯穿全章，在每节结尾处有“检查进度”予以落实；每节前有探索。这已经成为中图版地理教科书的显著特色。同时，我们开展了大量的研究，特别是对国外教科书的研究。

从 2004 年到 2012 年，经当时国际地理联合会副主席刘昌明院士的推荐，我当选并连任国际地理联合会地理教育委员会执委。教科书编写与研究是与国外同行交流的重要的话题。通过交流既能帮助我们了解、研究国外地理教科书，也能向国外同行积极介绍我国地理教科书的发展。

七、2004—2007 年中图版高中地理教科书

2003 年 4 月，《普通高中地理课程标准（实验）》颁布。教育部组织高中教科书编写立项申请，11 个单位申报有 4 个通过，我们是其中之一。

编写高中地理教科书时间紧，工程浩大。当时北师大地理教育实验室经常是通宵亮灯，我们夜以继日地编写。我也经常到位于北京市白纸坊西街的中国地图出版社修改文稿，加班吃盒饭是常事。

在高中地理教科书中，我们保持了双系列结构的编写架构，在每节之后，增设案例研究，扩充探究系列。高中地理教科书的必修教科书有 3 册，选修教科书有 7 册，一共 10 册教科书，历时 4 年，到 2007 年全部审查通过。

在 2002—2007 年的 5 年中，我们编写完成了从初中到高中的一整套中学地理教科书，一共 14 册。这是我第二次完整编写从初中到高中的地理教科书。作为配套材料，我们还编写了地图册、作业册、教师教学用书等。在这几年中，从编写实践到理论研究，我对地理教科书的认识不断深化，逐渐从青涩到成熟。

八、2011—2013 年高中地理教科书评价

2011 年和 2013 年，教育部在多个省份组织了实地调研。高中实验版地理教科书使用情况跟踪调查研究是由北京师范大学王民教授团队承担的，2011 年对全国 10 个省份 12 000 多名教师、学生、教研员进行了关于高中地理教科书使用情况的问卷调查。调查内容分为教科书对实验版课标核心思想的体现、内容的选择与组织、内容的表述与呈现、教学情境与活动设计、地区适应性五个维度。2013 年，王民教授团队又对已经参加高中地理课程改革的 3 个省份（北京、湖北、甘肃）的教师、学生和教研员进行了关于高中地理教科书使用情况的问卷调查，通过对比实现教科书使用情况的跟踪分析与比较。在此数据分析的基础上，得到地理教科书的综合分析与评价。

这次调查研究，从调研工具设计到调查的实施，从数据整理到全面分析，完成了对地理教科书评价理论与实践的探索。

九、2012—2014 年 10 个国家地理教科书难度国际比较项目

2012 年初，我承担了国家社科基金重大委托项目《中小学理科教材难易程度的国际比较研究》的子项目《高中地理教材难度的国际比较研究》（课题批准号：AHA120008）。本课题选取四大洲的 10 个国家（英国、法国、德国、俄罗斯、日本、韩国、新加坡、中国、美国和澳大利亚）的高中地理教科书（每个国家选择一套主流教科书），从教科书内容的广度、深度对其进行难度分析和比较研究。课题拟解决两个主要问题：(1) 中学地理教科书难易程度应该如何表述？具体可以采用哪些指标进行度量？ (2) 与所选的国家相比较，我国当前使用的高中地理教科书难度水平如何？

项目紧紧围绕“中小学”“教科书”“难度”3 个关键词开展研究，重点研究教科书中的知识问题，不做教科书好坏的价值性判断。课题组研制开发了评价研究工具，选择了 10 个国家有代表性的教科书进行翻译；同时分别对这 10 套教科书从广度和深度两方面进行了赋值，并计算了相应的难度。经过两年多的研究，结果表明我国初中地理教科书的难度排在 10 个国家的第 5 位、高中地理教科书的难度排在 10 个国家的第 4 位，在国际上处于中等水平。

2014 年 5 月 6 日，全国教育科学规划领导小组办公室在北京会议中心举行《中小学理科

教材难度的国际比较研究》成果报告暨专题研讨会，数学、物理、化学、生物、地理、科学共 6 个学科的专家均到场参加汇报和研讨。我代表地理学科作了题为《中学地理教科书难易程度的国际比较——基于国际 10 国中学地理教科书的研究》的大会发言。

本课题研究团队翻译了澳大利亚、英国、新加坡、美国、俄罗斯、德国、法国、韩国和日本 9 个国家地理教科书，打印成册，共 3 177 页，也为本套丛书的深入研究与编写提供了丰富的、可比较的素材。《中小学理科教材难度国际比较研究（高中地理卷）》一书于 2016 年 12 月由教育科学出版社出版。书中在回答了中国地理教材“难不难”的问题后，我们也试着对教材“好不好”的问题进行了研究。

十、2012—2019 年中图版初中、高中地理教科书修订

依据《义务教育地理课程标准（2011 年版）》，我们全面修订了初中地理教科书。2012 年七年级地理教科书审查通过，2013 年八年级地理教科书审查通过。

依据《普通高中地理课程标准（2017 年版）》，我们于 2018 年全面修订高中必修第一册、必修第二册，选择性必修 1、2、3 共 5 册地理教科书。2019 年 11 月，经国家教材委员会专家委员会审查，全部通过。这是我第三次完整编写修订了从初中到高中的地理教科书。

2021 年 10 月，在国家教材委员会开展的“首届全国教材建设奖”评选中，我主编的普通高中教科书《地理》必修第一册获得全国优秀教材（基础教育类）一等奖；我主编的义务教育教科书《地理》七年级上册、义务教育教科书《地理》八年级下册获得全国优秀教材（基础教育类）二等奖。

我在大学教书，但编写与研究中学地理教科书贯穿职业生涯始终。初步统计，我指导的进行地理教科书方面研究的研究生、本科生总数超过了 60 人。地理教师教学用书的编写既是我们的一项重要工作，也是研究的一个重要方面。在地理教科书研究中，有很多涉及教师教学用书，专门研究教师教学用书的本科论文有：《初中地理教学参考书结构和有效性研究——基于人教版和中图版》（2011，周代许）、《基于高中地理新课标的地理教学参考书框架结构研究—以中图版地理教学参考书为例》（2019，马丽娅）；硕士论文有《新课程初中地理教师教学用书的现状调查与文本研究》（2012，朱小丽）等。

本研究系列反映了我们对中学地理教科书领域全面、深入的思考，可以分为三部分：一是地理教科书历史与发展研究，包括《中国中学地理教科书发展与演变研究（1902—2019）》《20 世纪 80 年代以来国际中学地理教育动态研究》《国外地理教科书有关中国地理与国家形象的比较研究》《基于 OECD 课程内容图谱的地理内容领域与能力框架研究》；二是地理教科书内容与编写研究，包括《中学地理教科书内容体系研究》《中学地理教科书结构研究》《中学地理教科书图像系统研究》《中学地理教科书作业系统研究》《中学地理教科书探究活动研究》《中小学理科教材难度国际比较研究（高中地理卷）》；三是评价方法、教师教学用书研究，有《中学地理教科书评价研究》《中学地理教师教学用书研究》。

本书汇集了我们多个研究成果，本书由王民、马巍、朱小丽、周代许等完成。

感谢北京师范大学地理教育团队毕业的各届同学，我们研究成果中留下了你们坚实的脚印；感谢中国地图出版社，从集团领导到教材出版分社的领导对教科书研究项目给予了长期的、坚定的支持；感谢中国地图出版社教材出版分社陶宁平社长、马宝艳副总编、李斌编辑对本书顺利出版所付出的辛勤努力。

由于时间和能力有限，虽已尽力，但书中难免存在各种缺陷和不足，敬请批评指正。

王　民

2021 年 12 月 12 日于北京师范大学地理学院 385 实验室

责任编辑　李　斌
审　　校　赵　亮　廖　倩
复　　审　胡志刚
审　　订　王　英
封面设计　徐海燕